国家社会科学基金项目

《欠发达地区协调发展机制创新研究（20BGL295）》

江西社会科学基金"十四五"重点项目

《当前江西城市功能与品质提升中存在的问题与思考（22ZB10）》

江西社会科学基金"十四五"重点项目

《江西工业产业在中部地区优劣势分析及加快发展的突破点选择（21ZK19）》

江西省社会科学基金"十四五"一般项目

《南昌加快跻身万亿GDP城市的思考与建议（21ZB08）》

江西社会科学基金"十四五"一般项目

《江西数字经济发展的供给侧要素分析与促进建议（21ZB15）》

光明社科文库
GUANGMING DAILY PRESS:
A SOCIAL SCIENCE SERIES

·经济与管理书系·

欠发达地区协调发展机制创新研究

余达锦｜著

光明日报出版社

图书在版编目（CIP）数据

欠发达地区协调发展机制创新研究 / 余达锦著 . --
北京：光明日报出版社，2023.4
ISBN 978 - 7 - 5194 - 7206 - 1

Ⅰ.①欠… Ⅱ.①余… Ⅲ.①不发达地区—经济发展
—研究—中国 Ⅳ.①F127

中国国家版本馆 CIP 数据核字（2023）第 078130 号

欠发达地区协调发展机制创新研究

QIAN FADA DIQU XIETIAO FAZHAN JIZHI CHUANGXIN YANJIU

著　　者：余达锦

责任编辑：王　娟　　　　　　　　责任校对：郭思齐　李　兵
封面设计：中联华文　　　　　　　　责任印制：曹　净

出版发行：光明日报出版社
地　　址：北京市西城区永安路 106 号，100050
电　　话：010-63169890（咨询），010-63131930（邮购）
传　　真：010-63131930
网　　址：http://book. gmw. cn
E - mail：gmrbcbs@ gmw. cn
法律顾问：北京市兰台律师事务所龚柳方律师

印　　刷：三河市华东印刷有限公司
装　　订：三河市华东印刷有限公司
本书如有破损、缺页、装订错误，请与本社联系调换，电话：010-63131930

开　　本：170mm×240mm
字　　数：296 千字　　　　　　　　印　　张：17.5
版　　次：2023 年 4 月第 1 版　　　　印　　次：2023 年 4 月第 1 次印刷
书　　号：ISBN 978 - 7 - 5194 - 7206 - 1
定　　价：98.00 元

前　言

区域协调发展问题一直是学术界研究的热点。当前我国区域发展中出现了速度有余而质量不高、不平衡不充分的现象。党的十九大要求"实施区域协调发展战略"，二十大报告更是提出"促进区域协调发展，深入实施区域协调发展战略"，区域协调发展上升到一个前所未有的高度。

分析我国区域发展形势不难发现，当前我国经济发展的空间结构正在发生深刻变化，中心城市和城市群正在成为承载发展要素的主要空间形式。我国经济发展也已由高速增长阶段转为高质量发展阶段。这些都对区域协调发展提出了新的要求，也为今后相当长的一段时间内我国区域发展指明了方向。

当前，区域协调发展的相关研究文献虽然已经比较丰富，但还不够深入，大多还停留在宏观层面上或是发达地区的较大区域上。对于欠发达地区协调发展更多的是微观层面，如城市群协调发展、中心城市协调发展、具体产业或具体行业协调发展、相关政策对区域协调发展的影响等相关问题，都还有待进一步深入研究。因此，从理论和实证上研究欠发达地区协调发展的机制创新，既是欠发达地区可持续发展的有益探索，也是夺取习近平新时代中国特色社会主义新的伟大胜利的必然要求。

本书理论与实证相结合。理论研究部分主要分析了习近平总书记区域协调发展理论的丰富内涵和实践要求，认为习近平新时代区域协调发展理论充分体现了党的根本宗旨、共同富裕的本质特征和高质量发展的内在要求，是推进区域协调发展的根本遵循。在此理论基础上，研究了欠发达地区协调发展内涵、机制和测度相关问题，并以中部地区、浙中城市群、江西城市（其中南昌市为重点研究案例）、江西工业等的协调发展为例进行发展测度评价、发展模式分析与创新战略研究，提出了相关协调发展建议，以期为区域协调发展提供理论和数据支持。

本书的研究工作都是在本人主持并结题的——国家社会科学基金年度项目"欠发达地区协调发展机制创新研究"（项目编号：20BGL295）、江西社会科学基金"十四五"重点项目"当前江西城市功能与品质提升中存在的问题与思考"（项目编号：22ZB10，结项等级：优秀）、江西社会科学基金"十四五"重点项目"江西工业产业在中部地区优劣势分析及加快发展的突破点选择"（项目编号：21ZK19，结项等级：优秀）、江西省社会科学基金"十四五"一般项目"南昌加快跻身万亿 GDP 城市的思考与建议"（项目编号：21ZB08，结项等级：优秀）；副主持的江西社会科学基金"十四五"一般项目"江西数字经济发展的供给侧要素分析与促进建议"（项目编号：21ZB15，结项等级：优秀）等支持下完成的，感谢相关课题组成员的热心、无私帮助与支持。

本书的部分内容已经于 2020—2022 年在 *Journal of Cleaner Production*（SCI/SSCI TOP 期刊，2021 年影响因子 9.297）《长江流域资源与环境》《生态经济》《江西科学》和《科技与经济》等期刊上发表。另有部分内容以研究报告形式在江西新型智库建设指导委员会和江西省社会科学界联合会主办的智库内刊《智库成果专报》上发表，并报送相关领导圈阅。其中 3 篇研究报告共获得 4 位省级领导（含正省级领导 1 人）的肯定性批示并转相关部门阅研落实。此外，有 1 篇研究报告入选 2021 江西智库峰会（江西省委、省政府和中科院主办）研究成果汇编，并获得江西省科技厅、上饶市政府和赣江新区等多家单位的采纳证明；1 篇理论文章在省级日报理论版头条发表并被学习强国江西学习平台、网易、新浪、中工网、大江网、中国江西网等转载推送。

本书研究期间，得到了同课题组成员、江西财经大学校长邓辉教授的鼎力支持和无私指导，在此表示感谢。我的研究生陈亮、吕瑶瑶、林海城、姜伟豪、管丽和李锦等参与了相关资料收集、文献分析、课题调研、数据处理或相关内容的写作，为本书的出版做了大量工作。我的研究生曾惠红、叶远帆和李佳参与了书稿的校对工作。同时，感谢政协江西省委员会人口资源环境委员会相关领导和工作人员在课题调研和研究中给予的大力支持，特别感谢江西省政协常委、人口资源环境委员会副主任委员陈荣和江西省政协委员、人口资源环境委员会专职副主任金秋平。感谢江西省社会科学联合会智库建设与成果管理处一级调研员曹彩蓉在课题研究中给予的大力支持和关心。感谢江西财经大学统计学院党委书记陶春海教授和院长卫卫英教授，经济学院院长张利国教授，科研处处长陈思华教授等对本书研究与出版的大力支持和关心。

本书定稿之际，恰逢本人创建的"江西财经大学区域发展与统计科学研究中心"正式挂牌成立，在此谨向所有关心和支持研究中心成立的领导、专家、朋友、同事表示感谢，并衷心希望今后能够继续关心与支持，一同为江西财经大学"百年名校"和统计学科争创国家"一流学科"贡献力量。

本书得到了光明日报出版社的大力支持与关心，使其得以顺利出版。书中引用了国内外众多专家学者的成果，在此一并向他们深致谢忱。

由于本人的见识和水平有限，书中难免会有疏漏和错误，敬请广大专家学者批评指正。

江西财经大学区域发展与统计科学研究中心

江西财经大学统计学院

余达锦

2022 年 11 月

目 录
CONTENTS

第 1 章

绪　论

党的十九大报告中指出，我国经济发展进入了新时代，并正在从高速增长阶段向高质量发展阶段迈进。十九大报告同时要求实施区域协调发展战略，建立更加有效的区域协调发展新机制。2019 年 12 月 16 日，习近平总书记在《求是》杂志发表了重要文章《推动形成优势互补高质量发展的区域经济布局》，指出我国经济发展的空间结构正在发生深刻变化，中心城市和城市群正在成为承载发展要素的主要空间形式，并强调我们必须适应新形势，谋划区域协调发展新思路。2020 年新冠肺炎疫情大面积的暴发，也暴露出区域社会治理、应急体系协调发展等存在问题。新时代、新发展、新机制、新思路和新问题对区域协调发展提出了更高的新的要求。

1.1　相关概念

1.1.1　协调发展

关于协调发展的含义，一般来说，协调发展是指行政区域内各子系统形成合力，使各区域总效率最大化。此外，协调发展包含三层含义：首先，协调发展并不意味着各行政区域间"相等发展"；其次，协调发展体现了共同发展在各行政区域的含义；最后，协调发展的概念强调了"相互促进、相互合作"的作用。习近平总书记指出，区域协调发展包含三个目标：基础设施准入相对均衡、人民生活水平大致平等和基本公共服务均等。区域协调发展强调内在的、均等的、全面的发展，而不是各系统要素的耦合协调发展。通过对整个系统要素的不断调整和配置使得区域内的人民生活水平、基础设施和公共服务优化，减少各子系统间的隔阂与摩擦，提升整个系统协调性，保证各系统实现最大利益的同时，能够相互促进，使得系统达到最佳状态。

本书研究认为，协调发展体现为资源、产业、技术、治理四大要素的有序流动和和谐配置的动态过程。作为状态，协调发展应该是系统各要素之间全面、均等、可持续、高质量的发展关系，表现出最佳的整体效果。协调发展注重系统发展目标的协调，通过合理配置与调节系统中各要素活动之间的关系，减少系统间的隔阂，使得各要素共同发展，各个系统相互协作，达到最终全面和谐的目标。

1.1.2　区域协调发展

目前学术界对区域协调发展的定义尚未统一，国内学者对区域协调发展的概念和内涵做了大量有价值的相关研究。

从发展过程来说整体可以分为三个不同阶段。首先，在经济研究领域，强调区域协调发展是指行政区域间经济差距的缩小；其次，区域协调发展包含了非经济因素，涵盖了社会、环境资源、公共服务和基础设施等一系列非经济要素，认为区域协调发展单纯考虑经济因素是不科学的，区域协调发展必须以区域利益协调为主线，系统中要素要全面，遵循系统中各要素协调发展的原则，探讨如何合理配置与调节系统中的各要素；最后，区域协调发展回归到不均衡，区域协调发展由缩小各地区之间的差异演变到各地区公平发展的机会，这里主要强调的是效率，区域协调发展是以利益为导向，不应该牺牲效率，区域协调发展应该要注重效率与公平。

从发展本质来看，现行区域协调发展概念主要从两种不同的角度理解。第一种是将区域协调发展界定为区域内包含各要素的子系统之间协调发展，强调的是系统内部各要素的良性互动耦合协调发展，协调发展应该是系统各要素之间内在的、均等的、全面的发展关系，表现出最佳的整体效果，其机制是通过可流动要素的管理与调节，达到要素充分利用，从而减少系统间的隔阂，实现所有要素共同发展和相互促进。第二种是将区域协调发展界定为以行政区域为单位，各行政区域协调发展，强调的是区域内差距缩小，是内在的、均等的、全面的发展，而不仅仅是区域内的各要素之间的耦合，它更加注重把握好"区域之间存在相互联系"，做好城市群以及经济带发展，通过中心城市辐射作用，带动周边地区的发展。

1.2 区域协调发展相关研究综述

区域协调发展是当今世界上重要的经济、社会现象之一，涉及管理学、经济学、统计学、社会学、地理学、生态学、人口学、信息科学和系统科学等。区域协调发展是一个国家经济发展的关键。区域的不协调发展会引发区域发展差距逐步扩大，生产要素分配不合理，加大社会的贫富差距，阻碍社会稳定持续的发展，因此区域协调发展已成为当今研究热点，相关文献丰富。

1.2.1 国外相关研究

国外关于区域协调发展起步比较早，相关理论也比较多，梳理发现主要包括均衡发展论和非均衡发展论。区域均衡发展论是以新古典主义增长理论为代表的，包括罗丹（Rosenstein Rodan，1943）的大推进理论，纳克斯（Ragnar Nurkse，1953）的贫困恶性循环理论和平衡增长理论，纳尔森（Nelson，1956）的低水平陷阱理论，赖宾斯坦（Leibenstein，1957）的临界最小努力理论等。按发展阶段的适用性，非均衡发展理论大体可分为两类：一类是无时间变量的，主要包括佩鲁（Perroux，1955）的增长极理论，冈纳·缪尔达尔（gurnnar Myrdal，1957）的循环累积因果论，阿尔伯特·赫希曼（Hirschman，1958）的不平衡增长论与产业关联论，弗里德曼（Friedmann，1966）的中心—外围理论和以弗农（Vernon，1966）等的工业生产生命循环阶段论为基础的梯度转移理论；另一类是有时间变量的，主要以威廉姆斯（Williamson，1965）的倒"U"形理论为代表。

在国外学者的研究中，关于"区域协调发展"概念和我国不太相似，与区域协调发展概念相似的是区域收敛领域，区域收敛领域强调的是收入差距会由于一个国家和地区随时间推移而缩小。如区域趋同假说（Williamson，1965）就认为在发展初期，区域不平衡会逐渐扩大，但随着经济发展成熟，区域差异会逐渐缩小。[1]Goulet（1971）认为发展包含生存、自尊和自由三个方面内容。[2]此外，Fare 等（1994）、Bithas 等（1996）、Nakata（2004）、Furman 和 Hayes（2004）、Martin（2015）等研究了区域的经济与环境发展问题。[3-7]Zhu 和 Li（2015）分析了澳大利亚畜牧业与环境协调问题。[8]Byoung

和 Kim（2017）认为协调发展与气候有关。[9]有学者（Miller，2002；Yang 和 Ding，2012；Li 等，2014；Sun 等，2018；Xu 和 Li 等，2019；Wang 等，2019；Chen 等，2020）提出社会、经济和环境等子系统协调发展，并提出相应计量区域协调方法。[10-16]Shao 等（2021）探讨了美国碳中和协调发展问题。[17]

此外，戈特曼（Jean Gottman，1957）提出了都市圈[18]和贝拉·巴拉萨（Bela Balassa，1961）提出了区域经济一体化的概念，对区域协调发展研究具有导向作用。[19]Cohen（1981）、Friedmann 和 Goetz（1982）、Meyer（1986）研究了城镇化中都市圈经济联系等级规模结构。[20-22]Gustavo（1999）、Edward（1999）、Jorg 等（2003）也分别对城镇化中都市圈空间结构演化、空间流及城市内外部相互作用模型进行了研究。[23-25]Gu（2019）研究了发展中国家城镇化，包括经济增长与发展、人口变化、社会转型、城市空间的重塑与延伸、城市的收缩，总结出城市化的五个主要过程。[26]Kivedal（2013）、Donald（2021）都从不同角度研究了相关区域经济一体化问题。[27,28]

1.2.2　国内相关研究综述

20 世纪 70 年代随着我国经济的快速发展，区域发展研究也开始开展，并迅猛发展，20 世纪 90 年代后区域研究进入了全面发展阶段。杨吾扬（1987）、陈田（1992）、顾朝林（1992）、周一星（1995）、张建明和许学强（1997）、姚士谋（1999）、汤茂林（1999）、陆大道（2003）、牛文元（2004）、连玉明（2005）、叶耀先（2006）、刘承良等（2007）、王丽等（2007）、王红霞（2009）、欧向军（2009）、仇保兴（2009）、简新华（2011）、马宗国等（2011）、徐大伟等（2012）、李强（2012）、魏后凯（2013）、常亚轻等（2020）、张韦萍等（2020）、韩鹏云（2021）、郑耀群和崔笑容（2021）、梁晨等（2022）结合我国城镇化和区域发展实际进行了大量相关研究，为我国区域和城镇化发展献计献策。[29-54]与此同时，我国区域协调发展研究也如火如荼地进行，相关区域发展的研究也比较多，主要集中在区域协调发展内涵、发展机制、发展战略和发展评价研究方面。

1.1.2.1　区域协调发展内涵研究方面

随着改革开放，我国的经济快速发展，区域产业结构同质化，地区差异逐渐变大，各行政区域间的竞争现象日益突出。在区域协调发展概念和内涵上，国内众多学者做了大量有价值的相关研究。大致分为两种：

一是将区域协调发展界定为区域内包含各要素的各个子系统之间协调发展，最早国内学者隋映辉（1990）认为协调是系统内部不同要素耦合协调的状态，指出协调发展是对各要素良性互动发展的一种反映。[55]杨士弘（1996）把协调发展看成多元发展，强调协调属于一种约束规定，这是系统内部各要素配合得当，良性耦合，从简单到复杂的演化过程。[56]张可云等（2012）分析了区域内人口、资源、环境要素协调耦合，认为在一定约束下，区域协调发展是各因素关联互动的科学发展。[57]张超等（2020）从基础设施、经济等要素出发，分析要素与协调发展的关系。[58]

二是将区域协调发展界定为以行政区域为单位，各行政区域协调发展，强调的是区域内差距缩小，是内在的、整体的、全面的发展，而不是区域内的各要素之间的耦合。这一观点认为，由于区域的资源、产业、技术等存在不同，区域中的不同基本单位会产生差异，但是政府不能放任这些不管，政府要进行管理和调控，从而保证区域整体的可持续性发展。王晓鸿和王崇光（2008）分析了东西部区域经济差异，认为东西部制度、资本、人力和观念呈现出差异是由于要素禀赋和政策不同，并从行政区域角度来测度区域协调发展水平，同时提出由于马太效应和不可逆效应，需给予政策扶持，才能保证区域内协调发展。[59]早期有学者把省区域协调发展理解为是欠发达地区省份追赶上发达省份（徐现祥和舒元，2005）。[60]范和生等（2019）探讨了中部崛起与协调发展，要发挥中部地区合力，营造合作共赢的良好氛围，促进中部地区良性发展。[61]

从发展阶段来看，国内学者对于区域协调发展的概念内涵研究丰富，整理文献发现其经历大致可分为三个阶段。

首先，将区域协调发展的领域聚焦于经济领域，用缩小区域间经济差异来衡量区域协调发展水平。区域经济发展不平衡有大量的研究文献，国内学者提供了区域经济差异研究的理论方法。张红梅（2010）从制度角度出发，强调要加快产权制度等手段，加强区域合作交流，通过改革和创新金融体制，可以促进中西部区域经济发展。[62]陈红霞和李国平（2010）从时空差异角度探讨了京津冀区域协调发展的影响因素，对此给出建议。[63]冯长春等（2015）从区域经济的时空演变出发，结合国家政策和地理位置等角度分析了我国经济差异原因。[64]关于区域经济差异研究，从研究尺度可分为县级、市级、省级和地区。汤学斌和陈秀山（2007）分析了中国八大区域经济差异[65]，陈培

阳和朱喜钢（2013）、王洪桥等（2014）从县市级和省级视角分析区域经济差异原因。[66,67]

其次，区域协调发展研究回归到不均衡，区域协调发展由缩小各地区之间的差异演变到各地区公平发展机会，主要强调的是效率，区域协调发展是以利益为发展核心，在发展经济时，应该保证高效率，不能以牺牲效率为代价。王琴梅（2007）认为区域协调发展要兼顾效率与公平，通过"分享式改进"方式，使得各行政区域达到共同富裕，区域协调发展要先经历过非均衡协调发展，最终才能实现区域协调发展。[68]徐康宁（2014）从发展速度的协调发展到发展利益的协调，发展成果的均等到发展机遇的均等。[69]钟文等（2019）构建了公平与效率资源再配置理论模型，阐述了交通设施对协调发展影响的作用机制。[70]

最后，区域协调发展不仅考虑经济，同时也考虑了社会发展、生态环境、公共服务等一系列非经济因素，使区域协调发展内涵丰富。陈秀山和杨艳（2008）考虑了主体功能、经济圈和经济带中的要素，强调区域协调发展要以利益协调为核心，实现经济和社会协调发展。[71]区域协调发展也与环境等要素有关，张杏梅（2008）认为区域协调发展是人与自然协调发展，要素应该涉及人口、资源，这有利于落实科学发展观。[72]杨伟民（2008）认为区域协调发展人口要素较为关键，要保证各地区人民生活水平大致相当。[73]薄文广等（2011）、安虎森和何文（2012）认为区域协调发展要考虑各个方面的要素，不仅要考虑经济水平，同时也应该考虑非经济因素，例如公共服务的差异。[74,75]徐江虹（2019）阐述了民族地区经济协调发展关系，并且加入社会和文化要素。[76]何国民和沈克印（2019）分析了我国区域体育公共服务与经济协调发展，得出中部地区是我国公共体育服务与经济不协调的重点地区。[77]万媛媛等（2020）分析了生态文明和经济的协调发展。[78]邱爽和林敏（2021）将生态环境纳入经济协调发展中。[79]

1.1.2.2　区域协调发展机制研究方面

随着我国各区域经济飞速发展，区域间竞争关系变得日益突显，区域间的竞争有利有弊，一方面有利于激发市场活力，促进产业发展。另一方面也带来了行政区域间的壁垒问题，阻碍经济发展，建立区域协调发展新机制也成为研究热点。国内学者对于建立区域协调发展新机制做了大量有价值的研究，这些研究对于打破行政区域隔阂和促进资源要素合理配置和流动起到关键作用。

刘淑菊（1997）、查培轩（1999）、钟禾（2004）、王园林（2005）、李长健等（2010）、覃成林和姜文仙（2011）均认为促进区域协调发展的关键在于构建区域协调发展机制体系。[80-85]史自力（2013）以中原经济区为样本研究了区域经济协调发展的动力机制。[86]李雨停和张友祥（2014）、田艳平和冯垒垒（2015）、高丽娜等（2016）分别从农村人口迁移、利益共享机制、缩小收入差距等角度分析如何推进区域协调发展。[87-89]张屹巍（2016）等从促进区域经济协调发展的因素之———金融支持这一工具入手，以广东区域为对象，研究了金融支持在促进广东区域经济协调发展中的绩效。[90]张虎和韩爱华（2017）等聚焦于区域金融协调发展，着重分析金融创新溢出效应及区域金融创新活动的空间效应。[91]李子联等（2018）研究后认为新型城镇化的推进是促进区域协调发展的重要举措。[92]张贡生（2018）分析了我国区域协调发展战略的演进逻辑。[93]毛艳华和荣健欣（2018）研究认为粤港澳大湾区作为异质性制度下的区域协调发展，需要实现要素跨境顺畅流通、区内营商规则对接、区域合作机制创新。[94]陈丰龙等（2018）从空间收敛的视角对中国区域经济协调发展的演变特征进行了研究。[95]黎峰（2018）研究发现了在国内专业化分工中获得的技术进步效应及资源配置效应的差异，成为决定区域协调发展的关键。[96]李爱民（2019）对"十一五"以来我国区域规划的发展与评价进行总体梳理分析，发现区域规划呈现出类型多样化、覆盖四大区域板块、国家批复具有层次性、中央和地方共同推进等特征。[97]姚宝珍（2019）以制度互补理论为基础从博弈视角下研究了区域协调发展的制度困境及其创新路径。[98]王骏飞等（2020）针对京津冀区域协同创新的现状和存在的问题，提出应构建政府引导、企业主导的区域主体协同创新机制的对策。[99]钟文等（2020）认为资本匹配质量主要通过创新力培育影响区域协调发展水平，其整体上促进区域协调发展。[100]为对农业资源环境与经济协调的共同发展提出可行性建议，鲍宜周（2021）对农业资源环境与区域经济协调发展机制展开了研究。[101]钟文和郑明贵（2021）实证发现数字经济对区域协调发展存在显著的正向作用，且存在明显的区域异质性和空间溢出效应。[102]于文豪（2022）也认为区域协调发展需要建立合作机制。[103]

也有众多学者对具体欠发达地区协调发展机制进行了相关研究。鄢小兵和徐艳兰（2015）从两个方面对武汉城市圈不协调不充分的发展现象与原因进行剖析，并从系统论的角度出发研究欠发达地区协调发展机制情况。[104]高云虹和李敬轩（2016）从产业转移的视角出发，对区域协调发展的内在发展与外在发展机制进行分析，从而实现各区域间发展差距缩小的目标，使各区域协调发展。[105]杨喜（2016）研究了安徽省安庆市城市化的动力机制，从推动产业结构转换升级、破除二元经济结构、加快农业人口城市化以及加强制度建设等方面去完善城市化发展的动力机制，为城市化发展创造了有利条件。[106]张鹏飞（2016）从欠发达地区和发展能力的界定入手，将区域自我发展能力分解为"经济发展""社会发展""区域组织能力""生态平衡"，对其进行了深入分析，并从制度、观念、产业发展、企业竞争、人才机制、生态补偿六个方面对欠发达地区自我发展能力的增强和提升提出了政策建议。[107]孙东琪等（2016）对1991—2013年中国东部地带欠发达地区进行空间分析，探究地区空间聚集情况并提出相对应的建议。[108]张仁枫（2013）对欠发达地区的发展现状进行整体把握，了解其优势与劣势，尤其是对欠发达地区落后的主要因素进行剖析，认为欠发达地区需要改变现在的发展形势实现跨越式发展模式并与协同创新相结合。[109]谭志雄（2017）基于西部欠发达地区经济发展相对落后、生态环境较为脆弱的实际，通过构建组织协调机制、综合决策机制、评估预警机制等，推进西部欠发达地区绿色发展，努力将生态资源与生态资产转化为现实生产力。[110]陈访贤（2018）从"五化同步"为切入点进行研究，对其理论基础进行描述，分析发展存在的问题及原因，并借鉴国际上的经验对我国"五化同步"进行思考。[111]董晓宇（2019）以河北省邢台市为例来说明欠发达地区受资源禀赋、产业结构、发展基础等制约的影响，探究其发展的路径，从而为欠发达地区高质量发展提供范例。[112]陈增帅（2019）对西部欠发达地区进行分析，认为发展不平衡不充分是其发展的最大制约，并在此基础之上对其制约因素进行具体分析。[113]叶嘉国（2020）对广东欠发达地区滞后型发展的主要原因进行了分析，并提出相关对策建议。[114]熊玲和龚勤林（2021）研究统筹城乡发展对欠发达地区的影响，选取全国城市范围内108个地级市进行分析，并给出相应的可行建议。[115]

1.1.2.3 区域协调发展战略研究方面

区域协调发展战略研究一直是区域发展研究的热点。各地学者围绕自己熟悉的区域开展相关研究，为区域发展献计献策。

陆大道（1995）、陈栋生（2005）、蔡孝箴等（2006）对中国区域发展[116-118]，金相郁（2007）对中国区域经济不平衡与协调发展[119]，秦尊文（2005）对武汉城市圈[120]，郁鸿胜等（2009）和金毓（2021）对长三角区域[121,122]，朱有志和童中贤（2008）对长株潭城市群[123]，陈迅和李广周

（2009）对西部可持续开发[124]，余达锦和胡振鹏（2010）对鄱阳湖生态经济区[125]，周斌等（2010）、张宇（2011）以及易森（2021）对成渝经济区[126-128]，张婧等（2011）对黄河三角洲高效生态经济区[129]，刘薇等（2011）对海峡西岸经济区[130]，樊杰等（2018）、孙久文等（2018）、高国力（2018）对相关区域协调发展战略的发展与创新[131-133]，郑长德（2018）对民族地区区域协调发展[134]，李芸等（2019）对江苏协调发展的新格局与新路径[135]，侯杰和张梅青（2020）对京津冀的城市群分工的发展[136]，周艳和钟昌标（2020）对大湾区"三群"的联动协调发展[137]，王飓雨（2022）对南北方区域协调发展[138]等都做了大量研究，提出了很多很好的区域发展战略建议。

1.1.2.4 区域协调发展评价研究方面

国内学者关于区域协调发展评价与测度文献较多，经过梳理分析可以得出大致分为两个方面：一是基于区域经济差异测度，二是基于多指标综合评价的区域协调发展评价。

在区域经济差异测度方面，国内学者积累了丰富经验，反映区域间差异的方法有标准差法、离差法、主成分分析法、泰尔系数法、计量方法等。国内学者大都将各种研究方法结合，有些学者则是将其方法优化后再来研究。郑飞和汤斌勇（1998）使用自回归（AR）模型对收入预测，并用自适应控制法分析收入与协调发展的关系。[139]徐承红（2008）运用主成分分析，以经济竞争为视角，对中西部经济差异进行实证分析。[140]丁新（2017）运用空间计量经济模型对京津冀地区经济差异进行实证分析，结果表明，京津冀地区的经济发展存在着明显的差异，并且南北差距比东西差距大。[141]孙涧桥（2018）引入 TOPSIS 指标评价方法识别计算辽宁省区域协调发展差异性程度。[142]闫涛等（2020）采用变异系数和空间马尔科夫模型等方法，对中国城市经济差异进行分析，并采用空间回归模型对影响因素进行研究。[143]高志刚和克魁（2020）利用基尼系数、人口加权变异系数等方法对我国各省间经济差距的演化进行了分析。[144]

基于多指标综合评价的区域协调发展测度研究方面。张守忠等（2009）、薛翠翠等（2009）、张华（2009）、孙建萍（2011）、聂春霞等（2011）、蔡晓珊和安康（2012）做了不少研究。[145-150]方世明和郑斌（2010）运用因子分析，分析城市综合水平和经济水平，构建协调发展模型对咸宁市城市与经济协调关系进行测度。[151]刘钊和李琳（2011）运用 Malmquist 指数，从动态角度分析环渤海区域产业对区域协调发展促进关系。[152]孙立成等（2012）以 PLS-SEM 为基础，建立了 3E 系统的协调发展水平测度模型，从能源、经济和环境三个方面进行了深入的探讨，指出当时中国社会经济的发展仍未摆脱粗放式的增长模式。[153]张燕和魏后凯（2012）运用耦合协调度模型，对中国区域协调发展态势进行评价分析。[154]滕堂伟（2016）等采用偏离份额分析法和主成分分析法，研究了长江经济带适合进行产业转移的产业及相匹配的省市并对产业转移的依据进行解释。[155]田爱国（2016）从经济水平、产业结构、基础设施建设、劳动力素质和公共服务水平五个方面对比定量分析西部地区和东部地区的差距。[156]王丹丹（2017）采用模糊聚类方法随机选取 13 个省市，将其分为发达、较发达、欠发达省区市，发现省区市之间的经济发展水平差距明显，也认为造成这种差距的原因主要有制度、区位、人力资源、自然禀赋、历史文化等因素，因此应从财政政策、货币政策、教育等方面采取措施，强化区域经济协同发展。[157]李红锦等（2018）以珠三角九个地级市为研究对象从产业专业化的角度评价了该区域协调发展。[158]胡志强和苗长虹（2019）定量研究了我国省域创新、协调、绿色、开放、共享五大系统的协调发展特征。[159]姚鹏和叶振宇（2019）构建了中国区域协调发展指数并进行了实证分析，提出了区域协调优化路径。[160]杨永芳和王秦（2020）运用鲍尔丁系统学原理构建协调度模型，发现我国各地区的生态环境与区域经济协调发展度差异较大。[161]唐承辉和马学广（2020）对山东半岛城市群的城市群协调发展进行测评，得到该城市群经济发展水平及其空间联系存在明显地域不均衡性的结论。[162]李建新等（2020）采用熵值法和耦合协调度评价模型等方法，从动态角度系统考察了长江经济带经济与环境协调度。[163]孙才志和孟程程（2020）采用 SBM-DEA 模型计算全国 31 省份区域水资源效率，再结合运用赋权法，对区域水资源和韧性的发展协调关系进行评价。[164]通过中国经济协调发展评价指标体系的构建，邹一南和韩保江（2021）发现中国各领域的协调指数在过去 20 年间都有不同程度的提高。[165]钟文等（2021）从公平与效率视角出发，定量揭示了中国省域区域协调发展能力的时空差异特征：呈沿海向内陆递减的分布格局。[166]张秀莉等（2022）研究了茶产业与区域经济间的协调发展，在茶叶品质、加工水平和产业融合形式上提出可行性建议。[167]

也有众多学者对具体欠发达地区协调发展评价进行了相关研究。张建威（2019）以系统论为基础，系统分析了贵州省区域经济发展状况、区域协调发展水平和影响因素，从多方面分析了贵州省区域经济综合发展状况、区域经济发展差异状况。根据系统论的思维，结合可持续发展理论，参照三分法，将贵州省经济大系统分成三个子系统，并构建贵州省区域经济协调发展评价指标体系，使用主成分分析法、熵值法等对2016年贵州省9个市州区域经济协调发展截面数据和2002—2016年贵州省区域经济协调发展时间序列数据进行实证分析。[168]胡海洋等（2019）以中部崛起战略视角出发，利用DID模型对区域协调发展战略进行评价分析。[169]周瀚醇（2018）以安徽省为例，对其在"四化"层面的协调发展进行评价分析，并从三大经济体方面进行对比评价，探究其协调发展状况，最后通过以上分析研究安徽省协调发展的动力机制。[170]田光辉等（2018）基于五大发展理念的视角，利用多个模型对河南省协调发展状态进行研究。[171]范振锐（2017）以中部六省区域经济理论为基础，对中部六省经济现状进行描述，并进行综合评价以及相关分析。[172]邓文博（2020）选取2004—2017年全国281个城市，利用双重差分法对粤东西北地区经济增长情况进行分析。从实证分析结果来看，粤东西北地区的发展政策在一定程度未发挥很大作用。[173]林株琳等（2021）选取江西省为研究对象，对江西省新型城镇化与产业结构进行耦合协调度研究的同时，也对其2005年到2019年协调度演进进行时空分布格局分析，并提出相应的建议。[174]

1.2.3 国内外相关研究述评

通过上述梳理国内外相关文献可知，由于研究背景和角度的差异，现有研究成果对区域协调发展的理解和特点把握呈现多样化。

国内外关于区域协调发展的研究从仅仅研究区域经济水平差异，到区域协调发展研究进一步加入非经济要素即生态环境、社会生活、公共服务等，使得区域协调发展内容不再单一，变得更加丰富，再逐步扩展到研究非均衡，即研究区域协调发展的效率与公平，从结果均等变成机会均等。大多学者认为国家和政府应当干预，并对区域协调发展困境进行分析，给出金融支持、建立规范财政转移支付，加强区域间交流，建立区域间合作新机制。在区域协调发展测度方面，测度方法有绝对系数如标准差法、离差法，相对系数如基尼系数、变异系数、泰尔系数，和其他方法如主成分分析、SBM-DEA模型、计量方法、PLS-SEM模型及耦合协调等方法。但是从发展动力看，创新是第一发展动力，对于创新研究略少。对于区域协调发展因素分析大都在产业、生态和区域经济差异的关系上，大多都是两两比较，没有将技术和治理同时考虑进来。技术效率发展是提高经济效益、改善环境的重要手段之一，回顾文献发现文献中对于区域协调发展技术效率测度的文献也不多。有关区域协调发展创新机制、创新模式的文献比较少见，协调发展测度的方法上、模型上的创新都比较缺乏。特别是针对欠发达地区的研究成果不多。

综观我国的经济发展和城镇化建设，可以清楚地看到在整体实力增强的同时，区域发展的不平衡不协调问题也日益凸显，面临着前所未有的压力。主要表现在产业结构不合理，科技创新能力不强，经济增长过多依靠投资拉动，消费特别是居民消费不足，区域管理方式落后，内需外需还不协调，城乡区域发展差距仍然较大等方面。更为突出的是，欠发达地区能源资源消耗多，环境污染重，增长的质量和效益不高等。这与我国全面建设小康社会和和谐美丽中国不相适应，与新时代高质量发展不相协同。因此，从理论和实证上研究欠发达地区协调发展机制、测度方法、模式创新和发展战略，既是区域可持续发展的有益探索，也是新时代赋予全面建设小康社会的历史重任。欠发达地区协调发展机制创新应当成为新时代一个重大研究课题。

1.3 研究意义、目标与基本观点

1.3.1 研究意义

研究发现，我国发达地区发展迅猛，然而欠发达地区的城镇建设和经济发展状况并没有得到根本性转变。这是因为，欠发达地区经济基础薄弱，生产方式落后，政府治理效率偏低，城镇化、工业化水平一般都落后全国平均水平十多个百分点，造成欠发达地区经济建设进程相对缓慢。不彻底改变这种情况，欠发达地区高质量、协调发展就是一句空话。因此新时代如何满足人民日益增长的美好生活需要并克服不平衡不充分的发展之间的矛盾，如何让创新成为第一动力，协调成为内生特点，绿色成为普遍形态，开放成为必由之路，共享成为根本目的，如何建设现代化经济体系，成为统筹城乡、优化产业结构、促进国民经济良性循环、社会可持续发展和区域协调发展的重中之重。

因此，本书对新时代欠发达地区协调发展机制创新进行研究，并以中部地区、浙中城市群、江西城市（南昌市为重点研究案例）、江西工业等的协调发展为例进行实证分析具有重大理论和现实意义。从总体上来说可分为以下四点：

（1）是遵从习近平总书记"中心城市和城市群正在成为承载发展要素的主要空间形式"指示精神的实证研究，给相关中心城市和城市群协调发展提供了理论和数据支撑。

（2）是顺应新时代高质量发展和区域经济一体化潮流的重大举措，研究结果可以丰富协调发展研究方法和理论成果，为区域经济社会高质量发展提供相关理论支持，为区域统筹协调发展做贡献。

（3）是增强和提升区域竞争力的重要途径，研究结果有利于促进欠发达地区资源优化配置和产业优化升级，实现经济、社会和生态环境和谐发展。

（4）是促进区域协调发展的重要手段，研究结果可以发现影响区域协调发展的一些关键性因素，以便科学地认识区域发展的状况，明晰自身的发展方向，加快振兴区域经济和统筹城乡发展的步伐。

1.3.2 研究目标与研究基本观点

1.3.2.1 研究目标

本书针对我国区域发展战略演化过程，基于绿色发展、低碳发展和可持续发展，结合区域协调发展的相关理论，对新时代欠发达地区协调发展机制创新进行理论和实证分析研究。主要目标包括：①研究分析新时代欠发达地区协调发展科学新内涵；②发现区域协调发展的关键因素，构建基于资源—产业—技术—治理的"四维五级十阶"协调发展新机制；③建立区域协调发展测度创新模型（基于耦合协调度模型、区域信息距离理论和 DEA-Malmquist 模型等），并以中部地区（大区域层面）和浙中城市群（中等区域层面）为例进行相关理论与实证研究；④对欠发达地区相关区域城市（江西城市—省域城市层面）、相关具体中心城市（南昌市—地区中心城市层面）和相关产业（江西工业—产业层面）协调发展模式与战略创新进行相关研究。

1.3.2.2 研究基本观点

本书研究的基本观点包括：

（1）习近平新时代区域协调发展理论是推进区域协调发展的根本遵循。

（2）欠发达地区协调发展是区域资源、技术、产业、治理四个系统内部

及系统之间均相互协同，各系统中的各要素和谐发展、相互促进，并达到欠
发达地区经济强盛、社会和谐、生态文明的一种区域科学发展模式。

（3）协调发展是欠发达地区高质量发展的创新选择。

（4）要以区域协调发展夯实欠发达地区高质量发展的根基。

（5）义乌、金华"双核"合力，才能更好驱动浙中城市群协调发展。

（6）要从规划先行、交通顺畅、产业强盛、生态优美、文化繁荣和治理
有序六个方面入手，不断提升江西城市功能与品质，促进城市协调发展。

（7）南昌市应采取"一个核心，五个基本点"的协调发展方针，即以跻
身"万亿俱乐部"为核心，以产业发展带动经济发展为突破点，以供给侧和
需求侧扩容为发力点，以人才、资本和数字信息为支撑点，以营商环境、现
代物流体系和政府工作效率为助力点，以绿色发展、房市稳定和人民幸福为
落脚点，走协调发展之路。

（8）江西工业协调发展的六个突破点为工业生态优化、特色产业园建设、
供给侧改革、工业绿色化发展、人才培育与科技创新投入和优化企业营商
环境。

1.4 研究重点、难点、主要特色及创新点

1.4.1 研究重点和难点

本书研究主要包括以下三个子项目的研究：《欠发达地区协调发展新机制
研究》《欠发达地区协调发展测度创新研究》《欠发达地区协调发展模式与战
略创新研究》。

解决的重点问题主要包括：在界定新时代欠发达地区和欠发达地区协调
发展的科学内涵基础上，分析欠发达地区协调发展动力机制产生的经济学和
管理学基础，构建基于资源—产业—技术—治理的"四维五级十阶"区域协
调发展新机制，对区域协调演进进程分类（初级协作、中级协理、良级协同、
较优级协调、优级协和），建立基于耦合协调度模型、区域信息距离理论与广
义 DEA 的区域协调发展测度模型等，以中部地区、浙中城市群等为例进行实
证研究与分析，并对相关城市和产业进行研究，分析现有协调发展模式案例，

探求新机制下区域协调发展的最佳路径。

解决的难点问题主要包括：①基于资源—产业—技术—治理的"四维五级十阶"新时代欠发达地区协调发展新机制的构建与分析；②基于区域信息距离与广义 DEA 的中部地区协调发展测度创新模型的构建及实证研究；③浙中城市群经济—社会—人口—环境—资源五大系统间的耦合协调度测度的实证研究与分析。

1.4.2 研究主要特色及创新点

本书研究的主要特色包括：

①学术思想上，针对发展中面临的诸多问题，本书研究基于协调发展相关学术理论，研究欠发达地区协调发展机制创新的溯源、机理、测度、作用与优化，构建理论模型，提出创新策略，可丰富相关理论研究。

②学术观点上，本书研究认为，新时代欠发达地区协调发展新机制应基于资源、产业、技术和治理动力上，强化以治理为中心的体系建设与能力提升，并以此为抓手，建设产业高新低碳化、能源结构现代化、消费绿色生态化、城市治理服务化和乡村民生福祉化"五化一体"的区域协调发展策略，走绿色、低碳、可持续发展之路。

③研究方法上，本书研究视角独特、方法新颖，管理和经济相融，计量与统计交织，理论和实证统一。本书研究基于新时代视角和习近平协调发展重要理论等进行机制创新的理论分析，基于区域信息距离与基于广义 DEA 建立相关模型等进行实证分析，基于案例研究并结合国内外区域协调发展实际进行对比分析等，不同于现有研究文献，创新性较好。

本书研究的创新点主要有以下五个方面：

（1）对新时期欠发达地区、欠发达地区协调发展的科学内涵进行了界定。

一是通过文献阅读，在计算 2020 世界银行年度报告中中等发达中国家收入区间中值和区间终值与 2020 年全国 31 个省（区、市）（不含港澳台）人均 GDP 及全国 282 个地级市人均 GDP 比值的基础之上，分析并定义了区域发展系数，提出了一个界定欠发达省区市和欠发达城市的数学量化模型并分类，为新时期欠发达地区的界定提供了一种新的更加科学的方法。

二是本书对欠发达地区协调发展的科学内涵进行了界定。研究认为欠发达地区协调发展是区域资源、区域技术、区域产业、区域治理四个系统内部及系统之间均相互协同，各系统中的各要素和谐发展、相互促进，并达到欠发达地区经济强盛、社会和谐、生态文明的一种区域科学发展模式。

（2）建立了基于资源—产业—技术—治理的欠发达地区"四维五级十阶"协调发展新机制。

本书在基于发展论、要素论、系统论、协同论和信息论等经济学与管理学的相关角度对协调发展进行相关理论分析，建立了基于资源—产业—技术—治理的欠发达地区"四维五级十阶"协调发展新机制，丰富了协调发展相关理论研究。

（3）构建了基于耦合协调度、区域信息距离理论（RDIT）和广义 DEA 等的欠发达地区协调发展测度混合模型并进行实证分析。

欠发达地区协调发展测度混合模型创新研究是当前的一个热点。本书构建了基于耦合协调度、区域信息距离理论（RDIT）和广义 DEA 的欠发达地区协调发展测度混合模型，并以典型欠发达地区——中部地区（大区域层面）为例进行了实证分析。该混合模型为协调发展测度及相关研究提供了一种全新的方法。与此同时，建立了较为系统的城市群协调发展评价模型，并以浙中城市群（中等区域层面）为例进行实证分析。

（4）对欠发达地区相关城市（江西城市—省域城市层面、南昌市—地区中心城市层面）、相关产业（江西工业—产业层面）协调发展模式与战略创新进行了相关多层次、立体化研究。

在研究宏观省域城市协调发展时，采用城市功能与品质提升这一视角；在研究微观具体城市（南昌）协调发展时，采用加速进入万亿 GDP 俱乐部视角；在研究微观产业（江西工业）协调发展时，采用中部数据对比视角。这些视角较为新颖独到，有效避免本书协调发展研究的重复性，增强了本书研究的创新性，在一定程度上丰富和完善了协调发展研究。

（5）提出了较多的创新性好、针对性强的相关发展政策建议，充分体现了社科课题研究的现实意义。

本书研究多个关于江西城市协调发展、南昌市协调发展和江西工业协调发展的高质量报告或文章，发表在相关报纸、智库内刊或文集中。其中 3 篇研究报告获得 4 位省级领导（含正省级领导 1 人）的肯定性批示并转相关部门阅研落实；1 篇研究报告入选 2021 江西智库峰会（江西省委省政府和中科院主办）研究成果汇编，并获得江西省科技厅、上饶市政府和赣江新区等多家单位的采纳证明；1 篇文章在省级日报理论版头条发表并被学习强国江西学习平台、网易、新浪、中国江西网等转载推送。

1.5　研究方法与技术路线图

1.5.1　研究方法

本书使用的研究方法较多，主要包括：

（1）区域经济学、区域管理学、数量经济学、计量经济学、经济统计学和信息管理学"六法一体"分析法。对新时代区域协调发展做基于上述主要六种方法的建模与理论分析，发现影响区域协调发展的一些关键性因素并提出了相关发展战略。

（2）宏观、中观和微观"三层一体"研究法。新时代区域协调发展涉及经济管理问题研究的宏观（大、中等区域）、中观（省域城市和产业）和微观（具体城市）三个层面。在已积累大量相关数据文献的基础上，结合"三层一体"分析法，很好地研究分析了新时代欠发达地区协调发展的相关问题。

（3）双向（纵向与横向）双模（耦合协调度模型和测度模型）双态（静态与动态评价模型）研究法。与主要发达国家区域协调发展进行纵向与横向对比分析，建立并运用耦合协调度模型、PCA、区域信息距离理论（RDIT）和广义 DEA 的欠发达地区协调发展测度模型以及静态和动态综合评价模型等对典型欠发达地区协调发展进行了测度、评价与分析，并提出相关发展建议。

1.5.2　研究技术路线图

研究技术路线图如图 1.1 所示。本书研究遵循"提出问题—理论分析—实证分析—对策建议"思路，按"双层三重五递进"逻辑进行研究。第一重主要是新机制溯源与机理等理论研究，包括两个层次：一是基于新时代视角，分析区域协调发展的相关理论，研究协调发展的科学内涵，分析区域协调发展的创新模式；二是对区域协调演进进程进行界定和分类，研究构建"四维五级十阶"区域协调发展新机制。第二重主要是新机制下模型构建与实证测度创新研究，包括两个层次：一是构建区域发展耦合协调模型与相关静态—动态评价模型进行理论与实证分析；二是构建基于区域信息距离和基于广义

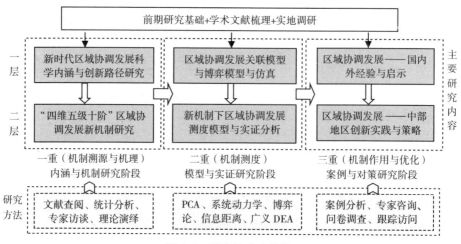

图 1.1 研究技术路线图

DEA 区域协调发展测度模型并进行实证分析。第三重主要是区域协调发展模式与战略创新研究，也包括两个层次：一是区域协调发展省域城市层面和具体中心城市层面的分析与建议；二是工业产业协调发展研究与建议。其中，每一重内部两个层次和三重之间都是递进逻辑关系，共五个。

1.6 本书总体框架

本书理论与实证相结合，研究欠发达地区协调发展内涵、机制和测度相关问题，并以中部地区、浙中城市群、江西城市（南昌市为重点研究案例）、江西工业等的协调发展为例进行发展测度评价、发展模式分析与创新战略研究，提出相关协调发展建议。

本书共分为八章。

第一章绪论。主要介绍了本书研究背景、研究意义、研究目标、研究主要观点、研究重点难点、研究主要特色、研究的创新点、研究方法与技术路线图和总体框架等。

第二章区域协调发展相关理论、国际发展经验及我国的演进历程分析。本章从区域分工理论、区域经济增长理论以及区域合作理论等相关经济管理理论进行梳理，分析区域协调发展相关学术理论基础，对区域协调国际发展经验和我国区域协调发展的演进历程进行分析总结，为后续研究提供一定的理论指导。

第三章欠发达地区协调发展内涵与机制分析。本章首先在新时代欠发达地区的界定基础上,从区域资源、区域产业、区域技术、区域治理四个维度研究分析新时代欠发达地区科学内涵。其次以中部六省为例对欠发达地区协调发展总体现状进行了分析。最后从发展论、要素论、系统论、协同论和信息论等经济学与管理学的相关角度来对协调发展进行相关理论分析,在此基础上,构建基于资源—产业—技术—治理的欠发达地区"四维五级十阶"协调发展新机制。

第四章中部地区协调发展测度创新研究。本章为区域协调发展测度、发展模式与战略创新研究的大区域篇。本章首先从资源、产业、技术和治理四个维度构建中部地区协调发展指标体系,对中部地区资源、产业、技术和治理发展现状和耦合协调情况做了初步分析与研究,并从中部六省区域协调发展内外关系出发,探索中部六省区域协调发展动力。在外部方面:运用主成分分析法对因子降维,从而在众多因素中寻找关键因素,得到中部六省区域协调发展综合排名,对区域协调发展综合排名进行分析。在此基础上,引入信息距离理论,构建区域信息距离模型,并进行相关实证分析。在内部方面:运用了 DEA-BCC 静态模型和 DEA-Malmquist 动态模型,在区域信息距离模型的基础上,建立 DEA-BCC 和 DEA-Malmquist 区域发展效率模型,再以资源、技术和治理为投入,产业为产出,运用 2015 年至 2019 年面板数据,分别从静态 BCC 模型和动态 Malmquist 指数模型计算中部地区协调发展效率系数,并对各省的结果进行比较分析,提出中部地区协调发展建议。

第五章浙中城市群协调发展评价创新研究。本章为区域协调发展测度、发展模式与战略创新研究的中等区域篇。首先,以浙中城市群各市区县为研究对象,在综合梳理和比较国内外相关科研成果的基础上,明确了城市群的概念,形成了城市群协调发展的理论框架,并分析了经济、社会、人口、环境、资源系统之间的相互作用机理。其次,针对浙中城市群构建了经济—社会—人口—环境—资源五系统评价指标体系,基于兼顾"功能性"和"均衡性"的综合评价模型、耦合协调度模型从静态和动态两个维度测度 2010—2020 年浙中城市群子系统综合发展水平及耦合协调度。最后,利用障碍度模型识别阻碍浙中城市群协调发展的影响因素,利用面板向量自回归模型揭示了系统间的动态互动关系。最后根据上述分析结果给出浙中城市群协调发展建议。

　　第六章江西城市协调发展分析与案例研究。本章为区域协调发展模式与战略创新研究的城市篇。首先，在宏观方面，从城市功能与品质提升这一全新的角度，对欠发达地区江西的城市协调发展进行研究，以协调发展为背景，分析城市功能和品质的内涵，对江西城市功能与品质发展进行评价，研究江西城市功能与品质提升中存在的突出问题，提出相关政策建议。其次，在微观方面，以加速进入万亿 GDP 俱乐部为切入点，基于南昌和 2020 年六个新晋万亿 GDP 俱乐部城市发展大数据，对南昌市城市协调发展进行案例分析，提出南昌市协调发展建议，以期为具体城市协调发展提供相关理论和数据支持。

　　第七章江西工业协调发展分析及突破点选择——基于中部数据。本章为区域协调发展模式与战略创新研究的产业篇。基于中部数据进行相关对比研究与分析，发现江西工业协调发展优势主要表现在增长速度较快，企业经济效益较好，高新技术产业发展动力强劲，企业所有制结构较为合理，生态工业发展基础良好和部分工业产业优势地位突出等方面；协调发展劣势主要表现在企业发展体量较小，产业集群度不高，产业人才不足，科技创新投入不够、智能制造水平低等方面。同时建立工业竞争力指标体系，利用主成分和聚类分析法对江西工业产业在中部地区竞争力进行实证研究，分析江西工业产业面临的机遇。综合分析结果，从工业生态优化、特色产业园建设、供给侧改革、工业绿色化发展、人才培育与科技创新投入、数学经济发展和营商环境优化七个发展的突破点给出江西工业协调发展的对策建议。

　　第八章总结与研究展望，对全书进行总结，提出相关结论，并对今后可能的进一步研究进行展望。

第 2 章

区域协调发展相关理论、国际发展经验及我国的演进历程分析

随着现代经济社会的发展，关于区域协调发展研究的成果越来越丰富，相关理论也越来越成熟。国外学者虽然没有明确提出区域协调发展的概念，但与之对应的研究却很多，其目的都是为了缩小地区之间的差距，从整体改善人民生活，实现经济、社会、生态的可持续发展。本章分别从区域分工理论、区域经济增长理论以及区域合作理论等相关经济管理理论进行梳理，分析区域协调发展相关学术理论基础，对区域协调国际发展经验和我国区域协调发展的演进历程进行分析总结，为后续研究提供一定的理论指导。

2.1 区域协调发展相关理论与分析

区域协调发展，其实质是发达地区和欠发达地区分工、合作并协同发展，达到共同富裕的过程。从经济增长的角度来分析，协调发展是一个地区间经济不断增长趋同、收敛的复杂过程。[175]

2.1.1 区域分工理论

区域分工理论也称为区域分工贸易理论。古典经济学家提出了国际分工和贸易理论后，区域经济学家用其来解释区域分工，从而产生了区域分工理论。[176]随着时间的推移和数据可用性的增加，区域分工理论得到了较快发展。

2.1.1.1 传统区域分工理论

传统区域分工理论从根本上衍生于国际贸易分工的早期经典理论，因此亚当·斯密和大卫·李嘉图提出的传统区域分工在国际贸易中可以被视为经典分工理论的拓展和升华。主要包括：

（1）绝对优势理论

亚当·斯密 1776 年在其《国民财富的性质与原因的研究》一书中提出。绝对优势理论认为，在生产一个商品时，一个国家所耗成本低于其他国家，就称该国在该产品上具有绝对优势，那么出口便能获得较大利益；反之进口获益。[177]绝对优势理论指出，一个国家要增强区域利益，那么它必然出口绝对成本优势产品，进口非绝对成本优势产品，这样才可以有效地利用各地区的资源，增强本地区利益。这里的绝对优势来自先天的地理优势或者是后天的有利条件。

（2）比较优势理论

大卫·李嘉图 1817 在其代表作《政治经济学及赋税原理》中提出。大卫·李嘉图认为，如若国家间不能自由流动资本和劳动力，绝对成本优势理论便可行性不大，而必须使用比较成本理论，即各国应投入更多精力在具有更大生产优势或更小生产劣势的产品。[177]比较优势理论表明，不一样的国家的劳动生产率各有差异，一国要想实现利益最大化，应只生产和出口在本国中优势最大的产品，其他产品可酌情考虑，即使这些产品具有绝对优势。而处于绝对劣势的国家和地区不能什么产品都不生产，应生产较小生产劣势的产品以实现利益最大化。1933 年，美国经济学家哈伯勒从机会成本概念出发，将机会成本替代相对成本，并对大卫·李嘉图的比较成本优势理论进行了规范的阐述：若一个国家在某一产品的生产过程中所产生的机会成本低于其他国家，那么该国家在该产品的生产方面具有比较优势。

（3）要素禀赋理论

1919 年，瑞典经济学家 Eli Heckscher 和 Bertil Ohlin 提出要素禀赋理论，该理论又称 Heckscher-Ohlin 模型，简称 H-O 模型。资本理论认为，一个国家的要素财富决定了其在国际贸易中的比较优势。一个国家必须使用数量更多的要素来生产和出口产品，并进口由数量更少的要素所制成的产品。也就是说，劳动密集型国家出口劳动密集型产品，进口资本密集型产品；资本密集型国家出口资本密集型产品，进口劳动密集型产品。

2.1.1.2　新区域分工理论

研究分析一般认为，新区域分工理论是对传统区域分工理论的再发展，主要包括新贸易理论和规模报酬递增理论等。

（1）新贸易理论

新贸易理论主要是指二战结束后，特别是20世纪80年代以来，产业内贸易和发达国家之间的贸易迅速增长，但占世界贸易额相当大比重的一部分并不是因为比较成本的差异或者资源禀赋的差异而发生，为解释这些新的贸易现象而产生的一系列国际贸易理论学说。其主要代表人物是克鲁格曼和布兰德等。新贸易理论从供给、需求、技术差距论等不同角度分析了国际贸易的动因与基础，认为产生国际贸易的动因与基础发生了变化，不再仅仅是因为技术和要素禀赋的差异。新贸易理论打破了传统贸易理论中"完全竞争"和"规模报酬不变"这两个关键假设，更符合贸易实际，为解释贸易动因与贸易基础开辟了新的源泉。

（2）规模报酬递增理论

有关收益递增机制的研究始于亚当·斯密的《国富论》。为说明专业化分工对劳动生产率的积极效果，亚当·斯密以工厂为例，阐释了这种效果所引起的报酬递增现象归因于技术进步。[178]后来，美国经济学家阿林·杨格继承并拓展了斯密的分工思想，他认为应该从整个经济体出发对报酬递增进行研究。从市场规模的角度来说，它决定着分工的程度，市场规模越大，其分工程度越深；从分工的程度来说，它制约着市场规模，若分工的演进程度还不够深，这必然不可能匹配大的市场规模。以杨小凯为代表的新古典经济学派再次推动了这一理论的演进。杨小凯用边际和超边际分析来解释收益递增，认为自行进化的分工会不断地推进经济增长，这种经济增长导致的报酬递增的过程实际上是建立在内生分工的基础上的。

随着区域分工理论的不断成熟，可以由于不同地区的资源禀赋和诸多条件存在着差异，即使投入同样的劳动生产同一种产品，所产生的生产成本和经济效益也可能会相差较大。因此，欠发达地区应该立足于自身的优势，科学合理的规划，努力承接发达地区的产业转移，与发达地区在人才、资源等各种要素上更加频繁的交流，进行合理的区域分工，来提高自身的生产效率，取得最大的经济效益，以此来促进欠发达地区的整体协调发展。

2.1.2 区域经济增长理论

2.1.2.1 传统区域经济增长理论

传统的区域经济增长理论分为均衡增长理论和非均衡增长理论。均衡增长理论是最古老的研究成果，主要包括罗森斯坦·罗丹的"大推进理论"和纳克斯的"贫困恶性循环理论"。随着时间的推移，研究人员发现以前的发展理论是存在局限性的，无法解释新产生的经济现象，于是出现了非均衡增长理论，主要包括阿尔伯特·赫希曼的"不平衡增长理论"和缪尔达尔的"循环累积因果关系理论"。

（1）大推进理论

罗森斯坦·罗丹认为欠发达地区或国家持续性地无法摆脱贫穷和落后，其主要原因是工业化程度不够，而资本不足是导致工业化程度不够的主要原因。针对这一现实情况他提出了大推进理论。其基本逻辑是：在发展过程中，为了使产品供需相匹配，需要同时在各产业领域同步进行大规模投资，实施"大推进式"发展战略，从而来实现工业化目标。

（2）贫困恶性循环理论

纳克斯认为，欠发达地区或国家存在供需的恶性循环。从资本供给的角度来看，欠发达地区较低的实际收入将导致较低的储蓄水平。资本积累极其缓慢和稀少，劳动生产率会提高。增速放缓，收入水平继续下降，直至最终形成"低收入水平—低储蓄能力—缺乏资本—低生产率—低收入水平"的恶性循环。[179] 从资金需求来看，劳动生产率低，资金投入大，但收入低，需求也随之减少，需求减少，供给减少，形成恶性循环。这两个方面在未开发地区同时起作用，导致这些地区洪水泛滥。纳克斯认为，如果对经济进行大规模投资以打破这种恶性循环，就可以实现显著的经济增长。

（3）不平衡增长理论

不平衡增长理论由阿尔伯特·赫希曼在1958年《经济发展战略》一书提出。他从主要稀缺资源应得到充分利用的认识出发，认为发展道路是一条"不均衡的链条"，从主导部门通向其他部门。在极化效应和溢出效应方面，阿尔伯特·赫希曼分析了区域间的不平衡发展。国家被他划分为发达地区和欠发达地区。发达地区的经济增长能带动落后地区的经济发展。发达地区的极化效应和外溢极化效应使得区域工资收入高，投资回报率高，生产条件完善，投资条件优越等，不断吸引资金、技术和基础设施。一个地区发展水平的下降会影响发达地区的经济增长，使发达地区更具吸引力。溢出效应是发达国家从落后地区购买投入并投资，人口从欠发达地区迁徙至发达地区，使得欠发达地区的劳动力边际生产和人均消费水平提高，从而促进了欠发达地区的经济增长。这种效应有助于缩小区域经济发展的差距。

（4）循环累积因果关系理论

缪尔达尔根据上升循环理性理论认为，在社会经济权力体系中，不同的要素不仅保持或平衡，而且以循环的方式积累和发展：一些经济因素相互影响，另一些因素在经济上相互影响。影响这一点的因素将发生重大变化，使社会经济进程转向基本面，并创造一个不断增长的周期性发展维度。生产要素的差异流动有两种效应，一种是回流效应，一种是扩张效应。这两种效果是不平衡的。一般来说，回流效应大于扩散效应。也就是说某些地区由于具有更多的先天性禀赋，占据着初始优势，所以它的发展速度高于一般的平均速度，在这种快速发展的趋势下，不断地累积，形成累计性的竞争优势；而一开始就处于发展弱势的地区，其发展速度就会越来越慢，就形成了马太效应。

2.1.2.2　区域经济增长理论的新发展

随着时代的快速发展，传统经济学理论已经不能很好地解释相关经济现象，所以许多经济学家打破了规模报酬和完全竞争等理论的限制，对传统的经济学理论进行了创新，分析实体经济增长，增加规模收益递增、不完全竞争等相关理论，更新了区域经济增长理论，使得区域经济增长理论得到了新发展。按使用要素分类，区域经济增长理论的新发展可分为经济增长新理论、经济地理学新理论和贸易新理论。

新增长理论在传统经济理论基础上提出技术进步是不可或缺的生产要素，如何将其内生化是新增长理论的主要内容，因此，新增长理论也被称为内生增长理论。新的经济地理学理论在经济理论中加入了地理特征，提供了一套复杂的经济空间模型，突出了收益递增、不完全竞争、历史和不可预测性在区域发展中的作用。在区域贸易关系的组合中，新贸易理论利用马歇尔对外贸易和张伯伦垄断竞争的例子来解释欧元区和欧盟的贸易和区域结构的原因，并确定区域一体化的益处。新区域治理逐渐成为学术研究的主题，区域差距逐年扩大，各学者提出区域趋同与发散理论来研究区域收入趋同与发散。[180]

2.1.3　区域合作理论

区域合作理论较为庞杂，不同学者对区域合作理论的分类也不尽相同。结合研究主题，本书研究认为，区域合作的重要理论可以包括新制度经济学、劳动地域分工理论、公共选择学和相互依赖理论等。

（1）新制度经济学

新制度经济学是一个侧重于交易成本的经济学研究领域。在区域合作中，各区域合作形式不同，所制定的制度也各有差异，制度对各区域合作主体具有节约区域合作交易成本的作用。因此，新制度经济学是区域合作的经济学基础。

（2）劳动地域分工理论

合作与分工是密不可分的。根据比较优势理论，如果地区之间生产某种产品的生产成本有所差距，则各个地区在不同产品的生产上就具有不同的比较优势。各区域之间要加强合作，需通过调节自身的经济行为，达到地域分工的区域合作，促进地域分工进一步发展，各区域之间通过有效的区内和区际分工，建立合理的区域合作体系。[181]

（3）公共选择学

作为区域参加区域合作的行动依据，公共选择学利用现代经济学基本原理，研究政府决策行为、民众的公共选择行为以及二者关系。公共选择理论认为，人们在做出决策之前都是"理性的经济人"，尽可能地最大化自己的利益。而区域进行合作前，各地区或国家也是从自身的利益出发，只不过由于各地区或国家发展程度不同，衡量收益的出发点也将不同。对于区域合作来讲，区域局部利益与国家总体利益之间的关系、地区与地区之间的利益关系，都是需要认真考虑的。

（4）相互依赖理论

作为对区域合作规律性认识的理论基础，相互依赖关系是一种过程，且其范围会随区域之间的合作分工的加深而不断扩大。因此，良好的区域相互依赖关系将促进区域之间的良好合作。[181]总的来说，各区域协调发展过程中，区域分工、合作必不可少，良好的分工机制和合作态度必将促进区域经济协调发展，达到空间一体化，各区域经济协调发展，实现区域经济增长。

2.1.4　区域协调发展相关理论分析

区域分工理论表明，由于不同地区的资源禀赋和诸多条件存在着差异，即使投入同样的劳动，生产同一种产品，所产生的生产成本和经济效益也会相差很大。因此，欠发达地区应该立足于自身的优势，科学合理的规划，努力承接发达地区的产业转移，与发达地区在人才、资源等各种要素上更加频繁的交流，进行合理的区域分工，来提高自身的生产效率，取得最大的经济效益，以此来促进欠发达地区的整体协调发展。

区域经济增长理论和区域合作理论也对区域发展具有十分重要的理论意义，它为发展中国家的经济发展提供了理论模型。在我国这几十年的快速发展中，均衡增长理论和非均衡增长理论的指导功不可没。从 20 世纪 80 年代改革开放初期的重点是经济特区和沿海开放城市发展，再到后来意识到区域发展不平衡，从而提出的"西部大开发""东北振兴""中部崛起"等战略，这些都是区域经济增长理论和区域合作理论的实践与总结。对于像中国这样人口和地域极为庞大的国家来说，城市发展差距是不可避免的，而且是长期存在的。国际经验和国内实践表明，只有实施区域协调发展战略，我国区域经济和整个国民经济才能得到健康的发展。

2.2 区域协调国际发展经验分析与启示

在对区域协调发展相关学术理论进行探究之后，仍需要广泛了解其他国家在区域协调上所采取的方式，以及如何解决区域发展不平衡问题。对国际区域协调发展的总结与分析，了解各国在针对自身发展性质的同时，如何制定相应的政策机制，有助于借鉴并汲取相关经验来助力我国区域协调发展。

2.2.1 区域协调发展的国际经验

区域发展不平衡问题并不是我国所独有。世界上许多发达国家在发展的过程中同样遇到了区域经济发展不统一、区域差距明显的情况。为了消除区域差异，实现区域均衡协调发展，各国都积极探索实施了一系列区域经济发展政策，其中有不少的成功经验值得借鉴，这些成功的经验与举措，在我国实现区域协调发展的过程中具有现实指导意义。

2.2.1.1 美国区域协调发展的经验

面对区域的不平衡发展，美国为适应人口规模和结构的变化，采取了多方面的战略措施来推进区域协调发展。主要措施如下：

第一，坚持立法先行，在欠发达地区设立管理机构。作为世界上第一个高度重视区域发展的国家，美国通过法律形式来推进欠发达地区的发展。[182]

在"西进"运动中，美国自始而终都坚持着立法先行这一措施，非常重视通过完善的制度促进欠发达地区的协调发展。1933年，《田纳西河流流域管理局法》的颁布促使美国成立田纳西河流域管理局，该管理局由时任总统罗斯福直接领导，主要职责是对田纳西河流域的综合开发，从而使得田纳西河流域成功摆脱贫困。1965年，美国又通过了《阿巴拉契亚地区发展法》，成立了阿巴拉契亚区域委员会，帮助阿巴拉契亚区域脱贫。1993年，时任总统克林顿签署了《联邦受援区和受援社区法案》，该法案成为美国第一个系统解决欠发达地区问题的法案。[183]从20世纪60年代起，美国为加快欠发达地区的再开发，推出了各种方案，如《人力发展与训练法案》《地区再开发法》等。[184]与此同时，美国联邦政府还成立了经济发展署（EDA），负责区域协调发展，其主要职能是创造新的就业机会和保护现有的就业机会，帮助经济困难地区解决经济发展中长期存在的和新出现的问题。[185]

第二，对欠发达地区采用财政税收金融措施来支持其经济发展。通过财税制度，对不同地区实行不同的税制。对北部发达地区多征税，把增量部分转移支付给落后的地区；对落后地区则是少征税，更多地将税收留在落后地区。最终，该税收制度达到了"四两拨千斤"的效果，欠发达地区的经济得以迅速发展，直到20世纪90年代，税负差异才又重新进行调整。[186]此外，联邦政府除了使用税收制度，还通过大量的转移支付用来支持欠发达地区的经济发展。如若企业在贫困地区投资建厂，康涅狄格州可让其享受5年的所得税减免，而若该企业希望享受税收优惠，可继续投资。

第三，加大基础设施和公共设施建设投资。美国发达地区与欠发达地区的交通因铁路和公路网的建设而更加紧密和便捷，航空客运大大缩短了东西部地区的地理距离，再加上大规模的人才交流和要素流动，这些都为区域发展提供了有力支持。同时，美国高度重视在信息网络方面的基础设施建设，大大方便了欠发达地区和老工业基地获取市场信息，有助于相关高技术产业的发展。

第四，调整优化产业结构。美国政府采取多项措施确保各行业均衡发展。例如，美国颁布了《农业监管法》，旨在通过财政补贴和支持下游产业、均衡发展等方式促进农业现代化，将农产品价格保持在健康稳定的水平。两次世界大战期间，美国政府迅速调整产业战略，在西部地区发展了一大批技术水平和规模相当的军工企业，大发战争横财。冷战开始以后，美国政府又将这些企业私有化，迅速完成了由军用向民用的转变，迅速发展以宇航、原子能、电子、生物为代表的高科技产业，有力推动并实现了西部地区产业结构的升级换代。[187]

第五，重视发展教育和科技。美国联邦政府将大部分公共投资用于西部教育和科技发展，鼓励许多高科技工业实验室、研究机构和大公司在西部落户。例如旧金山、亚特兰大和波士顿等城市拥有众多大学和科研机构，正因为有着人才的培养和定点输出，这些城市的技术创新能力和产业基础有着极其强劲的实力。再比如，旧金山的微电子和信息技术产业极为发达，最著名的世界巨头苹果、微软、IBM 和英特尔等企业总部或研究中心就设立在这座城市。

第六，推进城镇化驱动战略。美国在西部大开发中高度重视中心城市在交通枢纽地区的定位，实施"增长极"战略，使得城市辐射带动作用得到充分的发挥。西部大开发的一百多年间，美国构建了大量不同层次的增长点，确立了芝加哥等国家核心城市，西雅图、旧金山、洛杉矶等区域核心城市和数百个小城市，其还将自由贸易区和高新技术示范区建立在城市地区，让现代产业体系和高新技术产业得以快速发展。[187]

2.2.1.2　欧盟区域协调发展的经验

由于欧盟内部国家发展水平参差不齐，欧盟采取了多项区域协调政策以增强欧盟的整体实力。由于欧盟采取的措施比较实在，并能与时俱进，较好地解决了当时欧盟经济社会发展中出现的问题。相关具体做法如下：

第一，明确的区域发展的政治目标和战略规划。鉴于其内部区域地位，整个欧盟分为七个区域，每个区域都有不同的区域政策，对它们都实施严谨的战略规划，有计划地组织资金和项目，并让该流程形成制度。过去二十多年，欧盟先后实施了"六年计划"（1994—1999）、"七年计划"（2000—2006）、"七年支出计划"（2007—2013）。[188]

第二，多层次的区域政策协调体系。在欧盟内部垂直建立超国家、国家、准国家和地方的纵向协调体系，由此形成多层次的协调系统。改进系统和程序以在各个层面寻找信息和利益。例如在超国家层面，除了欧盟委员会、欧洲理事会和欧洲议会等三个关键机构外，还设立了专门职能和咨询机构，其目的就是为了促进区域协调发展。在国家和地方层面，每个欧盟国家都有区域协调机构，这些机构和地方政府建立了广泛的联系和密切的合作。此外，欧盟还横向建立了许多区域协调组织，不仅包括政府，还包括公共、私营和第三部门。

第三，及时有效的区域协调法律制度。欧盟一直高度重视构建制度一体化，自由贸易一体化进程都根据各阶段特征立法，为内部的合作提供一定的制度保障。欧盟通过设立关于区域协调发展的相关的法律制度来整合欧盟内部各个国家或地区商洽的结果，从而促进共同发展，其中，渐次出台的《罗马条约》《单一欧洲法案》《巴黎条约》和《马斯特里赫特条约》等条约，对欧盟走向全面经济一体化意义重大。[188] 同时，各种经济政策通过超国家机构统一规划和实施。1958 年，欧盟签订了《欧洲经济共同体条约》，强调缩小存在于各区域间的差距和降低较贫困区域的落后程度，加强各国经济的一致性和保证他们的协调发展。

第四，完善、灵活的区域发展金融产品。欧盟区域政策的实施与其完备灵活的区域政策金融工具有很大关系。这些区域政策金融工具主要由基金工具和贷款工具所组成。基金工具方面，有结构基金、聚合基金、欧盟团结基金、预备接纳基金和临时加入基金等。其中，结构基金是纳入欧盟预算的，占欧盟总预算的三分之一，由成员国支付，一般由欧盟指定百分比，计算公式为给出的百分比乘以各自的国民生产总值。为支持工业的发展，欧盟会将该基金的四分之一用于缩小区域差距。聚合基金的主要投资对象也是成员国，但其人均 GDP 不超过欧盟平均水平的 90%。基金持有人主要资助这些国家的环保和跨境基础设施建设。预备接纳基金是为应对成员国潜在的大规模自然灾害而设立的。临时加入基金面向准备加入欧盟但尚未正式加入欧盟的国家。在贷款方面，欧盟成立了欧洲投资银行，为区域经济一体化提供资金援助。欧洲投资银行的成立是为了协助欠发达地区的经济发展，促进欧洲经济社会一体化，如今欧盟是最大的国际贷款人。[188] 以上金融产品可以促进欧盟区域监管政策的实施，具体支持欠发达地区的发展，使区域经济的协调发展成为可能。

2.2.1.3 日本区域协调发展的经验

二战后，作为发动侵略战争的战败国，在战时经济下，日本的生产秩序和对外贸易被完全破坏，由于工业的衰退和粮食的短缺，更多人面临就业危机。为解决以上问题，日本通过国土资源的加快开发来挖掘高潜力地区，随后发展高潜力地区以减缓地区发展差距的进一步扩大。具体措施如下：

第一，规划与立法并重。在推进国家区域协调发展进程中，日本利用制度化的刚性约束来帮扶欠发达地区的发展。其通过立法和设立开发计划，为落后地区的开发提供了法律保障和方向指导。如《国土开发计划纲要》（1940

年)、《国土综合开发法》(1950年)。而对于一般落后地区,有《新产业城市建设促进法》及六个配套的基本规划(1962年)。对于落后地区,有《北海道开发法》(1950年),这是日本战后的第一部地区性开发法。后来,为扶持特别落后地区的发展,日本政府又陆续制定了一些法律,如《水资源地区对策特别措施法》《过疏地区振兴特别措施法》和《孤岛振兴法》等。在开发计划方面,制订了全国综合开发计划、都道府县综合开发计划、地方综合开发计划和特定地域综合开发计划等不同层次、针对性强的规划。[183]

第二,大规模引进金融转移支付系统。日本的转让税可分为三类:国家转让税、国库支出和国家拨款税。顾名思义,州转让税本质上是一种特定的税种,由州和省分担,不需要上缴国家;政府支出是由国库支付给市政当局的政府支出,地方政府是不需要偿还的。[189]在国家下拨税中,中央政府根据地方财政短缺的程度,将部分税收分配给地方政府,支持经济落后地区的发展,在发展不平衡时期,主要集中在重点发展区域。对欠发达地区的支持在财政补贴上体现得淋漓尽致。例如,北海道开发项目的财政补贴高于其他地区。[190]

第三,强调区域发展中金融的作用。区域开发金融是日本政策性金融的重要组成部分,其贷款的发放宗旨是促进落后地区的产业发展。贷款对象只能是特定地区的公司和法人,通过对这些公司和法人的直接支持,以推动整个地区的发展。

第四,建立区域协调发展的专门机构。日本于1950年制定的《北海道开发法》规定在中央政府"北海道发展局"的管辖下设立了北海道海洋办事处。[191]1956年,北海道公共开发银行成立,是专门负责审查和拨款北海道发展的国家政策银行。这样一来,有关北海道发展的各个部分就都变成了一个单独的系统,相互之间配合得更加得当有序,并且独立于国家行政体系之外。北海道的综合开发由北海道开发局与其当地政府部门共同完成,其中,北海道开发局负责国家项目,北海道地方政府则负责地方项目,相互补充、相互呼应,使得开发项目能在各个部门间进行协调,以此来达到最好的效果。北海道开发局的成立,对加快北海道的土地、林业、矿产、电力等资源的开发起到了极其重要的作用。

第五,注重调整产业结构,促进产业升级。20世纪50年代,日本产业布局以"三湾一海"为核心的区域为主向外延伸,极化效应造成了企业和人口的高度集聚,衍生出一系列不利于区域协调发展的现象。当时为了改革经济,日本政府采取了一些措施。例如，日本政府针对东京、大阪、名古屋大都城市的工业，尤其是对高度集中的重工业进行各方面约束从而减少其存在的数量，并促进这些地区的产业实现转型升级，从而使得整个地区得以高质量发展。另外，日本还针对落后地区制定了"产业转移计划"，将"三湾海"地区的制造业从经济繁荣地区扩大到北海道等欠发达地区，从而解决了"过密""过疏"的经济结构安排，区域间的差异很快就被缩小了。

2.2.2 相关国际经验对我国区域协调发展的启示

由于我国疆域非常辽阔，各地初始的自然资源禀赋各不相同，经济基础也存在一定差异，这些因素是造成我国不同地区经济发展不平衡的重要原因。如今，我国经济已经从高速发展期进入了高质量的增长期。区域发展不平衡，限制了我国综合经济实力的提高和发展。木桶理论表明，一个木桶能装多少水，取决于最短的木板。因此，有必要借鉴发达国家和地区在区域协调发展方面的成功经验，再结合自身的国情，走出一条具有中国特色的区域协调发展道路。

（1）区域协调发展应坚持立法先行

当前，我国协调区域发展主要依靠政策和规划的指导。政策虽然可以及时、灵活地回应经济社会需求，在区域协调发展中起到重要的作用，但政策毕竟稳定性太差，在执行过程中易被添附或修改，而且缺乏法律的强制性。因此，急需制定关于区域协调发展的专项法律，将我国各个区域的开发工作纳入法制轨道。同时，需要建立适当的法律制度，明确中央和地方政府的责任，这样才能最大程度上保证区域协调发展政策的制订和实施顺畅。

（2）建立专门的区域协调发展机构

在处理区域发展失衡问题时，国外政府往往成立一个专业组织，负责统筹、协调。因此设立独立具有权威性的区域协调发展机构，是贯彻和落实区域协调发展法律和政策的关键。因此，为促进区域协调发展，应当成立区域发展协调委员会等机构，专门负责协调区域政策和行动，更好地促进地区的发展。委员会可以由国家发展改革委、财政部、中国人民银行等相关部门的主要负责人以及地区经济领域的专家学者共同组成。

（3）完善中央财政转移支付制度

当前我国政府部门为欠发达地区更好发展提供了各种优惠政策。然而分析与实践发现,大多数政策在实施落地上存在着不足。因此要不断改进,灵活地运用各种政策手段来促进各区域协调发展。首先,要保证中央财政在初始财政分配中的份额更大,只有中央分配到更大份额资产,才有可能在保证其他支出性活动正常运行的同时加强对欠发达地区的援助。其次,在制定中央对地方财政转移支付模式时,要考虑到各个区域由于初始自然资源或经济条件的不同导致最后经济实力的不同,因地制宜考虑诸多方面的影响,制定最合理的政策。最后,在财政转移支付的过程中应该集中于公共物品的投入,以建设和发展公共服务来增强区域的吸引力,帮助欠发达地区进行持续发展。

(4)增加公共教育经费支出,以技术创新改善产业结构

人力资源开发对本地区经济发展乃至整个经济的发展都具有重要作用。在区域协调发展过程中,必须坚持科学的人才观,营造一个有利于区域发展的良好环境。要强化东中西部企业的合作,坚持吸引外资,充分利用溢出效应促进劳动力的跨地区流动,吸引更多的人才到中西部来扎根奉献。与此同时,要不断开展职工培训,提升职工素质和技术水平。从国外的经验来看,在高技术发展的大潮下,有条件的科技中心的出现,可以为经济落后地区的发展形成新的增长点。西安、南昌、成都、沈阳、兰州、武汉等重点科研院所、高等院校、组织密度高的区域中心城市,应当充分利用其自身优势,集聚更多更好的人才,实现区域创新发展。

(5)加强欠发达地区的基础设施建设

完善的基础设施是区域发展的基础。其经济发展的先决条件是交通、通讯、电力。美国、欧盟等西方国家和地区通过建设交通、通讯和电力等基础设施,才在欠发达地区发展方面取得突破。由于中国国情与西方国家不尽相同,加之基础建设属于公共物品且存在一定的外部性,市场不能进行有效的资源配置,所以我国的基建投资主要依靠政府的财政投入,严重制约了基础设施建设的发展。为了使得投资主体更加庞大多元,国家应该通过财政、信贷等方式对企业进行扶持,实现多渠道、多主体、精准化的融资,加快欠发达地区相关基础设施建设步伐,更好助力欠发达地区协调发展。

2.3 我国区域协调发展战略演进历程分析

分析梳理我国区域协调发展战略演进历程可以发现,自新中国成立以来,

我国区域协调发展战略经历了多次重大转变。特别是改革开放以后，我国区域协调发展战略从区域均衡发展阶段转变到区域非均衡发展阶段，再到区域协调发展阶段，其过程对我国区域发展有着重大影响。具体来分析，可将我国区域发展战略分为以下五个阶段：

（1）区域均衡发展阶段（1949—1978年）

在这一阶段，以毛泽东同志为核心的党的第一代中央领导集体，把全国分为沿海和内地地带以及东北、华北、华东、中南、西南、西北等六大行政区（同时也是经济区）。"一五"时期，根据各地区的自然地理位置以及各自的经济基础情况，并结合当时国内外政治经济形势和国内工业布局状况，提出了通过充分利用沿海工业基础，为实现国家区域整体均衡布局提供一定的物质基础，从而大力发展内地工业。这种实践举措在中西部地区投入大量资金进行经济建设，对中西部地区的经济发展起到了明显的促进作用，在一定程度上改善了之前不合理的经济布局情况。但分析不难发现，在新中国成立初期，生产力整体上较为薄弱，产业布局也不合理，而这种均衡发展方式一方面忽略了东部地区的发展机会和空间，使东部地区无法利用自身优势快速发展起来；另一方面也忽略了国民经济整体发展速度和效益的影响。

（2）区域非均衡发展阶段（1978—1992年）

为总体加快全国区域经济发展和提高国民经济水平，我国区域发展战略由此前的"区域均衡发展"转为"区域非均衡发展"。这一阶段在总结前期发展问题的基础上，提出要优先促进东部地区的发展，以"先富带后富"的发展方式辐射并带动中西部地区的发展。在政策实施上，同样也向东部地区倾斜，率先改革，最后实现全国整体上的发展。在区域非均衡发展的思想指引下，1979年，我国提出并且设立了四大经济特区，从此沿海地区率先开放的格局开始形成。1984年我国出台政策使沿海地区的对外开放扩大为南北全线开放的战略布局。1986年，我国界定了东部、中部、西部三大地带的具体范围，并提出优先发展东部地区。经过"六五计划"和"七五计划"时期的发展，中国东部沿海地带实现了从"由点到线"到"由线到面"、最终由南至北条状的区域发展战略布局。[192]分析这一时期的发展可以发现，东部地区的迅速发展归功于自身地理位置的优势和政府的大力投资与支持，但东部地区发展对中西部地区辐射作用有限，并未能整体带动中西部地区的发展。

（3）区域非均衡协调发展阶段（1992—1999年）

在前两个阶段的发展下，东部地区与中西部地区差距拉大。1992年，党的十四大报告提出"充分发挥各地优势,加快地区经济发展,促进全国经济布局合理化"的指导思想,政策实施上有了一定的变化,表现在促进东部地区发展的同时,也开始大力促进中西部地区发展。[193]1996年我国提出要进一步"坚持区域经济协调发展,逐步缩小地区发展差距"的方针,要协调好东部地区、中西部地区的经济发展问题,缩小发展差距,实现共同富裕。[194]由此,我国东部地区通过多种形式帮助中西部欠发达地区和民族地区发展经济,区域发展开始由沿海逐步向内地纵深推进。数据显示,这一阶段中国的经济水平整体上得到了快速提升,但是各地区之间发展不均衡也越来越明显,内在矛盾不断加剧。

(4)区域均衡协调发展阶段(1999—2012年底)

随着改革开放不断深入,我国与发达国家的发展差距不断缩小,但整体区域发展的不均衡性加剧。为了满足各地区共同发展、均衡发展和共同富裕的现实需要,党中央更加强调区域均衡协调发展的重要性,颁布了不少有利于促进中西部地区发展的政策。对西部地区而言,1999年到2005年对西部大开发的实施方向以及范围进行细化,从根本上改变西部地区的旧面貌;2006年到2010年侧重对西部地区的自身建设,因地制宜,发挥其自身特色优势,继续加大对基础设施建设的资金投入,积极推进重点水利工程、能源、信息等基础设施的建设,同时生态环境也得到了新的突破,重点生态区综合治理得到明显改善。对中部地区而言,2004年3月,时任总理温家宝在政府工作报告中首次提出"中部地区崛起"战略,提出中部地区现代化建设的总体要求、基本原则和主要任务。这一阶段重点对欠发达地区发展做出相应的促进措施,从优先东部沿海地区发展转向推进内地发展,在一定程度上对欠发达地区发展起到促进作用。但从整体上看,欠发达地区仍然在经济发展、技术创新、人才资源等问题上相对落后,资源相对较少,与发达地区的发展差距仍然较大。

(5)全面均衡统筹阶段(2013年至今)

这一时期,中国经济发展步入了"新常态"。在此背景下,以习近平同志为核心的党中央审时度势,为进一步全面统筹实现新时代中国区域协调发展做出了一系列重要指示和制度安排,做出了从"区域均衡协调发展"到"全面均衡统筹发展"的战略部署调整,使得全面均衡统筹发展战略成为新形势下我国区域协调发展的总思路。党的十八大以来,以习近平同志为核心的党中央与时俱进、科学决策,对区域协调发展赋予了新的时代内涵,并采取了一系列重大的创新性举措。党的十八届五中全会提出创新、协调、绿色、开放、共享的五大发展理念，把协调发展放在中国经济社会发展全局十分重要的位置。党的十九大报告对中国区域发展提出了新要求，将"实施区域协调发展战略"作为"建设现代化经济体系""增强中国经济创新力和竞争力"的一个重要组成部分，要求"建立更加有效的区域协调发展新机制"，更加明确了实施区域协调发展战略的主要任务和价值取向，必将进一步推动完善中国区域发展的新格局，也将更好地培育和释放中国区域发展的新动能，加快缩小区域发展差距。[193]"十四五"乃至今后较长一段时期，我国仍然要深入贯彻区域协调的发展任务，实施区域协调发展战略，健全更加有效的区域协调发展新机制，使我国区域发展更加协调、更有效率、更高质量。

第3章

新时代欠发达地区协调发展机制分析

进入新时代以来，我国经济从高速增长阶段向高质量发展阶段迈进。经济形势的变化对区域协调发展也提出了新的更高要求。推动我国经济高质量发展，要牢牢贯彻创新发展、协调发展、绿色发展、开放发展以及共享发展这五大发展理念。我国发达地区与欠发达地区经济发展水平存在较大差异，主要表现在资源利用、技术创新、产业发展以及区域治理等方面，从而也就造成了区域发展的协调性不合理。区域差距在任何国家和地区都无法避免，现阶段也不能完全消除，只能让区域之间保持合理的协调发展状态。改革开放40多年来，我国欠发达地区经济社会也取得了长足的进步，但是经济总量、产业结构、资源利用、技术人才引进和环境治理等方面不平衡不充分不高级的矛盾还是比较突出。切实落实区域协调发展战略，有效平衡发达地区与欠发达地区的差距是当前的关键任务。本章在新时代欠发达地区的界定和分析新时代欠发达地区内涵基础上，分析新时代欠发达地区协调发展现状，从区域资源、产业、技术以及治理四个维度进行相关分析，研究新时代欠发达地区协调发展的创新机制。

3.1 新时代欠发达地区的界定

"欠发达"与"发达"是相对应的，是对事物发展状况、发展态势的一种动态表述，属于一种特定地域空间范畴，同时也是立足于历史纵向发展的动态变化过程。欠发达地区是一个动态的、与时俱进的概念。要对新时代欠发达地区协调发展进行研究，首先必须对当前欠发达地区进行界定。

3.1.1 欠发达地区界定的文献梳理与分析

杨伟民（1997）通过借鉴人类发展指数的基本方法，并结合中国发展实际，在以往的基础上增加部分指标，以尽可能地反映各地区的发展水平，并合成"发展综合指数"，以此为依据来划分欠发达地区的类型。[213]冯艳芬等（2004）以广东省为例，选取100个县市进行欠发达地区界定并分析各个县市的特征以及所具有的优势与劣势，从而更好为广东省发展指引方向。[214]王雷等（2006）在前人对欠发达地区分析的基础之上，通过选取能衡量欠发达地区特征的相关指标，对全国各省市进行划分。[215]林勇等（2007）通过借鉴前人的文献并构建了欠发达地区的"综合发展指数"的指标体系，将安徽、重庆等15个地区界定为中国欠发达地区。[216]赵爱云（2009）选取山东省进行分析，通过构建影响山东省各地区经济发展的相关指标，将各地区划分为三个类别，最后分别对不同类别的地区提出相应建议。[217]张鹏飞和李锦宏（2016）基于欠发达地区的内涵，主要利用主成分分析的方法对全国地区进行分类，分别为欠发达地区、中等发达地区以及发达地区。[218]李飏和李旭瀚（2018）以广东省为参考对象，构建能反映欠发达地区发展的指标体系，并研究欠发达地区现代化水平情况。[219]杨燕等（2021）基于新阶段欠发达地区的发展现状，对全国31个省区市的综合发展指数进行测度，并对全国各地区进行分类，提出相对应的发展建议等。[220]

上述分析可以发现，现有文献对欠发达地区界定主要是通过建立相关指标体系或相关方法来进行，研究基本集中于较大区域层面上，仅研究广东发展的部分学者研究区域在县域层面上。

3.1.2 新时期欠发达地区界定的原则

欠发达地区与发达地区相对应，是一些具有一定的经济基础、发展潜力、资源基础，但是由于各方面的自然条件以及现实原因，使其发展较落后，科技发展不发达，目前经济发展水平仍处于落后状态的地区。[218]在现有相关文献中，大部分只是简单将我国中部、西部地区归类为欠发达地区，这其实是不够准确的。

由于自然条件基础、地理位置因素、历史因素、文化因素等综合因素，与发达地区相比较，欠发达地区经济发展相对缓慢，主要表现在人均收入低、产业结构分布不当、科技创新水平力量薄弱、思想文化水平差异较大等方面。广义的欠发达地区指的是在全球范围内相对不发达的一些国家或地区，比如我们通常所说的发展中国家或地区，其特点是经济发展落后，科技发展不发达，基础设施建设较差等。狭义的欠发达地区是指一个国家内部相对不发达的经济地区。

对中国而言，由于地大物博，各个地区的发展明显不可能同步，地区和地区之间存在着发展差距是一定的。从整体角度来看，相对于东部沿海地区，整个中西部尤其是西部地区是欠发达地区。若从所处的区域角度考察，以省级行政区划为对象的欠发达地区基本上处于中国中部和西部。但如果以市县级行政单元为考察对象，即使东部地区整体较为发达，但东部部分城市或区域仍然属于欠发达地区，而中部和西部一些相对较发达的城市则不属于欠发达地区的范畴。[216]

因此，本书研究认为，新时代欠发达地区界定需注意的原则应当包括：

首先，权威性原则。表现在界定时的数据来源和界定的结果上。一方面，界定时的数据来源应当可以从相关年鉴或正式数据库中得到。另一方面，界定的结果要符合我国各地区的发展实际。

其次，适用性原则。一是方法操作上的简单性。设定的变量不宜过多，计算过程尽可能简单。二是方法的可持续性。此外，界定方法要有较强的推广性。

再次，层次性原则。主要表现在结构层级上。界定不能笼统，不能将不同层次的区域放在一起来界定。界定时的标准也要体现差异性，以造就不同的层次。

最后，动态性原则。区域发展程度具有短期稳定性与长期动态性。由于"发达"与"欠发达"只是发展态势的动态描述，一些地区可能只是在短期内是欠发达的，但可以凭借自身优势、政策支持、国家扶持等等因素后来居上，成为发达地区。

3.1.3　新时期欠发达地区的界定标准

国际上通常用人均GDP作为唯一指标来衡量区域经济发展水平。根据世界银行2020年新标准，人均GDP低于1036美元为低收入国家；人均GDP为1036美元~4045美元为中等偏下收入国家；人均GDP为4046美元~12535美元为中等偏上收入国家；人均 GDP 不低于 12535 美元为高收入国家。① 2020年人民币兑美元平均汇率为 6.8974，计算后如表 3.1 所示。

表 3.1 国家类型及分类标准

国家类型	收入标准	人均 GDP（元）
发展中国家	低收入	<7146
中等发达国家	中等偏下收入	7146~27899
	中等偏上收入	27899~86460
发达国家	高收入	>86460

世界银行 2020 年新标准中，上中等收入介于区间上。区间中值（57179元）和区间终值与 2020 年全国 31 个省（区、市）（不含港澳台）人均 GDP 的均值 70787 元的比值分别约为 0.8077 和 1.2214。从全国省份来看，通过计算，可得到全国人均 GDP 与其之比约为 1.02。从全国地级市来看（不含港澳台），本书选取 282 个地级市②作为研究对象，区间中值和区间终值与 282 个地级市的人均 GDP 均值 63207 元的比值分别约为 0.9046 和 1.3679。全国 31个省（区、市）和各地级市（不含港澳台）的相关具体数值如表 3.2 和 3.3所示。

表 3.2 2020 年 31 个省区市人均 GDP（单位：元）与全国均值之比（不含港澳台）

省份	人均 GDP	与全国均值比	省份	人均 GDP	与全国均值比
北京	164889	2.2901	江西	56871	0.7899
上海	155768	2.1634	河南	55435	0.7699
江苏	121231	1.6838	海南	55131	0.7657
福建	105818	1.4697	宁夏	54528	0.7573
天津	101614	1.4113	新疆	53593	0.7443
浙江	100620	1.3975	西藏	52345	0.7270
广东	88210	1.2251	云南	51975	0.7219
重庆	78170	1.0857	青海	50819	0.7058

---

① 世界银行 2020 年国别收入分类详解［EB/OL］，World Economic Forum，2020-08-14。
② 全国地级市（不含港澳台）共有 293 个（2021 年网络数据），但由于数据原因，这里选取 282 个。

省份	人均 GDP	与全国均值比	省份	人均 GDP	与全国均值比
湖北	74440	1.0339	吉林	50800	0.7056
山东	72151	1.0021	山西	50528	0.7018
内蒙古	72062	1.0009	河北	48564	0.6745
陕西	66292	0.9207	贵州	46267	0.6426
安徽	63426	0.8809	广西	44309	0.6154
湖南	62900	0.8736	黑龙江	42635	0.5922
辽宁	58872	0.8177	甘肃	35995	0.4999
四川	58126	0.8073	平均	70787	/

注：数据来源于江西统计年鉴 2020，各统计途径差异可能造成数据略有偏差。

表 3.3　**2020 年地级市人均 GDP 与全国 282 个地级市均值之比（不含港澳台）**

地级市	人均 GDP	与全国均值比	地级市	人均 GDP	与全国均值比
无锡市	187673	2.6066	南昌市	92697	1.2875
苏州市	187634	2.6060	东莞市	92176	1.2802
南京市	174327	2.4212	……		
常州市	164808	2.2890	漯河市	66239	0.9200
鄂尔多斯市	164387	2.2832	宿迁市	66068	0.9176
深圳市	159309	2.2126	晋城市	64955	0.9022
珠海市	145645	2.0228	池州市	64843	0.9006
……			宣城市	64301	0.8931
乌海市	101238	1.4061	黄山市	63940	0.8881
马鞍山市	101011	1.4029	滨州市	63915	0.8877
郑州市	96134	1.3352	儋州市	63299	0.8792
湖州市	95579	1.3275	乐山市	63259	0.8786
大连市	94685	1.3151	蚌埠市	63209	0.8779
盘锦市	93512	1.2988	……		
唐山市	93470	1.2982	定西市	17430	0.2421
鄂州市	93129	1.2935	均值	63207	/

注：数据来源于相关统计年鉴和网络数据，各统计途径差异可能造成数据略有偏差。

需要说明的是，在表 3.3 中地级市人均 GDP 与全国 282 个地级市均值之比大于 1.3679 有 37 个；在 0.9046 与 1.3679 有 67 个；小于 0.9046 有 178 个，限于篇幅，只列出部分城市。

根据上述计算和分析，结合相关文献，本书研究做如下界定：

定义 3.1　设某区域人均 GDP 为 X 元，全国或整体人均 GDP 为 $\overline{X}$ 元，则称 $y = X/\overline{X}$ 为区域发展系数。

定义 3.2　以 2020 年全国 31 个省市区（不含港澳台）发展数据为参考对象，当区域发展系 $y \geq 1.2$ 时，称区域为发达省区市；当区域发展系数 $0.81 \leq y < 1.2$ 时，称区域为第一型欠发达省市区；当区域发展系数 $y < 0.81$ 时，称区域为第二型欠发达省市区。即有分段函数如下：

$$f = \begin{cases} \text{发达省区市；} & y \geq 1.2 \\ \text{第一型欠发达省区市；} & 0.81 \leq y < 1.2 \\ \text{第二型欠发达省区市；} & y < 0.81 \end{cases}$$

定义 3.3　以 2020 年全国 282 个地级市发展数据为参考对象，当区域发展系数 $y \geq 1.37$ 时，称区域为发达城市；当区域发展系数 $0.91 \leq y < 1.37$ 时，称区域为第一型欠发达城市；当区域发展系数 $y < 0.91$ 时，称区域为第二型欠发达城市。即有分段函数如下：

$$f = \begin{cases} \text{发达城市；} & y \geq 1.37 \\ \text{第一型欠发达城市；} & 0.91 \leq y < 1.37 \\ \text{第二型欠发达城市；} & y < 0.91 \end{cases}$$

3.1.4　新时期欠发达地区的界定结果与分析

通过计算，可以得到 2020 年全国 31 个省、市、自治区（不含港澳台）人均 GDP 与全国人均 GDP 的比值。根据定义 3.2，可以将地区分为三种类型，第一种类型为发达省区市，分别是北京、上海、江苏、福建、天津、浙江、广东共 7 个；第二种类型为第一型欠发达省区市，分别为重庆、湖北、山东、内蒙古、陕西、安徽、湖南、辽宁，共 8 个；第三种类型为第二型欠发达省区市，分别为四川、江西、河南、海南、宁夏、新疆、西藏、云南、青海、吉林、山西、河北、贵州、广西、黑龙江、甘肃，共 16 个。如表 3.4 所示。显然，这种分类较为笼统，从宏观上做一些分析时可以考虑使用。

表3.4 全国地区发展分类情况（不含港澳台）

类型	发达省区市	第一型欠发达省区市	第二型欠发达省区市
个数	7	8	16
省（市、区）	北京、上海、江苏、福建、天津、浙江、广东	山东、内蒙古、陕西、安徽、湖南、辽宁、重庆、湖北	四川、江西、河南、海南、宁夏、新疆、西藏、云南、青海、吉林、山西、河北、贵州、广西、黑龙江、甘肃

通过相关统计年鉴和网络数据获取到全国282个地级市的人均GDP与全国人均GDP数据，计算比值情况，按照定义3.3，可以将这282个地级市分为三个类别，第一类地区为发达城市，共有37个，分别为无锡市、苏州市、南京市、常州市、鄂尔多斯市、深圳市、珠海市等；第二类地区为第一型欠发达城市，共有67个，分别是郑州市、梧州市、大连市、盘锦市、唐山市、鄂州市、南昌市、东莞市等；第三类地区为第二型欠发达城市，共有178个，分别是晋城市、池州市、黄山市、滨州市、儋州市、乐山市、蚌埠市等。如表3.5所示。这种分类因为所涉区域在一个较小层面，整体相对客观真实。

表3.5 全国282个地级市分类情况（不含港澳台）

类型	发达城市	第一型欠发达城市	第二型欠发达城市
个数	37	67	178
地级市	无锡市、苏州市、南京市、常州市、鄂尔多斯市、深圳市、珠海市……	郑州市、梧州市、大连市、盘锦市、唐山市、鄂州市、南昌市、东莞市……	晋城市、池州市、黄山市、滨州市、儋州市、乐山市、蚌埠市……

对欠发达地区资源、技术、产业以及环境等进一步分析，可以发现欠发达地区存在以下显著特征：

（1）区位条件较差

欠发达地区多集中在山区或偏远地带，地势较为复杂，居住比较分散，离城市中心较远，交通不发达，基础设施建设较为落后，与具有优越的地理位置的发达地区有较大的差距。同时，欠发达地区可能经常会面临恶劣的自然灾害，如地震、洪涝、泥石流、山体滑坡等，给当地人民生产生活带来严重恶果，极大地影响着欠发达地区的发展。

（2）经济结构不够合理

从上述分析可知，江西、河南、海南、宁夏、新疆、西藏、云南等15个地区为第二型欠发达地区，其主要表现为产业结构分布不合理，非农产业比重相对较低，经济总量落后于发达地区。在2020年，甘肃、贵州、新疆、云南、广西、海南和黑龙江的第一产业占比分别为13.3%、14.2%、14.4%、14.7%、16%、20.5%、25.1%，位居全国后七位，其产业结构成为落后的主要原因，其大多以农业为主，工业基础相对薄弱，没有发达的产业支持经济发展，第三产业发展滞后。同时，甘肃、黑龙江、广西、贵州、河北、山西人均GDP也很低，经济发展落后明显。从贸易依存度上来看，山西、甘肃、宁夏、贵州、西藏、青海在全国排名较为靠后，进出口总额占生产总值的比例低，贸易发展较低。综上所述，我们可以看出，甘肃、贵州、黑龙江总体的经济发展水平在全国较低。同时欠发达地区城乡差距也较大，城镇化率较低，西藏、云南、甘肃、贵州以及广西城镇人口比重分别为35.73%、50.05%、52.23%、53.15%、54.2%，居于全国后五位，西藏城镇化率为35.73%，与发达地区上海相比，相差了53.57个百分点，差异较为悬殊。

（3）资源配置流动性不强

欠发达地区一般来说自然资源较为丰富，但其地理位置相对偏远。由于交通条件以及技术条件的限制，其资源无法得到合理的使用，其投资增长一般依赖政府的相关政策，因此无法按照市场价值实现本地资源的效能，市场体系的支撑力不足。与此同时，人才在经济发展中逐渐发挥着重要作用，但是在欠发达地区人才资源较为稀缺。近些年来，我国逐渐加大了对欠发达地区教育方面的资金投入力度，欠发达地区各地政府也积极出台了吸引人才的政策，但与发达地区相比，还存在明显的差距。

（4）资金、技术引进难度大

欠发达地区发展还受到资金与技术的制约。资金不充足、技术不先进等问题，影响欠发达地区在自主创新上的进展。技术创新发展决定着区域经济发展。没有足够的技术支持，企业转型升级困难，竞争力下降，欠发达地区的产业就很难得到发展，进而又会加剧资金、技术引进的难度，陷入一个"富者愈富，穷者恒穷"的死循环状态。

3.2 新时期欠发达地区协调发展的科学内涵[①]

区域协调发展是相关区域之间在政治、经济、文化、生态等几个方面相互联系、相互促进、互利共生，区域利益同向增长，区域之间的差异逐步缩小的过程和状态。区域协调发展的核心是实现区域协调发展的和谐、经济发展水平和人民生活水平的共同提高、发展成果由人民共享、社会的共同进步。[221]分析现有文献可以发现，不同学者由于研究视角、研究方向、研究兴趣和自身所处的区域等不同，对欠发达地区内涵的分析与总结各不相同。本书从区域资源、区域产业、区域技术、区域治理四个方面研究欠发达地区协调发展机制与内涵，这是一个新的视角，有较强的创新性。双碳和高质量背景下欠发达地区协调发展在于要将区域资源、区域产业、区域技术、区域治理四个方面协调在一起，各个方面彼此相互促进、相互依存，缺一不可。

3.2.1 区域资源是欠发达地区协调发展的基础

资源作为社会发展的重要因素之一，与人们生产生活密不可分。区域资源主要包括自然资源、金融资源和人才资源等。自然资源表示从自然界中获得，可以用于社会生产生活的物质。金融资源是指金融领域中关于金融服务主体与客体的结构、数量、规模、分布及其效应和相互作用关系的一系列对象的总和或集合体。人力资源表示能够对区域经济发展起作用，在一定条件下能创造价值的人的总称，体现一个区域发展的潜在动力。张志敏（2021）从自然资源流动的角度来阐述欠发达地区协调发展的内涵，认为区域协调发展要充分考虑区域资源环境的承载能力，促进欠发达地区经济可持续发展。[222]一直以来，发达地区与欠发达地区有着不同的发展历程，各方面差距明显。除了发展政策的影响外，自然资源禀赋差异以及地理位置因素影响巨大。自然资源具有价值属性，诸如经济价值、生态文明价值以及社会价值等，对地区发展具有基础作用。对于一些欠发达地区而言，虽然其自然资源丰富，

---

① 本节部分内容已发表，Da-Jin Yu, Jin Li. Evaluating the employment effect of China's carbon emission trading policy：Based on the perspective of spatial spillover, Journal of Cleaner Production, 2021（292）：126052. SCI/SSCI TOP 期刊.

但是地理位置偏远，受制于交通、环境等影响，无法得到有效的开发利用，致使大部分欠发达地区成为自然资源流动的输出方，也正因为如此，在利益分配上也处于被动的一方。因此，如何界定好自然要素流动的规则，需要市场与政府的各方面协同作用，不断加快欠发达地区的协调发展。

金融资源对区域发展至关重要。在欠发达地区，金融资源基础薄弱且发展不充分现象比较突出，很大程度受制于经济发展落后的现状。与发达地区相比，欠发达地区金融方面的发展差距明显。一方面，一些金融资源比如金融机构等基础设施的覆盖面少，跟不上发达地区经济发展的步伐。另一方面，创新型金融机构少，服务方式照搬老一套，缺乏创新，不能满足多方面的需求。张启文等（2015）认为在一些欠发达地区，金融不平衡发展加剧，具体表现在金融资源配置功能发挥不充分、金融体系不够完善以及金融服务产品和方式的创新不足。[223]欠发达地区要建立健全金融机构服务体系，完善金融方面的供给，提高金融产品创新，加快改进金融层面发展落后的现状，助力区域协调发展。

同样，人才资源也是不容忽视的。任何地区的发展都离不开人才。在促进欠发达地区协调发展的进程中，对人才资源的发展需要加大培养与管理。田冬梅（2017）认为欠发达地区人才发展的一个重要影响因素就是建设力度不够、配置不合理，需要加快对欠发达地区的经济体制转型，促进人才的合理流动，为欠发达地区协调发展打下坚实基础。[224]人才资源的力量不容小觑，只有人才资源不断壮大与发展，欠发达地区发展才能进步。只有人才不断向欠发达地区流入，相应的创新与技术才会不断发展。对于欠发达地区而言，经济发展落后致使其在人才吸引方面缺乏竞争力。人才资源高效引进和使用需要政府、市场的协同作用。因此欠发达地区政府部门更要做好人力资源引入政策的设计，有效对接人力资源的引入。与此同时，市场也需要做好人才流动的引导作用，相关用人企事业单位也要发挥人才使用的模范作用，为人才资源引入创造更有利的环境。

3.2.2 区域产业是欠发达地区协调发展的核心

区域产业反映的主要是产业空间布局状况以及由此所决定的区域间横向经济关系。区域产业也是区域竞争的市场主体之一。产业发展给区域发展带来了资金上的支撑，离开产业发展，区域发展是无源之水、无本之木。从区域发展的层面来看，区域产业发展主要表现在产业结构优化调整与产业转移两个方面。

供给侧结构性改革的重要因素之一就是产业结构的优化调整，在经济高质量发展的背景下，欠发达地区一些资源型城市要寻找突破口，改变增长缓慢的情况刻不容缓。李爱和赵嘉晋（2020）认为地区产业结构合理化以及高度化对经济增长有正向的促进作用。[225]一方面，由于自然地理位置的影响，大部分欠发达地区第一产业比例占比比较大，第三产业结构占比较低，总体上发展缓慢，尤其对于部分资源消耗大、产出水平较低的欠发达地区产业结构亟须调整，要立足于自身优势，充分向产业结构多元化发展的趋势行进，要积极优化资源配置和坚持市场的主导作用，从而促进产业结构不断优化。另一方面，针对部分欠发达地区产业结构不合理的情况，应该要注重技术创新，加大高新技术的引入，不断促使产业结构升级，缩小第一产业的比重，增大第二、三产业的比例，挖掘城市发展新的增长极。

产业转移是促进区域协调发展的有效手段。马菁（2016）认为随着地区间差距不断地扩大，需要加快欠发达地区的发展，而产业转移对改善不同区域发展水平有明显的作用。[226]在某种程度上，发达地区通过产业转移给欠发达地区带来了某些缺乏的资源、技术等，并促进其发展多样化。欠发达地区把发达地区所带来的产业当中的有利因素内化成自己的部分，从而调整产业结构，推动区域产业不断发展。值得注意的是，对欠发达地区的产业转移也存在一定问题。一些欠发达地区所承接的产业不适应自身发展，超出了自身的技术条件，优势无法充分彰显出来。还有部分欠发达地区通过产业转移，诸如高消耗的产业等，造成本地环境遭到破坏，可持续发展难以进行。因此对欠发达地区产业转移的同时，要加强欠发达地区所形成的优良产业链的完善工作，并健全市场制度，积极实现欠发达地区的协调发展。

欠发达地区产业结构升级的主要途径就是产业转移，二者关系密不可分。在欠发达地区产业转移过程中，首先要对自身经济优劣势进行整体把握，引进合适自身的产业，吸纳发达地区的先进的技术与产业，从而带动当地经济发展。其次，欠发达地区在承接产业转移时，要具备风险意识，对于产业转移可能会带来的生态环境风险、金融风险、政策下的潜在风险等，当地政府应当全面进行把握，确定不利因素不会过多阻碍当地发展的前提下再进行产业转移。

从结构和发展的角度出发，区域产业能够实现协调发展在本质上来说是一种区域产业组织。区域产业协同总的来说就是在一定的区域内，充分并有重点地利用各地优势产业资源，科学分区和协调产业布局，制定优良产业发展规划；在区域间有序有效地组织产业运作，将科技与创新等发展重点投入到合作行动中去，对于有差异的区域经济利益进行合理调整。通过这些举措来实现区域间共赢，以此来达到实现区域间产业紧密联系的结果，最后实现整个区域产业的大幅度升级发展并促进整体经济总量稳步上升。为了达到产业体系与产业链整合紧密但又合理分割的效果，实现产业协同发展的过程中要注意区域与企业的联系，做到对两者的利益关系合理处理。并同时需要在技术、管理、人才培养以及创业形式方面的创新来推动产业协同与产业升级，最终促进区域协调发展。

3.2.3 区域技术是欠发达地区协调发展的关键

区域技术包括技术创新和技术转移两个方面，是欠发达地区协调发展的关键。李彦峰等（2014）认为在欠发达地区中，中小企业在技术创新方面发挥着重要作用，要充分发挥政府的积极作用。[227]

现代企业是技术创新的主体。面对激烈的市场竞争，为了提高企业的竞争优势，企业技术创新与技术转移是必然选择。一方面，技术创新是企业可持续发展的主要动力。技术创新能够提高企业经营效率，增加对新产品的研发，要在技术层面超过其他地区，实现地区的快速发展，增强企业的内生动力，改进其经营模式，实现经济快速发展。另一方面，技术创新需要有相应环境的加持才能顺利开展。首先，要加强人才引进力度。人才在技术创新上起着关键作用，没有高科技人才，创新无从谈起。其次，要加大对企业家的素质管理。高素质企业家对企业的经营更加娴熟，策略也更加通透。最后，要加大对技术创新的资金投入。对于技术创新，需要资金的加持，才能在不断的试错中找到符合欠发达地区发展的路径。

技术转移可以较快地优化欠发达地区的产业技术。相较于欠发达地区，发达地区经济发展良好，高科技技术丰富多样，科技基础较好。在大多数情况下，发达地区因需要对产业结构进行调整，计划将生产要素集中到新型产业上，此时就需要将相关产业技术或者将不利于发达地区发展即将淘汰的产业技术转移到欠发达地区，实现自身的更好发展。张楠（2013）认为发达地区与欠发达地区存在较大的技术差距，欠发达地区可根据自身实际情况承接技术转移。[228]因此，欠发达地区要有选择性地承接发达地区的技术转移，从中引进自身缺乏的技术，推动本地区的技术进步与创新。同时，对欠发达地区而言，先进的技术引进也能够提高当地劳动者的技术水平与素质。需要注意的是，欠发达地区要清楚认识到引进先进技术的弊端，比如环境问题、技术消化问题、人才问题等，要明晰自身存在的不足，不能只图眼前小利，一味引进技术，而忽略不良影响。要结合自身企业特点确保是否能够发展所承接的技术转移，能否有效内化为己有。双碳背景下，欠发达地区企业一定要大力引进低碳技术，积极发展低碳经济，避免走发达地区"先污染后治理"的发展老路。

区域技术更多体现在高技术水平上，而高技术是指在生产过程中使用高尖端设备的科学技术。高技术不仅代表一种新技术，而且体现为知识、技术与资金密集型的技术群，是前沿基础学科的创新成果，代表着现阶段高水平的先进技术，同时高技术能在社会生产活动中创造出更具有价值形态的技术与知识商品。区域在地理学上认为是一个具有地理属性的单位，通常以行政单位划分，是一个有着紧密联系的整体。高技术与区域密切联系在一起，区域高技术代表一个行政区域的技术水平，区域是高技术载体，而高技术能促进区域发展。区域技术具体表现在高技术产业上，高技术产业是指 R&D 经费占销售收入比重高的产业。高技术产业具有创新水平高、R&D 投入强度高、资本高度密集等鲜明的经济特征。我国区域技术发展迅速，在促进传统行业改革创新，加快区域产业的快速转型升级，推动数字经济发展等方面起到十分重要的作用，而高技术产业的发展水平也成为技术优势与技术实力的标志，提高了我国在国际中的竞争力。

3.2.4　区域治理是欠发达地区协调发展的保障

区域治理是治理理念或理论在区域公共事务管理中的具体运用。在中文语境中治理有两层含义，统治与处理。在外文语境中治理体现为多元化、合作化。经合组织（Organization for Economic Cooperation and Development，简称 OECD）从管理视角出发，认为治理是一种规范公共权威的活动，是一种新公共管理演变，目的是实现公共利益，强调并重视人性化管理。特许财政和会计学会（Chartered Institute of Public Finance and Accountancy，简称 CIPFA）从提高公共部门效率角度，认为应当将企业中具有公开、整合与完整性等特点的治理引入政府管理当中，使行政组织氛围得到改善。在治理主体方面，与统治主体不同，统治主体具有唯一性，而现代社会治理主体应当是多元化的，治理主体不仅仅只包含政府部门，而且包含个人、企业以及其他社会组织，治理过程强调相关主体相互沟通与协调，从而使得实现公共利益最大化。可见，区域治理的目的是提供更好的公共品，一般包括经济、社会以及环境治理三个维度。

经济治理的目标是充分发掘经济潜能，释放区域经济活力，保证市场运行有序，实现区域经济利益和人民福祉最大化。经济治理的效能可从人民生活质量以及全国公共预算支出等方面讨论。何自力（2019）认为要完善收入分配体系，建设高标准市场体系，建设服务型政府，提高国家经济治理能力，充分发挥社会主义制度优越性，实现经济高质量发展。[229] 欠发达地区的经济治理要处理好两个方面的关系。一方面是当前和长远的关系。欠发达地区的经济发展要有清晰的规划，要明白什么时候做什么事，不要急于求成，不能只顾眼前利益。另一方面是重点和非重点的关系。欠发达地区要牢牢把握经济发展的客观规律，认清经济发展的现状，抓住科技革命和产业变革的巨大机遇，大力发展区域经济。

社会治理从公共服务上来讨论。一般来说，公共服务可以根据其内容和形式分为基础公共服务、经济公共服务、社会公共服务和公共安全服务等。例如公共安全、基础设施、住房、医疗、教育、就业等。公共服务优先级提供遵循马斯洛的需求层次理论。随着区域协调发展的不断深入，居民公共服务的意识不断提高，其对公共服务的需求随之也提高。区域协调发展水平越高的地区，对公共服务的需求水平就越高，需求规模就越大。例如，居民收入水平越高，对公共服务特别是教育、社会保障等方面的需求水平就越高，对公共服务均等化就会提出更高要求。在市场机制下，公共服务提供的方式也是多种多样的。最终能否由市场来提供，与政府提供和市场提供的协调程度有关，协调程度越好，越有利于让市场提供公共服务。

环境治理是区域治理中的重点和难点。有效的环境治理能够促进经济发展，使生态资源能够得到循环利用。发展为了人民，一切为了人民。环境得到有效改善和治理，人民的生活品质也将得到提升，幸福感增强。环境治理非一日之功，而需要长期的治理才行。环境治理同时存在许多制约问题。首先是资金问题。对于偏远的欠发达地区，经济落后，政府对环境治理的资金投入匮乏，将更多资金投入到经济发展上，而忽略了环境因素。其次，地理位置问题。在一些偏远地区，居民居住地较分散，导致治理难度大，成本较高，未形成有效可行的治理措施。同时，由于居住地分散，居民素质不高，生活垃圾以及生活污水不放在指定位置，未能得到及时有效的处理，造成环境污染。这都是实际存在的、要从根本上解决的问题。最后，管理问题。部分欠发达地区的政府部门职责缺位、决策不到位等，只追求眼前利益，而忽视了长久利益，一味追求经济发展，而忽视了环境所带来的潜在利益。因此，欠发达地区要经济发展与环境治理两手抓，实现绿色发展模式，要将节约资源与保护环境应用到经济发展中，通过绿色生产方式，实现可持续发展。政府也应加大对环境治理的资金投入，制定详细的环境治理方案，同时，要积极鼓励企业转型，大力发展绿色产业。

此外，区域治理能力可以体现在政府行政执法中，可以有效提升政府在公民和社会之间的公信力，改善政府与公民和社会之间的关系，治理能力集合了多元化方向功能和权力。在多元治理时代，政府治理能力是对国家事务和社会公共事务处理效果的综合反映，其本质是指建立政府机构和行政部门，使得它们拥有维护公共秩序和维护合法性的权利的能力，是政府有效采取并促进集体行动的能力。在本研究中，政府治理能力体现在经济、政治、文化、社会和生态五位一体框架下，政府对现有资源合理配置和整合，从而达到有效治理。政府治理能力可以衡量政府的行政水平和政策运行能力。

3.2.5　欠发达地区协调发展内涵

综上所述，结合诸多学者对欠发达地区各层面的讨论，本书研究认为欠发达地区协调发展是区域资源、区域技术、区域产业、区域治理四个系统内部及系统之间均相互协同，各系统中的各要素和谐发展，相互促进，并达到欠发达地区经济强盛、社会和谐、生态文明的一种区域科学发展模式。

从系统论的层面看，欠发达地区协调发展作为一个系统，由区域资源、区域技术、区域产业、区域治理四个子系统共同构成。四个子系统与欠发达地区协调发展系统、四个子系统之间以及欠发达地区协调发展系统与系统外之间是相互依存、相互制约的关系。四个子系统的功能不同，但相互作用、相互影响，缺一不可。区域资源系统是欠发达地区协调发展的基础部分，人才资源、自然资源与金融资源是区域资源的基础组成部分，三个方面的因素都对欠发达地区协调发展起到促进作用。人才资源是发展的动力源泉，提供技术与智慧；自然资源是大自然赐予的宝贵财富，合理开发利用，可为欠发达地区发展提供原材料；金融资源在欠发达地区较为缺乏，但是又不可或缺。要针对性地制定相关人才政策、资源开发利用政策，加大各方面的金融供给力度，助推欠发达地区发展。

从发展理念的层面看，欠发达地区协调发展也是基于科学、绿色、低碳和可持续的高质量发展。在区域资源、区域技术、区域产业以及区域治理相互协调发展的过程中，要充分体现这四大发展理念。科学发展是区域协调发展的必由之路。在欠发达区域协调发展的进程中，首先要系统性对四个子系统及整个系统进行全局性规划，做到整体性推进，不能片面地看待欠发达地区协调发展问题，要将区域资源、区域技术、区域产业以及区域治理四个方面同步推进。绿色发展是区域协调发展的必然选择。在四个方面协调发展时，要牢记绿色发展理念，采用绿色技术，合理使用区域资源，做到可持续发展。在产业结构升级与产业转移的同时，要改变经济发展方式，加快"高耗能、高污染"产业绿色转型。产业转移的过程中，欠发达地区在承接发达地区产业时，同样需要考虑对环境的影响，不能盲目承接。在区域治理中，环境治理要向绿色发展看齐。低碳发展理念是区域协调发展理念的必然要求。要将低碳发展理念融入四个系统协调发展中，挖掘节能减排的新产业新路径，注重自然资源的循环利用，减缓资源枯竭的速度，实现产业结构的优化。同时，在区域治理中，倡导低碳消费观，实现绿色消费。可持续发展是区域协调发展的终极追求。欠发达地区协调发展就是要实现四个方面的可持续发展。要从区域资源、技术、产业和治理着手，使欠发达地区在四个方面协调，走可持续发展之路。

从帕累托最优的层面来看，欠发达地区协调发展就是要区域资源、区域技术、区域产业、区域治理子系统中各要素优化配置，相互协调，最终达到各方面的帕累托最优。比如，自然资源合理开采以及循环利用与产业发展相互配合，资源与治理水平的相适应，欠发达地区产业结构升级与转移与区域治理的相配合等，最终这些因素的相互配合、相互适应，达到欠发达地区发展的"帕累托状态"，实现欠发达地区的协调发展。帕累托最优状态属于一种动态平衡，目前欠发达地区发展处于一种帕累托改进的状态。从整个欠发达地区来看，各个地区都在发展，但发展速度有所不同。有些地区因具备有利条件，发展得快些；有的地方资源禀赋差些，发展稍慢。从各个子系统来看，区域资源、区域技术、区域产业以及区域治理发展的效果是不同的，在这个协调进程中，每个部分对欠发达地区发展都有不同的作用方式，但都是在朝着促进欠发达地区协调发展的前进方向不断优化调整。

3.3 欠发达地区协调发展总体现状——以中部六省为例

根据3.1.4的分析结果可知，中部六省均属于第一型或第二型欠发达省份。限于研究条件，本节以中部六省为例，分析其协调发展的总体现状。调研与数据分析发现，中部六省协调发展现状呈现如下特征：

（1）经济增速放缓

与发达地区相比，欠发达地区经济总量偏低，无论是区域产业、技术还是治理方面，综合实力不强。虽然中部地区资源丰厚，但是由于地理位置偏远，环境恶劣的因素，资源无法得到充分利用。长此以往，内需不足，经济很难得到明显提升。以河南省、江西省为例，"十一五"时期，河南省人均GDP增速为87.95%，江西省为94.3%，增长迅猛。2006年4月15日，《中共中央、国务院关于促进中部地区崛起的若干意见》中要求"把中部地区建设成全国重要的粮食生产基地、能源原材料基地、现代装备制造及高技术产业基地和综合交通运输枢纽，使中部地区在发挥承东启西和产业发展优势中崛起"。[230] "十二五"时期，河南省人均GDP增速为37.41%，而江西省增速为44.38%，其增速快于河南省。由于此时国家政策向西部地区倾斜，中部地区增速减缓。而在"十三五"期间，河南省人均GDP增速也持续下滑，下滑达到3.27个百分点，同样江西省人均GDP增速下降更加严重，下降了10.6个百分点，这也表明在中部地区整体经济增速放缓的时期，每个省份的经济发展情况也存在着一定的差距，与东部发达地区差距更为明显，这也是欠发达地发展不协调的一个表现。如表3.6所示。

表3.6　河南省与江西省人均GDP增速对比

指标	"十一五"时期		"十二五"时期		"十三五"时期	
年份	2006	2010	2011	2015	2016	2020
河南省人均GDP（元）	12761	23984	27901	38338	41326	55435
增速	87.95%		37.41%		34.14%	
江西省人均GDP（元）	10859	21099	25928	37436	40950	54781
增速	94.30%		44.38%		33.78%	

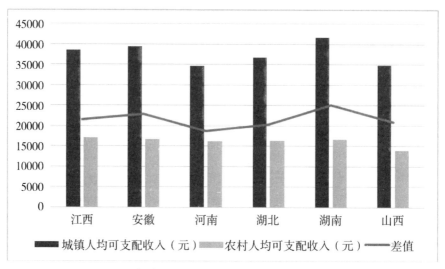

图 3.1　中部地区 2020 年城乡居民人均可支配收入情况

（2）城乡差距较大

城乡差距是协调发展中的一个不容忽视的问题。一方面，城乡居民收入差距明显。2020 年全国城乡居民收入比值为 2.56，比 2019 的 2.64 稍有所缩小。在欠发达地区中，经济不发达，产业较为落后，很多人并没有合适和充足的工作机会，城乡居民收入差距更是明显。图 3.1 数据表明，2020 年中部地区城镇人均可支配收入最高的是湖南的 41，698 元，其次是安徽省 39，442 元，河南省 34，750 元居于最后。在农村人均可支配收入方面，2020 年江西省农村人均可支配收入虽然最高，为 16，980.8 元，但与安徽、湖南、湖北和河南四省的数据相差不大，山西以 13，878 元位居末尾。从中部地区城乡可支配收入比来看，湖南、山西均为 2.51，城乡居民收入差距最大，接近当年全国的平均值；河南为 2.16，城乡居民收入差距在中部六省中最小。另一方面，城乡在社会事业、公共服务、收入分配等方面也存在较大差距。造成这一现象的主要原因在于我国长期的城乡不统一、不公平的体制和政策。虽然近十几年来中央高度重视城乡统筹发展，政策、投入都向农业、农村倾斜，取消农业税，城市反哺农村，新农合、新农保、农村低保等基本保障制度全面建立，但城乡之间的真正差距并没有多大改善。

（3）区域产业结构不合理且产业趋同严重

我国产业结构变动总体符合产业结构演变的一般规律，第一产业比重持续下降，第二三产业比重呈现稳步上升的趋势。[231]与发达地区产业结构相比较而言，中部地区产业结构不合理，呈现"二三一"现象，第二产业占比仍然大于第三产业，且第一产业比重相对还是较大，而发达地区产业结构一般呈现"三二一"现象。与此同时，中部地区主导产业层次较低，技术指向明显。由于近年来国家支持和加快高新技术的发展，中部地区主导产业以新兴产业为主，其附加值和技术含量高，如2020年各省份主导产业均有电子信息产业，江西、河南、湖南、湖北4个省主导产业中有汽车制造行业，江西、河南、湖北、湖南、安徽5个省份有食品产业，结构趋同性明显，如表3.7所示。以江西省为例，江西省工业前八大产业中，新兴产业有3个，即电子信息、装备制造和汽车制造。近几年由于政府引导和政策扶持，以项目、企业、集群、园区为着力点，推动新兴产业倍增发展、传统产业优化升级、新经济新动能快速壮大，促进产业发展，初步形成了一批具有竞争力的特色产业。第三产业既是区域经济发展水平的标志，同时也是产业结构优化和升级的标志，在第三产业发展上，中部六省与发达地区相比，发展较为落后且结构相对不合理。中部地区第三产业主要集中在批发、零售、餐饮等传统产业，高新技术相对落后，发展空间比较小。

表 3.7　2020 年中部地区支柱型产业分布

省份	各省支柱型产业分布
江西	有色金属、电子信息、装备制造、石化、建材、纺织、食品、汽车
河南	装备制造、食品、新型材料、电子信息、汽车
湖北	汽车、钢铁、石化、电子信息、纺织、食品
湖南	文化产业、电子信息产业、高新技术产业、汽车产业、物流产业
安徽	汽车及工程机械、用电器行业、电子信息产品制造业、新型建材、能源及原材料
山西	煤炭、钢铁、机械、食品、有色金属、电子信息、印刷、化工、电力

（4）缺乏区域协调发展相关政策

由于惯性思维的"行政区经济"，使得中部地区的政府各自为政，缺乏协同发展意识。各地政府更多谋求的是自己地区的发展，而忽略整个中部地区的力量、资源的整合，没有从整体角度考虑和安排经济的发展，并制定相应的区域协调发展联动政策。[232]例如，山西积极对接京津冀协同发展战略，奉行向北发展战略；安徽积极融入长三角，奉行向东发展战略；河南、湖北则是多向发展，奉行多向发展战略。中部省内部发展战略之间存在明显的竞争。战略损耗较大，难以形成发展合力。[233]一些地方政策还加剧了区域内的无序竞争，各地地方保护主义严重，协助本地企业进行市场垄断，对待本地区的企业积极鼓励其发展，而对外地企业具有排外倾向，进行干预与抑制其发展，这使得外地企业在与本地企业的竞争中处于劣势地位。政府没有充分尊重市场规律，进行过度的干预，削弱了区域的综合发展力，同时也不利于本地企业的成长。此外，中部六省产业结构极为相似，支柱型产业重叠性强，产业同质化严重。这些无疑加大了中部地区企业之间的内卷，不利于企业的转型升级，更不利于区域内产业的协调发展。各地政府应该及时地协调区域产业政策，避免盲目竞争。

（5）科技投入较低、创新能力不足。

由表 3.8 可知，2011—2020 年中部六省的科学技术支出、R&D 经费支出占 GDP 比重每年都在逐年升高，但各省份之间仍存在较大的差距。安徽省 2020 年的科学技术支出为 369.98 亿元，位于中部首位，而位于中部末尾的山西省科学技术支出才仅有 66.09 亿元，仅占安徽省的 17.86%。排名第二位的湖北省与第三名的河南省科学技术支出相差 33.57 亿元，江西省以 195.74 亿元排在中部倒数第二位，仅为安徽省科学技术支出的 52.91%。安徽省的科学技术支出从 2011 年的 77.03 亿元上升到 2015 年的 147.94 亿元，增幅为92.06%；2020 年达到 369.98 亿元，增幅为 150.09%，增长速度极快。而反观山西省科学技术支出从 2011 年的 27.17 亿元到 2015 年的 37.47 亿元再到2020 年的 66.09 亿元，其涨幅从 37.91% 上升到 76.38%，虽然增速有所上升，但其涨幅相较于其他省份偏低。从表格中可以发现 2015 年至 2020 年中部六省的科学技术支出都大大提高了，大多数涨幅基本都超过了 150% 以上，说明中部地区省份已经意识到了创新的重要性，政府通过不断加大科学技术支出，来促进企业的不断更新发展，从而促进社会经济的发展。

此外，安徽省 R&D 经费支出占 GDP 比重从 2011 年的 1.4% 上升到 2020年的 2.28%，居中部六省首位；山西省 2020 年 R&D 经费支出占 GDP 比重为1.2%，位于中部六省倒数第一，而河南省为 1.25%，仅比山西省高了 0.05 个百分点。湖北、湖南和江西 R&D 经费支出占 GDP 比重分别为：1.41%，1.59% 和 1.68%。而 2020 年我国 R&D 经费支出占 GDP 比重为 2.4%，中部六省的数据远远低于我国平均水平，说明中部地区的科技投入还比较低，创新意识和创新能力还有较大的发展空间。

表3.8 中部六省科技支出情况对比

省份	科学技术支出（亿元）			R&D经费支出占GDP比重（%）		
	2011年	2015年	2020年	2011年	2015年	2020年
河南	56.59	83.25	254.28	0.81	0.99	1.25
湖北	44.19	157.36	287.85	1.06	1.38	1.41
湖南	41.96	66.26	220.66	0.96	1.24	1.59
江西	21.32	74.79	195.74	0.82	1.04	1.68
安徽	77.03	147.94	369.98	1.4	1.81	2.28
山西	27.17	37.47	66.09	0.85	0.85	1.2

（6）中部城市群发展动力不足

中部六省的城市群包括了两个超级城市群下的6个独立都市圈，两大超级城市群是指中原城市群和长江中游城市群，超级城市群的由来主要是因为其体量大。① 如表3.9所示，中原城市圈是国家级城市群，涵盖了5个省份30个城市，国土面积达到了28.7万平方公里，其体量不可谓不大。其次，2019年这个城市群的人口达到了1.65亿，超过全国人口的10%以上。2019年中原城市群的GDP为79056亿元，其经济规模十分庞大。第二个超级城市圈为长江中游城市群，长江中游城市群就是我们常说的"中三角"，它是以武汉为中心，以武汉城市群、长株潭城市群、环鄱阳湖城市圈为主体而组成的超级城市群，它同样是一个国家级城市群，涵盖3个省份31个城市，国土面积达到32.61万平方公里，人口达到1.25亿，其经济规模与中原城市群基本一致。这两个超级城市群基本涵盖了中部六省四分之三的人口，所以其发展水平基本可以代表中部地区的发展水平。但就目前这两个超级城市群的发展水平来说，其发展较为缓慢，发展动力不足。此外，由于中部六省都有以自己省会为核心的都市圈，所以省与省之间缺乏协同发展的观念，基本都是各自为政。例如江西有大南昌都市圈，武汉有武汉都市圈，他们的中心城市是城市群发展的主体。此外，城市群也存在着城镇体系结构不合理，城市群发展不够成熟，缺乏有效的衔接环节以及大中小城市结构失衡等等弊端。

---

① 中部六省城市群规划，2大超级城市群和6个独立都市圈［EB/OL］，搜狐网，2020-12-09。

表 3.9　中部城市群基本情况

序号	城市群	涵盖省份	城市数量	面积（万平方公里）	人口（万）	2019 年 GDP（亿元）	政策层面
1	中原城市群	5	30	28.7	16500	79056	国家级
1.1	郑州都市圈	1	5	3.12	2816	18434	省级
2	长江中游城市群	3	31	32.61	12500	79000	国家级
2.1	武汉城市圈	1	9	5.78	3200	24984	国家级
2.2	长株潭 3+5 城市群	1	8	9.96	4300	30341	省级
2.3	环鄱阳湖城市群	1	10	9.23	3400	15991	省级
3	皖江城市带	1	9	7.6	3165	25399	国家级
4	太原城市群	1	5	2.5	1200	7355	省级

3.4　欠发达地区协调发展动力机制分析

习近平总书记指出，"我国幅员辽阔、人口众多、各地区自然资源禀赋差别之大在世界上是少有的，统筹区域发展从来都是一个重大问题"[1]。关于区域协调发展相关问题，一直以来都是国家的工作重心。实现整个区域协调发展同样是个长期而又艰巨的任务。本部分主要从发展论、要素论、系统论、协同论和信息论等经济学与管理学的相关角度来对新时代欠发达地区协调发展动力机制进行理论分析。

（1）发展论与欠发达地区协调发展

马克思主义唯物辩证法表明，一切事物都是不断地运动、变化和发展的。因此，需要用动态的观点和分析的方法即发展论的视角去考察我国欠发达地区协调发展的过去、现在和将来，才能得出合理的判断和准确的结论。对于欠发达地区协调发展，不能够急功近利，必须结合实际情况，充分明晰自身的优势及劣势，适应客观系统不断进化且日益复杂的趋势，强化自身的发展与建设。

目前发达地区与欠发达地区在资源、产业、技术、治理等方面发展存在

---

[1]　坚定不移沿着这条光明大道走下去 [EB/OL]，共产党网，2022-02-28。

较为明显的差距。但数据分析发现，这一差距在一定程度上正在得到缓解。从人类社会发展的经验教训来看，只有遵循客观发展规律，代表人民发展意志，按照文明发展要求，顺应历史必然的发展，才是正确的发展。① 协调发展正是如此，它充分把握发展规律本质，以人为本，顺应民意，有效解决社会主要矛盾，致力推进精神文明和物质文明的协调发展。

发展又是动态的，同时发展会带来各种矛盾问题。欠发达地区在协调发展道路上肯定会遇到各式各样的问题，这些问题可能不同于发达地区发展的历史经验，没有相关模式可循。这时就不能生搬硬套，要以发展的眼光来对待协调发展进程中所面临的问题，不断创新，积极思变，及时调整发展思路和推进方法等。

（2）要素论与欠发达地区协调发展

要素是指构成一个客观事物的存在并维持其运动的必要的最小单位，是构成事物必不可少的因素，又是组成系统的基本单元，是系统产生、变化、发展的动因。②"要素"是构成一切感觉的最基本单位，也是构成一切物体的最基本成分。

根据欠发达地区协调发展内涵，本书认为欠发达地区区域协调发展的要素构成包括区域资源、技术、产业以及治理等四个方面。这四个要素相互影响相互作用，共同推动着区域协调发展。

一是要充分考虑区域资源要素，保证地区经济可持续发展。我国不同区域之间资源禀赋差异较大，不同地区都有不同的要素禀赋特点，资源环境承载能力也不尽相同。首先，因为自然资源拥有经济价值、社会价值和生态价值，所以自然资源是区域发展的基础，在经济活动空间格局的形成中，区域所拥有的资源禀赋、区位条件等因素起到了极其重要的作用，而自然条件、生态环境等自然资源要素对区域发展的影响是相对稳定和长久的。与此同时，人才资源是一区域发展的中坚力量，能够为当地发展提供可行的方案以及技术支撑。科技是推动发展的核心力量。当前，我国高质量发展不断向高科技、数字化深入，需要大量高端人才的参与。金融资源的合理配置是区域经济增长的根本原因和关键动力源，相较于东部沿海地区，欠发达地区的金融资源配置效率较低。所以，应当有效提高欠发达地区金融资源的配置效率，从而

① 发展论略——正确发展和错误发展［EB/OL］，共工网，2021-07-03。
② 要素，汉典。

达到缩小地区之间的发展差距、最终实现区域协调发展的目的。同时也要发挥政策上的作用，实行差别化的金融政策来实现金融资源的合理配置，从而促进区域协调发展。

二是积极发挥区域技术要素的作用。技术要素的发挥主要通过技术创新与技术转移两个方面来实现。借助发达地区的相关优势推动欠发达地区的发展，是当前区域协调发展的必然选择。技术创新对区域发展具有引领作用，是发展的不竭动力。没有创新，发展就会停滞不前，只有不断加强技术上的创新，经济发展才能获得持续动力。技术转移对于一个地区经济增长具有促进作用。对于欠发达地区而言，具有技术外溢效应，其技术水平不高，通过引进发达地区的技术收敛，有助于促进区域经济增长，提供持久动力支持。[234]

三是合理配置区域产业要素，保障欠发达地区协调发展。一方面要优化调整产业结构。产业结构对于一个地区来说，决定了其经济发展的水平，随着经济的发展，一些发达地区不断发展强大，其产业结构主要趋向于"三二一"结构，第三产业逐渐发展起来，而对一些落后地区而言，其第三产业发展不够突出，第一产业比重也不小，在产业结构上具有明显的差别。另一方面要做到产业协同。要注重考虑多方面的因素，不仅要考虑各区域的比较优势，还要考虑政府的重要力量，政府主导能够快速、有效地串联协同的各个节点，发挥各主体主观能动性。而且还要考虑市场的牵引力量，当市场环境高度开放、发育较为成熟、体系较为完善时，往往会发生市场牵引型区域之间产业协同。

四是发挥区域治理的积极作用。区域治理有利于更好地实现欠发达地区协调发展的体制环境，促进区域一体化的实现。区域治理的涉及层面也很广，包括环境、资源以及公共产品等，本书对区域治理从经济维度、社会生活以及环境治理层面来研究。

（3）系统论与欠发达地区协调发展

系统论的基本思想是把研究和处理的对象看作一个整体系统来对待，这个系统是具有特定功能的有机整体，由各个相互作用、相互依赖的子系统组成。系统论的主要任务就是以系统为对象，从整体出发来研究系统整体和组成系统整体各要素的相互关系，从本质上说明其结构、功能、行为和动态，以把握系统整体，达到最优的目标。系统论强调整体与局部、局部与局部、系统本身与外部环境之间互为依存、相互影响和制约的关系。[104]其强调将事物作为一个整体，但是各自发挥自己的比较优势，从而促进相互协调共同发展。

系统论方法研究对象较为复杂，在研究问题时，为了方便研究，将复杂化问题简单对待，通常将一个对象看成一个整体，其过程是先对整体进行分析，然后再对局部进行分析。在本研究中，将欠发达地区协调发展作为一个系统，将其区域资源、区域产业、区域技术和区域治理看成欠发达地区协调发展下的各个子系统。协调发展就是指在各系统相互作用的过程中，各系统内部和系统之间职能互补、相互促进，从而使欠发达地区取得整体利益的最大化发展。根据系统论中的共生性及对称性互惠共生模式、开放性及熵最小化原理、动态演化性、人的参与性和空间层次性的特征（其中对称性互惠共生关系为特征的共生系统是最有效率和最稳定的共生系统），欠发达地区协调发展系统可看作一个社会生态系统，其系统包括区域资源、区域产业、区域技术和区域治理等关键子系统，彼此之间应体现为共生的关系，欠发达地区的各个要素之间激励相容、协同进化是至关重要的。[235]

同时，从系统论的角度出发，欠发达地区协调发展作为一个系统也会受到外部影响，即发达地区在一定程度上会对欠发达地区的发展产生一定的影响。例如发达地区与欠发达地区之间的要素流动，不仅能够在某种程度上促进欠发达地区的经济发展，而且对发达地区本身也有一定的促进作用。区域共同发展理论就是关于区域协调发展的一种学说，这种发展是一种全方位、多层次、多视角的发展，因此对于区域经济协调发展的问题不能过于片面，要横向层面与纵向层面相结合，实现区域内部以及区域与区域之间的共同发展。

（4）协同论与欠发达地区协调发展

协同论是系统理论的一个重要分支，通过对系统内各要素关系的分析达到各要素的配合与协作的最佳状态。[236]在2020年5月14日，中共中央政治局常委会会议首次提出"构建国内国际双循环相互促进的新发展格局"，同年5月23日，习近平总书记在"两会"期间提出"国内大循环为主体、国内国际双循环"的战略主张。要在此背景下，促进东部地区与西部地区协同发展。[237]

从协同论的视角出发，结合双循环背景，要促进区域间的融合互动，实现发达地区与欠发达地区共同发展，欠发达地区的协调发展需要欠发达地区各产业、资源、技术以及治理等不再是对立关系，而是在竞争中相互作用，在协同中相辅相成，其中资源是核心，包括自然资源、人力资源和货币资源等。在区域协调理论中，经历过从非均衡发展到均衡发展。在非均衡发展时期，货币资源差距较为明显，其政策偏向优先带动具有优势的地区，本身由于地区的地理位置的差别，其自然资源相差较大。对于西部地区，自然条件艰难，使其经济开发比较困难，这就是其地理位置所决定的因素，而东部地区地理位置优越，其经济发展迅速，自然资源的差距直接影响了人力资源的流动，越来越多的人偏好去发达地区发展，留在中西部地区的高端人才转移向东部地区，久而久之，发达地区发展更快，而欠发达地区相对落后。

就欠发达地区发展而言，协同论的角度也为其提供了一个契机，资源要素流动的畅通能够很好地促进欠发达地区的协同发展。产业是载体，欠发达地区应该积极拓展当地优势产业的影响力。只有欠发达地区产业发展起来，才能够极大地促进经济的发展。要结合地区自身特点与优势，打造和发展特色产业，充分利用互联网的优势，着力发展电子商务，让当地产业的发展跟上经济发展的大势。技术是区域发展的关键。任何经济的发展都离不开技术水平的发展。发达地区之所以能够发展迅速，自然离不开其技术要素，而欠发达地区技术相对落后，高端技术发展缓慢，较难跟上大环境的发展水平。所以，技术的开发与利用对地区的发展是至关重要的。区域治理是区域发展的保证。任何区域的发展都离不开有效治理，离不开政府的作用以及政策扶持。高效率的治理可以很好地推进区域资源、技术、产业的协同，进而更好地促进区域协调发展。

（5）信息论与欠发达地区协调发展

狭义信息论是研究在通信系统中普遍存在着的信息传递的共同规律以及如何提高各信息传输系统的有效性和可靠性的一门通讯理论；广义信息论被理解为运用狭义信息论的观点来研究一切问题的理论。信息论认为，系统正是通过获取、传递、加工与处理信息而实现其有目的的运动的。信息论能够揭示人类认识活动产生飞跃的实质，有助于探索与研究人们的思维规律和推动与进化人们的思维活动，信息论强调传递信息的作用过程。

信息论与系统论紧密相关，对于信息的传递是对各系统间相互作用的过程的一个抽象化。当把区域协调系统看成一个整体，将区域资源、区域技术、区域产业、区域治理看成区域协调系统下的子系统时，就可以把系统间的相互作用看成是一个信息传递的过程。即当一个系统收到信息时，会对信息进行处理，然后将新得到的信息进行输出。信息的传递是一个动态的过程，是对事物在时间上的抽象，这种有利于研究各系统之间性质以及变化规律，信息的传递更加侧重过程。就本研究而言，从整体的角度来看，区域资源系统、区域技术系统、区域产业系统与区域治理系统相互作用、相互促进，促进各系统之间协调发展，共同促进欠发达地区的协调发展。当这四个子系统相互作用对区域协调系统产生作用时，这个过程属于输入信息的过程；而对于欠发达地区协调发展系统针对各子系统的作用，在某种程度上发生改变，以及如何改变的过程，这一过程属于处理信息的过程；最后，对于欠发达地区协调发展系统发生改变之后，又会对其他子系统产生相应的反馈，从而其余子系统调整各自的作用方式，这一过程称为输出信息的过程。从各个子系统相互作用的角度，也是同样的过程，信息之间的传递，使得各个系统之间相互促进、相互协调，从而使各个系统发现自己的优势与劣势，然后进行优势互补促进区域协调系统的发展。从这一过程可以发现，信息在各系统之间联系与相互作用所起的关键作用，可见信息论对于区域协调发展的重要性。

3.5 基于资源—产业—技术—治理的欠发达地区"四维五级十阶"协调发展新机制构建

3.5.1 基于资源—产业—技术—治理的欠发达地区协调发展新机制构建

上述研究表明，区域协调发展是一个复杂的系统工程，包括资源、技术、产业和治理四个系统维度，其中区域资源在欠发达地区协调发展中起基础作用，区域产业在欠发达地区协调发展中起核心作用，区域技术在欠发达地区协调发展中起关键作用，区域治理在欠发达地区协调发展中起保障作用。这四个系统维度之间相互联系、相互影响、相互促进，共同构成欠发达地区协调发展机制，形成了一个金字塔型的结构关系（如图3.2所示），使区域协调发展成为一个有机的整体。

3.5.2 欠发达地区"五级十阶"协调发展机制构建与分析

研究表明，区域资源、区域技术、区域产业和区域治理等方面在欠发达地区协调发展中起着至关重要的作用，而现有的大部分文献在研究区域协调发展因素分析时大都聚焦在产业、生态和区域经济差异的关系方面，将技术

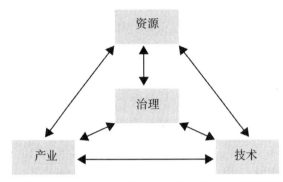

图 3.2　基于资源—产业—技术—治理的欠发达地区协调发展机制

和治理考虑进来进行研究和分析的比较乏见。然而，提升技术效率也是提高经济效益、改善环境的重要手段之一。与此同时，在欠发达地区的协调发展中，政府所扮演的角色无论是在经济发展和环境保护中都无可替代。因此，本书从资源、技术、产业和治理这四个维度出发，在此基础上将欠发达地区协调发展分为五个级别，分别为初级协作、中级协理、良级协同、较优级协调和优级协和。前三个级别是迈向协调发展的进程阶段，后两个阶段才真正进入协调发展阶段。在这五个等级下又进行细分，每个等级包括两个发展阶段，总共为十个发展阶段。其中，初级协作分为协调发展进程开端和协调发展进程前期；中级协理分为协调发展进程前中期和协调发展进程中期；良级协同分为协调发展进程中后期和协调发展进程后期；较优级协调分为协调发展初级和协调发展中级；优级协和分为协调发展高级和协调发展顶级。具体划分如表 3.10 所示。

表 3.10　基于资源—产业—技术—治理的欠发达地区耦合协调度等级划分

级别	所处总阶段	阶别	耦合协调度	发展阶段名称
一级	初级协作	一阶	(0.1, 0.15]	协调发展进程开端
		二阶	(0.15, 0.2]	协调发展进程前期
二级	中级协理	三阶	(0.2, 0.25]	协调发展进程前中期
		四阶	(0.25, 0.3]	协调发展进程中期
三级	良级协同	五阶	(0.3, 0.4]	协调发展进程中后期
		六阶	(0.4, 0.5]	协调发展进程后期

续表

级别	所处总阶段	阶别	耦合协调度	发展阶段名称
四级	较优级协调	七阶	(0.5, 0.7]	协调发展初级
		八阶	(0.7, 0.9]	协调发展中级
五级	优级协和	九阶	(0.9, 0.95]	协调发展高级
		十阶	(0.95, 1]	协调发展顶级

初级协作指的是欠发达地区的资源、技术、产业和治理四大要素拥有初步的相互配合的能力，但相互促进作用效果不明显，表现更突出的是相互制约，发展速度较缓慢。其发展阶段分为协调发展进程开端和协调发展进程前期。由于处于初级协作的状态下四大要素相互作用效果没有那么明显，但也存在着一定相互配合的能力，所以耦合协调度从 0.1 开始设置范围，此时耦合协调度的范围分别定为 (0.1, 0.15] 和 (0.15, 0.2]，阶别分别为一阶和二阶。主要表现为资源开始从粗放式开发转向为集约式利用，开始重视人才资源和金融资源对经济发展的影响，但缺乏相应的技术创新，企业依然在低端制造徘徊，政府在治理方面缺位。

中级协理指的是欠发达地区的四大要素通过一段时间的发展，彼此之间存在着合理、正确的发展方向，相互制约的影响开始减弱，要素之间联系得更加紧密，相互促进的影响逐渐显现。其发展阶段分为协调发展进程前中期和协调发展进程中期，耦合协调度的范围分别为 (0.2, 0.25] 和 (0.25, 0.3]，级别分别为三阶和四阶。此时自然资源的开发遵循保护生态环境的原则，以适度开发为标准。政府通过各种优惠政策大力引进人才，同时注重金融资源对企业的帮扶，帮助中小企业解决融资困难问题，通过一些奖励措施倡导企业技术创新和人才创业。企业开始重视技术创新问题，产业也在进行优化调整升级，慢慢由低端制造向更高层次迈进，形成了相对比较完善的产业链。与此同时，政府开始在营商环境下真功夫，尊重市场导向，营造良好的营商环境。

良级协同指的是欠发达地区四大要素之间配合适当，彼此相互配合，相互促进，一些要素的消极因素得以克服，此时四大要素的发展速度呈现较好的态势，其发展阶段分为协调发展进程中后期和协调发展进程后期。由于四大要素的发展速度稳步增长，从而使得耦合协调度跨越范围偏大。当欠发达地区处在协调发展中后期时，其耦合协调度范围为 (0.3, 0.4]，阶别为五阶；当处于协调发展后期时，耦合协调度范围为（0.4，0.5]，阶别为六阶。这个时候资源、技术、产业和治理四个要素展现出蓬勃的发展动力，其内部开始形成一个相互促进的机制。此时欠发达地区已经拥有了一定的人才资源，企业在技术创新方面也有一定的突破，科技创新企业也逐步成形，经济得到了跨越式的发展。

较优级协调指的是欠发达地区的资源、技术、产业和治理这四大要素协同一致促进整体区域的协调发展，而且内部相互促进的机制开始走向成熟。这时欠发达地区发展才真正迈入协调发展阶段。在较优级协调这个等级下，发展阶段分为协调发展初级和协调发展中级。因为这个发展阶段的时间比较长，使得耦合协调度跨越范围更大。经过多次数据分析测算，将其耦合协调度范围分别定为（0.5，0.7]和（0.7，0.9]，阶别分别为七阶和八阶。在这两个阶段，四大要素联系程度愈加紧密，相互作用的程度更深。此时，欠发达地区已经存在一部分相当成熟的产业链，并在高端市场有一席之地，部分企业有着自己的核心技术，科技创新型企业也慢慢走向成熟，政府治理效果显著，营商环境得到大大改善，吸引了一大批企业落户投资，欠发达地区的要素与发达地区要素交流得愈加频繁，地区之间的政府合作也变得紧密。

优级协和指的是欠发达地区四大要素的发展已经达到了一个和谐、融洽的状态，此时无论是在发展速度和发展质量上都是最优的，从经济学的角度来说这个状态就是帕累托最优状态，四大要素之间消极因素的影响微乎其微，相互促进的机制已经发展成熟。其发展阶段分为协调发展高级和协调发展顶级。在协调发展高级这个阶段，耦合协调度的范围为（0.9，0.95]，阶别为九阶；而当耦合协调度大于 0.95 时，欠发达地区的整个协调发展水平已经接近发达地区的协调发展水平，各企业、行业和地区间合作紧密且有效，此时阶别为十阶。欠发达地区也正逐渐成为全国新的经济增长极。因此将耦合协调度大于 0.95 的都视为协调发展顶级。此时欠发达地区无论是在经济发展、环境治理、基础设施建设与发达地区相差不大，城乡一体化基本实现，人民生活幸福美满。

第 4 章

中部地区协调发展测度创新研究[①]

    1982 年，党的十二大中指出政府要促进国民经济协调发展，就应该利用经济计划和市场调节等辅助手段。这次会议提出了协调发展，认为协调发展应该更多地关注经济，同时也应该注重宏观层面，这也使得协调发展蕴含着管理学和政府战略的意味。十九大指出我国经济发展由高速增长转向高质量发展，同时要继续实施区域协调发展战略。我国城市多，应该以中心城市发展为核心，带动周边城市群发展，起到辐射带动作用。习近平总书记强调在发展时要适应新形势，要充分利用各地区的自身条件，形成优势互补。但是在新时代，在国家对西部地区大力扶持的背景下，我国区域经济发展不平衡不充分问题日益突出，区域发展存在壁垒，各省之间没有建立长效发展机制，缺少合作与协同，协调发展机制不够完善和健全。这些问题的解决迫切需要构建合理的协调发展机制。

    中部六省包括江西省、湖南省、湖北省、安徽省、河南省和山西省。根据前文 3.1.4 分析结果可知，中部六省均为欠发达省区，其中湖南省、湖北省和安徽省为第一型欠发达省区，江西省、河南省和山西省为第二型欠发达省区。近年来中部发展迅速，中部六省都各自规划了发展战略，但是其中部分战略存在激烈的竞争关系，造成协调性较差。湖南、江西靠近广州、福建等沿海城市，其发展战略朝南发展；山西与京津冀地区接壤，实行北向发展战略；安徽靠近长三角，其发展方向往东；河南、湖北处于中国地理位置中间，到周围省份城市距离近，发展机会多，其发展战略是多向发展。并且在中部六省内部方面，存在竞争激烈现象，中部六省产业结构相似，产品同质化竞争严重，支柱产业相似性强，尤其是在环境资源、技术、产业和治理方面存在发展不协调，难以形成发展合力。因此，有必要在资源、产业、技术

[①] 本章主要由余达锦和陈亮执笔完成。

和治理方面构建区域协调发展指标体系，对中部各省间与各省自身协调发展水平进行测度分析，从而引导中部六省更好地协调发展，同时也为欠发达省区协调发展提供相关理论和数据支撑。

4.1 中部地区协调发展测度研究意义

近年国家政府越来越重视中部地区经济协调发展问题，区域协调发展不仅是各省的首要任务，同时也是关乎国家经济发展的命脉。2020年新冠疫情暴露出区域应急管控、政府管理体系和政府社会治理等重大问题。新时代、新机制、新思路和新问题对区域协调发展提出更高要求。所以，中部的区域协调发展研究也是迫在眉睫，对国家发展和人民幸福意义重大。

（1）实践意义

从资源、产业、技术和治理四个维度探索中部地区协调发展测度，找出区域协调发展关键因素，构建中部六省的区域信息距离理论，为区域经济社会高质量发展提供理论依据。

通过对中部地区分析，可以发现影响区域协调发展的一些关键因素，以便科学地认识区域发展的状况，明晰自身发展方向，加快振兴区域经济和城乡统筹发展的步伐，其研究结果是促进区域协调发展的重要手段。

探讨中部地区协调发展创新机制，研究结果有利于促进欠发达地区资源优化配置和产业升级，实现经济、社会和生态环境和谐发展。

（2）学术价值

基于高质量发展下区域经济协调视角，研究区域资源、区域产业、区域技术和区域治理对协调发展的影响，从而拓展了区域发展要素与欠发达地区协调发展理论机制研究。

借鉴前沿研究成果，将信息距离理论引入区域协调发展研究中，建立区域信息距离理论，为相关研究提供新的方法和视角。

基于 DEA-Malmquist 指数的区域协调发展测度模型，对评价单元与参考集之间进行比较，结合区域协调发展大数据，计算区域协调发展系数，研究结果可以丰富协调发展研究方法和理论成果，为深入推动经济高质量发展及区域协调发展提供数据与理论支持。

4.2　中部地区资源、产业、技术和治理发展现状及耦合协调度分析

为了更加深入了解现阶段中部六省的区域协调发展状况，本节首先从资源、产业、技术和治理四个维度分析中部六省区域发展现状，并在此基础上初步分析中部地区耦合协调度情况，为后续实证研究提供支持。由于新冠疫情暴发后数据的不完整，本章的原始数据时间跨度选择为 2015 年至 2019 年五年时间。

4.2.1　中部地区资源、产业、技术和治理发展现状

中部地区位于中国大陆的中心区域，地理位置优越，起到枢纽作用，面积为 103 万平方公里。2019 年中部地区总人口为 3.72 亿人，占全国总人口的 26.6%，占比超过 1/5。在城镇化方面，城镇化水平是衡量区域协调发展的一个有利指标。从整体看，中部城镇化水平低于全国。2019 年全国城镇化水平为 60.6%，只有湖北省（61.0%）达到了全国水平。

4.2.1.1　中部地区资源发展现状

中部地区资源较为丰富，在矿产资源、水资源和林地方面高于全国水平，成为全国资源供应基地，又随着国家政策扶持，其人力资源逐步提升，人才虹吸效应显著增强。本文是从中部六省的自然资源、人力资源和金融资源三个方面进行分析。

自然资源方面。数据显示，2019 年中部六省森林总面积为 3929.99 万公顷，全国森林面积为 22044.62 万公顷，中部地区占比为 17.86%。从中部地区来看，2019 年湖南省森林面积最大，为 1052.28 万公顷，江西省森林面积为 1021.02 万公顷，排名中部第二，山西省森林面积最小，为 321.09 万公顷。2019 年江西省能源生产总量为 1320.3 万吨，湖北省能源生产总量为 1427.31 万吨，湖南省能源生产总量为 8484.96 万吨，安徽省能源生产总量为 8943.62 万吨，河南省和山西省能源生产总量分别为 10304.00 万吨和 66696.22 万吨，山西省矿产资源存量较多，江西省和湖北省能源生产总量较小，中部各省差距偏大。

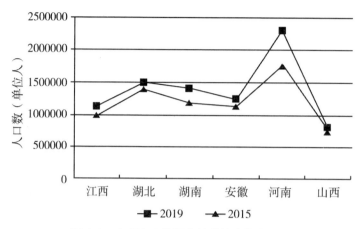

图 4.1 中部六省普通高等学校在校人数图

人力资源方面。众所周知，人力资源是地区经济发展的动力，也是提升地区生产收入水平的重要因素。限于数据，本书研究仅分析各省高校人数情况。从图 4.1 中可以看出，在人力资源方面，中部各省人力资源差距逐步扩大。2015 年江西省普通高等学校在校人数为 98.4 万人，湖北省普通高等学校在校人数为 141.0 万人，湖南省普通高等学校在校人数为 118.0 万人，安徽省普通高等学校在校人数为 113.0 万人，河南省和山西省普通高等学校在校人数分别为 176.7 万人和 74.0 万人。2019 年江西省普通高等学校在校人数为 113.4 万人，湖北省普通高等学校在校人数为 150.0 万人，湖南省普通高等学校在校人数为 147.1 万人，安徽省普通高等学校在校人数为 124.1 万人，河南省普通高等学校在校人数为 231.9 万人，山西省普通高等学校在校人数为 80.0 万人。其中河南省增长人数最多，增速较 2015 年增长了 31.68%，山西省增长人数最少，增速较 2015 年增长了 8.11%。

金融资源方面。2019 年中部江西省地方财政一般预算收入为 2487.39 亿元，湖北省地方财政一般预算收入为 3388.57 亿元，湖南省地方财政一般预算收入为 3007.15 亿元，安徽省地方财政一般预算收入为 3182.71 亿元，河南省和山西省的地方财政一般预算收入分别为 4041.89 亿元和 2347.75 亿元。较 2015 年地方财政一般预算收入分别增长 14.85%、12.74%、19.54%、29.67%、34.01% 和 42.95%。其中山西省（42.95%）增速最快。

4.2.1.2 中部地区产业发展现状

中部地区发展迅速，其不仅是粮食主产区也是高新技术产业基地，中部地区的产业发展，对实现中国梦，提高国家综合实力起到推动作用。2015 年我国中部地区高技术产业企业数量5426个，2019年达到6863个，2019年是2015年的1.2倍，占全国的19.2%，较2015年增长了26.5%，而利润总额则增长了9.5%。在对经济的贡献度方面，2018年以前高技术产业营业收入占GDP的比重逐年增加，由2006年占比5.46%上升到2016年的14.8%，对地区经济发展的贡献度有了明显增加。

表4.1 中部六省2015年和2019年产业情况对比表

省份	2015年				2019年			
	规模以上工业企业总产值增长率（%）	利润总额（亿元）	规模以上工业企业数量（个）	规模以上工业企业主营业务收入（亿元）	规模以上工业企业总产值增长率（%）	利润总额（亿元）	规模以上工业企业数量（个）	规模以上工业企业主营业务收入（亿元）
江西	9.20	2114.65	9941.00	32954.82	8.50	2262.80	13022.00	35009.80
湖北	8.60	2456.00	16413.00	43179.21	7.80	3049.60	15521.00	45461.10
湖南	7.80	1808.70	13992.00	35410.45	8.30	2227.30	16562.00	37919.60
安徽	8.60	2000.12	19077.00	39064.41	7.30	2254.30	17761.00	37358.90
河南	8.60	4900.60	22892.00	73365.96	7.80	3547.90	27129.00	50076.60
山西	-2.80	-30.69	3845.00	14624.14	5.30	1164.70	4798.00	21334.70

从表4.1可知，2015年中部地区除山西省外，其余五省规模以上工业企业总产值增长率较高，而山西省出现负增长，2019年山西省规模以上工业企业增速为5.3%，排名中部倒数。从总体看，中部六省2019年增速比2015年增速降低，原因是随着国家经济速度放缓，更加注重高质量发展，在增速的同时更要求保证质量。中部六省工业企业数量规模差距逐渐缩小，2019年江西省规模以上工业产业数量达到13022家，明显较2015年与湖北差距缩小。在主营业务收入方面，2019年中部六省主营业务收入为227160.7亿元，山西省和江西省均有所上涨，但上涨幅度较小。

4.2.1.3 中部地区技术发展现状

随着中部地区营商环境优化，创新能力逐步提升，产业结构不断转型升级，人才潜力进一步挖掘以及国家和地方政府对于技术创新的重视和政策支持力度加强，中部地区高技术产业发展迅速，成为我国经济领域高端产业发展的重要力量。

表 4.2 中部六省 2015 年和 2019 年技术对比

省份	2015 年			2019 年		
	R&D 经费投入强度	高新技术产业专利申请数（个）	高技术产业新产品销售收入（万元）	R&D 经费投入强度	高新技术产业专利申请数（个）	高技术产业新产品销售收入（万元）
江西	1.04	2418.00	4240226.00	1.55	7459.00	17953384.70
湖北	1.90	4232.00	8158763.00	2.09	12092.00	18403953.70
湖南	1.43	3614.00	11517073.00	1.98	6214.00	11518479.00
安徽	1.96	5722.00	8707151.00	2.03	9836.00	19031542.00
河南	1.18	2174.00	28945135.00	1.46	5233.00	24056395.30
山西	1.04	233.00	669986.00	1.12	429.00	2769881.00
均值	1.43	3065.50	10373055.00	1.71	6877.17	15622272.62

虽然中部地区技术相比于东部地区还有一定差距，但是作为衡量技术水平的高技术产业，发展水平较好。技术水平体现在投入强度和技术转化能力上，R&D 经费投入强度能体现技术水平投入强度，高新技术产业专利申请数表示转化效果，高技术产业新产品销售收入可以表示技术转化效益。具体来看，从表 4.2 中可知近几年随着中部崛起战略实施，中部地区高技术产业发展较为迅速，2015 年中部地区 R&D 经费投入强度均值为 1.43，2019 年中部地区 R&D 经费投入强度均值为 1.71，增速为 19.6%，全国增速为 8.3%，增速高于全国水平。其中江西省增速最快，达到 49.0%。在专利申请数量方面，2015 年中部六省高新技术产业专利申请数为 18393 项，2019 年其专利申请数是 2015 年的 2.24 倍。2019 年中部六省高技术产业新产品销售收入均值为 1562.2 亿元，是 2015 年的 1.5 倍。

4.2.1.4 中部地区治理发展现状

治理能力集合了多元化方向功能和权力，不仅治理主体是多元参与，并且治理对象范围应更广，涉及领域和层次更深，因此本书研究治理能力是在"五位一体"框架内。在经济治理方面，2019 年中部六省中湖北省人均 GDP 最高，为 77387 元，较 2015 年人均 GDP 增长了 52.78%。山西省人均 GDP 最少，2019 年仅为 45724 元，较 2015 年增长了 30.94%，增速也是中部地区最慢。在政治治理方面，本书研究主要体现在公共安全治理方面，中部六省2019 年交通事故和火灾伤亡人口与常住人口比值较小，其中湖北省占比最小为万分之五。在文化治理方面，2019 年湖北省人均拥有公共图书馆藏量最高，为 0.71 册，安徽省最低，为 0.49 册。在社会治理方面，2019 年中部六省每千人口卫生技术员数最高的是湖南省，为 7.26 人，较 2015 年增长了 32.0%。最低的是江西省，为 5.74 人，较 2015 年增长了 24.78%。在生态治理方面，2019 年中部六省森林覆盖率最高是江西省，为 61.16%，最低是山西省，为 20.5%，江西省在生态治理方面取得了较好效果。

4.2.2　中部地区协调发展评价指标分析与选取

4.2.2.1　基于资源—产业—技术—治理的区域协调发展评价指标体系构建原则

指标选择影响着研究结果与质量，因此指标选取极其重要，在选取指标时应该具有科学性、代表性、可行性和合理性等。由于指标设置是研究内容的基础，在选取指标时不能随意按照自己主观想法设置，应当要参考相关文献，按照规则来建立，本章研究选取指标时结合实际情况和以下原则选取。

一是层次性：作为较为复杂的四个子系统，资源、产业、技术、治理四个子系统能够继续细分出更多其他子系统。为了使结构层次更加清晰明了，方便实证研究分析，使得研究分析更加深入、完整、全面，就需要将资源、产业、技术、治理四个复杂系统指标分层。

二是全面性：将资源、产业、技术、治理四个子系统看成是个较为复杂的系统，在构建区域协调发展综合指标体系中，所选取指标一定要能够准确反映资源、产业、技术、治理信息，又能够表示清楚资源、产业、技术、治理之间的关系。

三是客观性：在选取资源、产业、技术、治理四个子系统指标时，要保证客观性。指标选取应当参考有关文献，在相关学者研究的基础上，结合研究内容建立区域协调发展指标体系，从而使得指标选取具有科学性。

四是可操作性：由于资源、产业、技术、治理四个子系统包含指标量多，且本文是研究中部地区，数据获取渠道是公开统计资料或者是计算获得，收集数据时存在一定困难与不便，在选取指标时，应当考虑指标是否能够方便获取，指标数据是否会有缺失值等情况。在数据缺失情况下需要对数据计算，因此要保证数据计算方法简单，计算公式明确。

4.2.2.2　基于资源—产业—技术—治理的区域协调发展评价指标体系构建

近年来，中部六省都提出了各自的发展战略。这些战略之间竞争性较强，协调性较弱。许多关于中部地区发展因素分析的研究大都集中在产业、生态和区域经济差异的关系上，大多是两两比较，没有将技术和治理同时考虑进来。同时，关于区域创新研究较少。在效率方面，相关研究指标选取主要集中在经济发展，对于区域协调发展效率测度研究较少。然而技术效率发展是提高经济效益、改善环境的重要手段之一。中部地区现处于各要素快速发展阶段，区域协调发展更应当关注资源的集约利用、产业发展、技术创新、政府治理效率等。要想准确地评价中部地区协调发展，对指标的选取和计算，必须涉及资源、产业、技术、治理等方面。

中部六省区域协调发展涉及众多方面，选取合适的指标，有利于对中部地区协调发展准确的测度。根据指标体系建立要遵循层次性、全面性、客观性、可操作性等原则，在参考洪开荣等（2013）和杨萍等（2020）及其他相关研究成果[238,239]，邀请相关专家三轮打分并且结合本书研究后，从资源、产业、技术、治理四个维度众多指标中选取了 35 个指标，建立了基于资源—产业—技术—治理的区域协调发展评价指标体系。具体指标如表 4.3 所示。

在资源方面，按照自然属性分为自然资源，按照社会属性分为人力资源和金融资源，故本文从人力、自然、资金三个方面设置指标。以从业人员数、普通高等学校在校人数、国有企业事业单位就业人数、第二产业就业比重表示人力资源；耕地面积、能源生产总量表示自然资源；地方财政一般预算收入，金融机构本外币各项存款余额表示金融资源。

在产业方面，从产业规模、产业结构和产业的效益三个方面设置指标。规模以上工业企业数量、规模以上工业企业主营业务收入、进出口总额、全部从业人员平均数表示产业规模；第一产业占 GDP 比重、第二产业占 GDP 比重、第三产业占 GDP 比重表示产业结构；规模以上工业企业总产值增长率、利润总额表示产业的效益。

在技术方面，R&D 经费占 GDP 比重、高技术产业企业数、R&D 人员数、高新技术产业投入强度、研发经费支出占主营业务收入比表示技术投入能力；高新技术产业专利申请数、有 R&D 活动企业数、高技术产业新产品销售收入表示技术成果转化能力。

在治理方面，治理能力本质是指建立政府机构和行政部门，使得它们拥有维护公共秩序和维护合法性的权利的能力，是政府有效采取并促进集体行动的能力。地方政府治理能力是国家治理能力在地方的延伸和要求，是在"五位一体"的总体框架下，对现有治理资源进行有机整合与合理使用。故从经济治理能力、政治治理能力、文化治理能力、社会治理能力、生态文明治理能力五个方面选取指标，分别以人均 GDP、GDP 增长率、CPI 涨幅表示经济治理能力；交通事故和火灾伤亡人口与常住人口比值、一般公共服务占财政支出比值表示政治治理能力；文化支出增长率、每万人图书馆个数表示文化治理能力；每千人口技术员数和社会组织个数表示社会治理能力；森林覆盖率和一般工业固体废物利用处置率表示生态文明治理能力。

表 4.3　基于资源—产业—技术—治理的区域协调发展评价指标体系

一级指标	二级指标	三级指标
资源	人力资源	从业人员数量（万人） 普通高等学校在校人数（人） 国有企业事业单位就业人数（人） 第二产业就业比重（%）
	自然资源	耕地面积（千公顷） 能源生产总量（万吨）
	金融资源	地方财政一般预算收入（亿元） 金融机构本外币各项存款余额（亿元）
产业	产业规模	规模以上工业企业数量（个） 规模以上工业企业主营业务收入（亿元） 进出口总额（亿元） 全部从业人员平均数（万人）
	产业结构	第一产业占 GDP 比重（%） 第二产业占 GDP 比重（%） 第三产业占 GDP 比重（%）
	产业效益	规模以上工业企业总产值增长率（%） 利润总额（亿元）

一级指标	二级指标	三级指标
技术	技术投入能力	R&D 经费占 GDP 比重（%） 高技术产业企业数（个） R&D 人员数（人） 高新技术产业投入强度 研发经费支出占主营业务收入比（%）
	技术成果转化能力	高新技术产业专利申请数（个） 有 R&D 活动的企业数（个） 高技术产业新产品销售收入（万元）
治理	经济治理能力	人均 GDP（元） GDP 增长率（%） CPI 涨幅
	政治治理能力	交通事故和火灾伤亡人口与常住人口比值 一般公共服务占财政支出比值（%）
	文化治理能力	文化支出增长率（%） 每万人图书馆个数（个）
	社会治理能力	每千人口技术员数（个） 社会组织个数（个）
	生态治理能力	森林覆盖率（%） 一般工业固体废物利用处置率（%）

4.2.3 中部地区耦合协调度分析

本书研究为了清楚了解中部地区在资源、产业、技术与治理子系统的协调情况，方便后续实证研究，采用耦合协调度模型进行初步分析。

由于各指标作用方向与单位存在差异，所以要进行数据标准化处理，计算公式如下：

正向指标：

$$x_{ij}^0 = \frac{x_{ij} - \min(x_j)}{\max(x_j) - \min(x_j)} \tag{4.1}$$

负向指标：

$$x_{ij}^0 = \frac{\max(x_j) - x_{ij}}{\max(x_j) - \min(x_j)} \quad (4.2)$$

其中 x_{ij}（$i=1$，2，3，4）表示子系统 i 第 j 个指标，$0 \leqslant x_{ij} \leqslant 1$。

资源、产业、技术与治理综合发展指数计算公式为：

$$f(U_i) = \sum_{j-1}^{n} W_j x_{ij}^0 \quad (4.3)$$

其中 W_j 系统内各指标权重，U_1、U_2、U_3 和 U_4 分别表示资源、产业、技术与治理四个系统。通过计算可得相关结果如表 4.4 所示。

表 4.4　中部地区综合发展指数

省份	资源	产业	技术	治理
江西	0.16	0.37	0.37	0.37
湖北	0.35	0.58	0.58	0.58
湖南	0.23	0.55	0.55	0.55
安徽	0.37	0.47	0.47	0.47
河南	0.73	0.77	0.77	0.77
山西	0.23	0.32	0.32	0.32

耦合度模型在社会科学领域被广泛应用，本节研究选取耦合度 C、耦合协调度 D 模型和系统综合协调指数 T 分别为：

$$C = \sqrt[4]{\frac{f(U_1) \times f(U_2) \times f(U_3) \times f(U_4)}{(\frac{f(U_1) + f(U_2) + f(U_3) + f(U_4)}{4})^4}} \quad (4.4)$$

$$D = \sqrt{C \times T} \quad (4.5)$$

$$T = \alpha \times f(U_1) + \beta \times f(U_1) + \gamma \times f(U_1) + \delta \times f(U_1) \quad (4.6)$$

其中 C 为系统耦合度值，D 为耦合协调度值，T 为系统综合协调指数。本研究综合分析后认为资源、产业、技术与治理子系统重要程度相同，因此待定系数 α、β、γ、δ 的值均为 1/4。

基于耦合协调度模型，计算出中部地区资源、产业、技术与治理子系统的协调度，结果如表 4.5 所示。

表 4.5 中部地区系统耦合度、耦合协调度和系统综合协调指数表

省份	C	D	T
江西	0.95	0.550	0.32
湖北	0.98	0.715	0.52
湖南	0.94	0.665	0.47
安徽	0.99	0.664	0.44
河南	1.00	0.872	0.76
山西	1.00	0.545	0.30

结合 3.5.2 中给出的欠发达地区耦合协调度等级划分表，可得相关分类结果，如表 4.6 所示。

表 4.6 中部地区耦合协调度分阶分级表

省份	D	阶别	所处总阶段	发展阶段名称	级别
河南	0.872	四阶	较优级协调	协调发展中级	八级
湖北	0.715	四阶	较优级协调	协调发展中级	八级
湖南	0.665	四阶	较优级协调	协调发展初级	七级
安徽	0.664	四阶	较优级协调	协调发展初级	七级
江西	0.550	四阶	较优级协调	协调发展初级	七级
山西	0.545	四阶	较优级协调	协调发展初级	七级

由表 4.6 中可知，从阶别来看，中部地区协调发展属于同一总阶段，水平差异不明显；但从级别和发展阶段来看，存在明显差异。从各省看，首先河南省和湖北省协调水平分别为 0.872 和 0.715，所处总阶段为四阶较优级协调，均属于协调发展阶段中的中级，级别均为八级。其主要原因：河南省和湖北省在产业、技术和治理方面表现较好，其工业结构逐渐向高端化、集群化发展，生产性与生活性服务业发展迅速，尤其河南省，人力资源丰富，工业产业总量规模大。

其次湖南省和安徽省协调水平分别为 0.665 和 0.664，所处总阶段为四阶较优级协调，均属于协调发展阶段中的中级，但级别均为七级。其主要原因是湖南省和安徽省近年发展迅速，对技术投入较大，2019 年 R&D 经费投入强度分别为 1.98 和 2.03 相差不大，处于中部地区第二、三名，并且在发展产业方面，支柱型产业类都是以新兴产业为主，其附加值和技术含量较高。

最后江西省和山西省协调水平分别为 0.550 和 0.545，所处总阶段为四阶较优级协调，也均属于协调发展阶段中的中级，级别也均为七级。但与其他四省相比，江西省和山西省在产业和技术投入力度上不够，造成产业规模较小，尤其是千亿级产业群较少；在治理方面，两省治理效率水平相对较低。这些都导致区域协调发展水平较低。

从指标分类上看，在资源发展方面，江西省有较好的自然资源，2019 年山西省能源生产总量为 66，696.22 万吨，能源资源位于中部第一，山西省矿产资源存量较多，江西省和湖北省能源生产总量较小，中部各省差距偏大。河南省和湖北省金融资源较为充足，2019 年地方财政一般预算收入分别为 4041.89 亿元和 3388.57 亿元。湖北省和河南省人力资源方面较好，并且河南省呈现增长趋势，2019 年增长人数最多，山西省增长人数最少。

在产业发展方面，中部地区整体产业发展势态良好，中部地区高技术产业企业数量 5426 个，2019 年达到 6863 个，较 2015 年增长了 26.5%，而利润总额则增长了 9.5%。具体到每个省来看，山西省工业增长较为缓慢，2015 年出现负增长，原因是国家注重经济高质量发展，在增速的同时更要求保证质量，中部地区工业整体增速放缓。

在技术发展方面，中部地区高技术产业发展较为迅速，2019 年 R&D 经费投入强度增速为 19.6%，全国增速为 8.3%，高于全国水平，其中江西省技术发展增速较快。

在治理发展方面，湖北省治理水平达到较高水平，在五位一体方面有很好的治理成效，山西省和江西省治理水平有待提高。

总之，在耦合协调方面，河南省和湖北省属于协调发展中级阶段，分析其原因是河南省和湖北省在技术和治理水平方面高于其他四个省份，尤其在产业方面，产业集群效果好。湖南省和安徽省两省份发展相近，处于协调发展初级阶段的后端，正在向中级靠近。江西省和山西省处于协调发展初级阶段，需要从产业与治理入手，不断优化产业结构和提升治理水平。

4.3 基于 **PCA-RDIT** 的中部地区协调发展
测度模型构建与实证分析

本部分为了分析中部地区各省间协调发展情况，在上述建立的基于资源—产业—技术—治理的区域协调发展评价指标体系基础上，用主成分分析法（Principal Component Analysis，简称 PCA）进行降维，引入信息距离理论，构建区域信息距离（the Regional Distance of Information-state Transition，简称 RDIT）模型，尝试分析中部地区各省在资源、产业、技术、治理协调发展情况。

4.3.1 基于 PCA 的区域协调发展综合评价研究

与之前一样，由于新冠疫情暴发后数据的不完整，本部分的原始数据时间跨度选择为 2015 年至 2019 年五年时间。此外，相关实证分析中要求样本数量要大于指标数，因此本文选取中、东和西部一些省份扩大样本量，但不影响中部地区研究结果。数据具体来源于《中国统计年鉴》《中国社会统计年鉴》和各省统计年鉴以及统计公报等权威数据，对少数个别缺失数据采用插补法等进行处理。

选取各省数据，采用主成分分析方法，运用 SPSS21.0 统计软件进行实证分析，得到各省相关结果。主成分分析法的原理是从众多相关性的 n 个指标，重组成新指标，其本质是降维思想。新的指标体系可很好地解释原来 n 个指标，本节将从资源、产业、技术、治理四个方面运用主成分降维。通过分析可以得到中部各省排名，最后运用主成分方法得出各省在资源、产业、技术、治理的综合得分。

4.3.1.1 各指标计算综合得分与分析

（1）资源指标得分计算与分析

表 4.7 资源指标对应的相关特征值和方差贡献率

成分	初始特征值			提取平方和载入		
	合计	方差的%	累积%	合计	方差的%	累积%
1	5.646	70.570	70.570	5.646	70.570	70.570
2	1.497	18.707	89.277	1.497	18.707	89.277
3	0.500	6.251	95.527			
4	0.251	3.143	98.670			
5	0.106	1.330	100.000			
6	3.900E-16	4.875E-15	100.000			
7	−1.560E-16	−1.950E-15	100.000			
8	−2.125E-16	−2.656E-15	100.000			

由表 4.7 数据可知资源指标第一个主成分方差贡献率为 70.570%，第二个主成分达到 89.277% 的累积方差贡献率，因此提取前两个主成分，分别用 F_{11}、F_{12} 表示。

表 4.8 资源主成分得分系数矩阵

指标	成分	
	1	2
从业人员数 x_{11}	0.160	0.051
普通高等学校在校人数 x_{12}	0.174	0.012
国有企业事业单位就业人数 x_{13}	0.155	0.196
第二产业就业比重 x_{14}	0.065	−0.572
耕地面积 x_{15}	0.160	0.183
能源生产总量 x_{16}	−0.092	0.512
金融机构本外币存款额 x_{17}	0.169	0.050
地方财政一般预算收入 x_{18}	0.174	0.036

资源主成分得分系数矩阵见表 4.8，由此得到资源指标各主成分的线性表

达式, 即资源主成分的得分函数模型, 如下:

$$F_{11} = 0.160x_{11} + 0.174x_{12} + 0.155x_{13} + 0.065x_{14} \tag{4.7}$$

$$+ 0.160x_{15} - 0.092x_{16} + 0.169x_{17} + 0.174x_{18}$$

$$F_{12} = 0.051x_{11} + 0.012x_{12} + 0.196x_{13} - 0.572x_{14} \tag{4.8}$$

$$+ 0.183x_{15} + 0.512x_{16} + 0.050x_{17} + 0.036x_{18}$$

通过计算得到权重分别为 0.7095 和 0.2095, 因此资源指标的综合得分模型为:

$$F_{资源} = 0.7905F_{11} + 0.2095F_{12} \tag{4.9}$$

最后根据公式计算出各省的资源综合得分及排名, 如表4.9所示。

表4.9 中部六省资源指标综合得分排名

省份	F_{11}	排名	省份	F_{12}	排名	省份	$F_{资源}$	综合排名
河南	1.714	1	山西	0.503	1	河南	1.460	1
湖北	0.303	2	河南	−0.438	2	湖北	0.150	2
安徽	−0.144	3	湖南	0.407	3	湖南	−0.030	3
湖南	0.027	4	安徽	−0.341	4	安徽	−0.050	4
江西	−1.219	5	湖北	1.395	5	山西	−0.670	5
山西	−0.681	6	江西	−1.525	6	江西	−0.860	6

（2）产业指标得分计算与分析

表4.10 产业指标对应的相关特征值和方差贡献率

成分	初始特征值			提取平方和载入		
	合计	方差的 %	累积 %	合计	方差的 %	累积 %
1	5.875	65.283	65.283	5.875	65.283	65.283
2	1.890	21.005	86.287	1.890	21.005	86.287
3	1.021	11.346	97.634	1.021	11.346	97.634
4	0.149	1.661	99.294			
5	0.063	0.706	100.000			
6	1.080E-16	1.199E-15	100.000			
7	−1.479E-16	−1.644E-15	100.000			
8	−3.417E-16	−3.797E-15	100.000			
9	−3.870E-16	−4.300E-15	100.000			

由表 4.10 数据可知产业指标第一个主成分累计贡献率为 65.283%，第二个为 86.287%，第三个为 97.634% 的信息总量，用 F_{21}、F_{22}、F_{23} 分别表示前三个主成分。

表 4.11　产业主成分得分系数矩阵

指标	成分		
	1	2	3
规模以上工业企业数量 x_{21}	0.164	0.087	0.094
规模以上工业企业主营业务收入 x_{22}	0.167	−0.034	0.051
进出口总额 x_{23}	0.154	0.201	0.147
全部从业人员平均数 x_{24}	0.134	0.110	0.543
第一产业占 GDP 比重 x_{25}	0.150	−0.192	−0.278
第二产业占 GDP 比重 x_{26}	−0.077	0.468	−0.095
第三产业占 GDP 比重 x_{27}	−0.058	−0.438	0.435
规模以上工业企业总产值增长率 x_{28}	0.124	−0.140	−0.606
利润总额 x_{29}	0.164	0.016	0.094

产业主成分得分系数矩阵见表 4.11，由此得到产业指标各主成分的线性表达式，即产业主成分的得分函数模型，如下：

$$F_{21} = 0.164x_{21} + 0.167x_{22} + 0.154x_{23} + 0.134x_{24} + 0.150x_{25} \qquad (4.10)$$
$$-0.077x_{26} - 0.058x_{27} + 0.124x_{28} + 0.164x_{29}$$

$$F_{22} = 0.087x_{21} - 0.034x_{22} + 0.201x_{23} + 0.110x_{24} - 0.192x_{25} \qquad (4.11)$$
$$+0.468x_{26} - 0.438x_{27} - 0.140x_{28} + 0.160x_{29}$$

$$F_{23} = 0.094x_{21} + 0.051x_{22} + 0.147x_{23} + 0.543x_{24} - 0.278x_{25} \qquad (4.12)$$
$$-0.095x_{26} + 0.435x_{27} - 0.606x_{28} + 0.094x_{29}$$

通过计算可知权重分别为 0.6687、0.2151 和 0.1162，因此产业指标的综合得分模型为：

$$F_{产业} = 0.6687F_{21} + 0.2151F_{22} + 0.1162F_{23} \qquad (4.13)$$

最后根据公式计算出各省的产业综合得分及排名，如表 4.12 所示。

表 4.12　中部六省产业指标得分与排名

省份	F_{21}	排名	省份	F_{22}	排名	省份	F_{23}	排名	省份	$F_{产业}$	综合排名
河南	1.349	1	河南	0.893	1	山西	0.994	1	河南	1.200	1
湖北	0.394	2	安徽	0.769	2	河南	0.946	2	安徽	0.140	2
湖南	0.152	3	江西	0.520	3	湖北	0.324	3	湖北	0.100	3
安徽	0.032	4	山西	0.299	4	湖南	-0.212	4	江西	-0.220	4
江西	-0.207	5	湖北	-0.949	5	安徽	0-.37042	5	湖南	-0.250	5
山西	-1.720	6	湖南	-1.533	6	江西	-1.682	6	山西	-0.970	6

（3）技术指标得分计算与分析

表 4.13　技术指标对应的相关特征值和方差贡献率

成分	初始特征值			提取平方和载入		
	合计	方差的 %	累积 %	合计	方差的 %	累积 %
1	5.371	67.140	67.140	5.371	67.140	67.140
2	1.380	17.247	84.387	1.380	17.247	84.387
3	0.755	9.436	93.822			
4	0.424	5.303	99.125			
5	0.070	0.875	100.000			
6	2.110E-16	2.637E-15	100.000			
7	-4.319E-17	-5.399E-16	100.000			
8	-1.624E-16	-2.030E-15	100.000			

由表 4.13 数据可知技术指标第一个主成分累积达到 67.140%，第二个主成分累积达到 84.387%，用 F_{31}、F_{32} 分别表示。

表 4.14　技术主成分得分系数矩阵

指标	成分	
	1	2
R&D 经费占 GDP 比重 x_{31}	0.157	-0.094
高技术产业企业数 x_{32}	0.170	-0.192
R&D 人员数 x_{33}	0.156	-0.084
R&D 经费投入强度 x_{34}	0.168	0.298

指标	成分	
	1	2
高新技术产业专利申请数 x_{35}	0.174	0.068
有 R&D 活动的企业数 x_{36}	0.163	0.058
研发经费支出占主营业务收入的比重 x_{37}	0.063	0.660
高技术产业新产品销售收入 x_{38}	0.139	−0.374

技术主成分得分系数矩阵见表 4.14，由此得到技术指标各主成分的线性表达式，即技术主成分的得分函数模型，如下：

$$F31 = 0.157x_{31} + 0.170x_{32} + 0.156x_{33} + 0.168x_{34} \qquad (4.14)$$
$$+ 0.174x_{35} + 0.163x_{36} + 0.063x_{37} + 0.139x_{38}$$

$$F32 = -0.094x_{31} - 0.192x_{32} - 0.084x_{33} + 0.298x_{34} \qquad (4.15)$$
$$+ 0.068x_{35} + 0.058x_{36} + 0.660x_{37} - 0.374x_{38}$$

通过计算可知权重分别为 0.7956 和 0.2044，因此技术指标的综合得分模型为：

$$F_{技术} = 0.7956F_{31} + 0.2044F_{32} \qquad (4.16)$$

最后根据公式计算出各省技术的综合得分及排名，如表 4.15 所示。

表 4.15 各省技术指标综合得分排名

省份	F_{31}	排名	省份	F_{32}	排名	省份	$F_{技术}$	综合排名
湖北	0.857	1	湖南	0.854	1	湖北	0.860	1
安徽	0.666	2	湖北	0.845	2	安徽	0.580	2
湖南	0.328	3	山西	0.541	3	湖南	0.440	3
江西	0.117	4	安徽	0.246	4	江西	−0.210	4
河南	−0.045	5	河南	−1.008	5	河南	−0.240	5
山西	−1.923	6	江西	−1.478	6	山西	−1.420	6

（4）治理指标得分计算与分析

表 4.16　治理指标对应的相关特征值和方差贡献率

成分	初始特征值			提取平方和载入		
	合计	方差的%	累积%	合计	方差的%	累积%
1	4.198	38.163	38.163	4.198	38.163	38.163
2	2.845	25.867	64.030	2.845	25.867	64.030
3	2.144	19.489	83.519	2.144	19.489	83.519
4	1.285	11.684	95.202			
5	0.528	4.798	100.000			
6	4.138E-16	3.762E-15	100.000			
7	1.812E-16	1.647E-15	100.000			
8	7.360E-17	6.690E-16	100.000			
9	−3.141E-17	−2.856E-16	100.000			
10	−1.483E-16	−1.348E-15	100.000			
11	−2.970E-16	−2.700E-15	100.000			

由表 4.16 数据可知治理指标第一个主成分累计贡献率为 38.163%，第二个为 64.030%，第三个为 83.519%，用 F_{41}、F_{42}、F_{43} 分别表示。

表 4.17　治理主成分得分系数矩阵

指标	成分		
	1	2	3
人均 GDP x_{41}	0.188	0.150	0.142
GDP 增长率 x_{42}	0.153	−0.217	0.157
CPI 涨幅 x_{43}	0.216	0.072	0.048
文化总支出 x_{44}	0.192	0.159	0.098
每万人图书馆个数 x_{45}	−0.128	0.217	0.234
每千人口卫生技术员个数 x_{46}	0.063	0.212	−0.196
组织个数 x_{47}	0.168	−0.050	−0.285
交通事故火灾伤亡人数与常住人口比值 x_{48}	0.044	0.272	0.260
一般公共服务占财政支出比重 x_{49}	0.182	0.010	−0.177

指标	成分		
	1	2	3
森林覆盖率 x_{410}	0.110	-0.228	0.201
一般工业固体废物处置率 x_{411}	-0.028	0.177	-0.309

治理主成分得分系数矩阵见表 4.17，由此得到治理指标各主成分的线性表达式，即治理主成分的得分函数模型，如下：

$$F_{41} = 0.188x_{41} + 0.153x_{42} + 0.216x_{43} + 0.192x_{44} - 0.128x_{45} + 0.063x_{46}$$
$$+ 0.168x_{47} + 0.044x_{48} + 0.182x_{49} + 0.110x_{410} - 0.028x_{411}$$

$$(4.17)$$

$$F_{42} = 0.150x_{41} - 0.217x_{42} + 0.072x_{43} + 0.159x_{44} + 0.217x_{45} + 0.212x_{46}$$
$$- 0.050x_{47} + 0.272x_{48} + 0.010x_{49} - 0.228x_{410} + 0.177x_{411}$$

$$(4.18)$$

$$F_{43} = 0.142x_{41} + 0.157x_{42} + 0.048x_{43} + 0.098x_{44} + 0.234x_{45} - 0.196x_{46}$$
$$- 0.285x_{47} + 0.260x_{48} - 0.177x_{49} + 0.201x_{410} - 0.309x_{411}$$

$$(4.19)$$

通过计算可知权重分别为 0.4569、0.3097 和 0.2334，因此治理指标的综合得分模型为：

$$F_{治理} = 0.4569F_{41} + 0.3097F_{42} + 0.2334F_{43} \qquad (4.20)$$

最后根据公式计算出中部各省的综合得分及排名，如表 4.18 所示。

表 4.18　中部六省治理指标综合得分排名

省份	F_{41}	排名	省份	F_{42}	排名	省份	F_{43}	排名	省份	$F_{治理}$	综合排名
湖北	1.149	1	湖北	1.324	1	江西	1.197	1	湖北	1.170	1
湖南	0.553	2	山西	0.841	2	湖北	1.027	2	河南	-0.030	2
河南	0.497	3	河南	0.097	3	山西	0.041	3	湖南	-0.130	3
江西	0.029	4	安徽	-0.288	4	安徽	-0.034	4	江西	-0.170	4
安徽	-0.547	5	湖南	-0.489	5	湖南	-1.007	5	安徽	-0.350	5
山西	-1.681	6	江西	-1.486	6	河南	-1.224	6	山西	-0.500	6

（5）综合指标得分计算与分析

表 4.19　综合指标特征值和方差贡献率

成分	初始特征值			提取平方和载入		
	合计	方差的%	累积%	合计	方差的%	累积%
1	2.374	59.344	59.344	2.374	59.344	59.344
2	1.141	28.529	87.873	1.141	28.529	87.873
3	0.403	10.071	97.944			
4	0.082	2.056	100.000			

由表 4.19 数据可知综合指标第一个主成分累积贡献率为 59.344%，第二个为 87.873%，用 F_1、F_2 分别表示前两个主成分。

表 4.20　综合指标系数得分矩阵

综合指标	成分	
	1	2
资源	0.349	−0.449
产业	0.371	−0.369
技术	0.296	0.486
治理	0.272	0.550

综合指标主成分得分系数矩阵见表 4.20，由此得到综合指标各主成分的线性表达式，即综合指标主成分的得分函数模型，如下：

$$F_1 = 0.349x_1 + 0.371x_2 + 0.296x_3 + 0.272x_4 \qquad (4.21)$$

$$F_2 = -0.449x_1 - 0.369x_2 + 0.486x_3 + 0.550x_4 \qquad (4.22)$$

通过计算可知权重分别为 0.6753 和 0.3247，因此最后综合指标的得分模型为：

$$F_{综合} = 0.6753F_1 + 0.3247F_2 \qquad (4.23)$$

最后根据公式计算出各省的综合得分及排名，如表 4.21 所示。

表 4.21　中部六省综合指标得分排名

省份	F_1	排名	省份	F_2	排名	省份	$F_{综合}$	综合排名
河南	1.150	1	湖北	1.450	1	湖北	1.120	1
湖北	0.958	2	江西	0.306	2	河南	0.260	2

省份	F_1	排名	省份	F_2	排名	省份	$F_{综合}$	综合排名
安徽	0.102	3	湖南	0.287	3	湖南	0.060	3
湖南	−0.044	4	安徽	−0.024	4	安徽	0.060	4
江西	−0.635	5	山西	−0.426	5	江西	−0.330	5
山西	−1.531	6	河南	−1.593	6	山西	−1.170	6

4.3.1.2 中部各省协调发展综合评价分析

根据综合指标的得分排名可知，对中部地区各省区域协调发展差异进行综合评价。由图4.2可知，资源、产业、治理三个子系统的曲线与综合评价的曲线趋势接近；技术曲线和综合评价曲线趋势也大致相似，对各子系统来说，六个省份的得分在综合评价结果上下波动，起伏较为明显。通过分析可以得出下面结论：

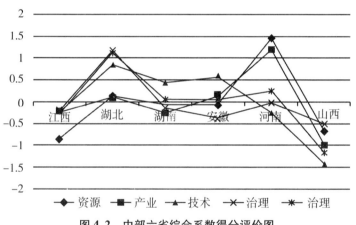

图4.2 中部六省综合系数得分评价图

从中部六省综合得分评价来看，第一梯队是湖北省和河南省，湖北省领先于其余五省，位居中部第一，其次是河南省，其排名为中部第二；第二梯队是湖南省和安徽省，湖南省和安徽省近年发展迅速，两省份得分差距较小，分别位于中部第三和第四；第三梯队的是江西省和山西省，江西省和山西省发展落后其他省份，排名为第五和第六。

从各子系统层面出发，研究得出如下结论：

在资源方面，河南省和湖北省位于第一集团，河南省和湖北省的人力资源和金融资源领先于其他省份。湖南省和安徽省处于第二集团，彼此之间差距不大。山西省和江西省处于第三集团，资源落后于其他两个集团。分析原因可知，河南和湖北的人力资源和金融资源占优势，作为我国人口大省的河南，2019 年从业人员数为 6562 万人，普通高等在校生人数为 231.9 万人，而湖北省 2019 年从业人员数和普通高等在校生人数分别为 3548 万人、150 万人，同时 2019 年河南、湖北地方财政一般预算收入分别为 4041.89 亿元和 3388.57 亿元，处于中部前两名，而江西与山西，作为中部欠发达地区，人力资源与金融资源相比于其他四个省份更差，2019 年江西省和山西省从业人员数分别为 3655 万人、3105 万人，排名为中部地区倒数第二和倒数第三，且 2019 年国有企业事业单位就业人员数量分别为 164 万人和 173 万人，排名处于中部靠后。

在产业方面，河南排名第一，安徽为第二，接着分别为湖北、江西、湖南，山西排名最后。原因是河南省具有现代特征的新兴产业迅速崛起，河南省产业结构不断优化，形成了一批高技术支柱型产业。其次河南省企业规模数量大，2019 年统计数据表明，河南省企业个数为 27129 个，居中部第一，该省规模以上工业实现增加值增长 7.8%；实现主营业务收入 50076.6 亿元，位居中部地区工业竞争力首位。安徽省潜在竞争力较强，2019 年进出口总额为 4395.3 亿，位于中部第二，2019 年规模以上企业数量为 17761 个，位于中部第二，高于规模以上企业数量为 15521 个的湖北。江西省产业发展逐年提升，2019 年江西省规模以上工业企业总产值增长率为 8.5%，增速位于中部第一，同时第二产业占 GDP 比重为 43.1%，高于其他省份。而山西产业发展缓慢，2019 年规模以上工业企业总产值增长率为 5.3%，远低于中部地区平均增速，且企业规模数量较小，使得山西产业发展慢于其他省份。

在技术方面，技术是推动经济发展的关键。结果表明，湖北省和安徽省在技术方面得分分别为 0.86 和 0.58，领先于其他省份，排名分别为第一和第二；湖南省和江西省得分为 0.44 和 -0.21，分别排在第三和第四；最后两个是河南省和山西省。分析其原因是湖北省近年在工业科技创新投入较大，截至 2019 年，湖北全国重点实验室共有 33 个，实验经费投入 957.9 亿元，产业集群为 56.9%，属于中部第一，R&D 经费投入强度 2.09，在中部排名第一。安徽在新型工业化方面，大力推进新型工业化，提升高新技术产业，2019 年，安徽省全国重点实验室共有 12 个，实验经费投入 754 亿元，R&D 经费投入强度 2.03，中部排名第二，且产业集群效果显著。江西省近年高技术产业发展较快，2019 年江西省高技术产业企业数为 1500 个，中部地区排名第一，远高于河南。河南省在技术投入方面明显不足，2019 年河南省 R&D 经费投入强度为 1.12，R&D 经费投入强度和 R&D 经费占 GDP 比重均处于中部第五。

在治理方面，本书研究是在"五位一体"的总体框架下选取指标，结果表明，湖北省和河南省较好，治理得分排名领先于其他省份，其次是湖南省和江西省，治理得分排名中部第三和第四，最后是安徽省和山西省。分析原因是湖北省和河南省经济总量较大，文化总支出、社会组织个数等较多，2019 年湖北省和河南省一般公共服务占财政支出比值分别为 9.97% 和 10.79%，在中部地区排名靠前。江西省虽然经济总量及人均 GDP 不及中部靠前的省份，但江西省在社会治理和生态文明治理方面成效显著，2019 年交通事故和火灾伤亡人口与常住人口比值和森林覆盖率分别为 0.18‰和 61.16%，社会治理及生态治理优于中部其他省份，排名分别为第二和第一。

4.3.2　区域信息距离模型构建

4.3.2.1　数据标准化处理

最小—最大规范法是指对原数据进行线性变换，会对数值大小进行改变，但是分析结果不受影响，其原理是一组原数据映射到一个新的数据空间上，得到新的数据。变换公式为：

$$V' = \frac{v - \min_A}{\max_A - \min_A}(\text{new\_max}_A - \text{new\_min}_A) + \text{new\_min}_A \qquad (4.24)$$

其中，V' 表示处理后的数据；v 是原始数据；$\max_A$ 表示的是原始数据中最大值；$\min_A$ 表示的是原始数据中最小值；new_max_A 表示的是新数据中最大值；new_min_A 表示的是新数据中最小值。为了保证数据为正值，方便后续研究，本书研究令 $\text{new\_max}_A = 10$，$\text{new\_min}_A = 1$，将上一节所得数据汇总，得表 4.22，代入式（4.24）中，可得到修正后的数据。各省份综合得分修正值如表 4.23 所示。

表 4.22　各省子系统及综合得分原始数据

省份	资源	产业	技术	治理	综合
江西	−0.860	−0.220	−0.210	−0.170	−0.330
湖北	0.150	0.100	0.860	1.170	1.120
湖南	−0.030	−0.250	0.440	−0.013	0.060
安徽	−0.050	0.140	0.580	−0.350	0.060

续表

省份	资源	产业	技术	治理	综合
河南	1.460	1.200	−0.240	−0.030	0.260
山西	−0.670	−0.970	−1.420	−0.500	−1.170

表4.23　各省子系统及综合得分修正值

省份	资源	产业	技术	治理	综合
江西	1.000	4.110	5.780	2.780	4.300
湖北	4.920	5.440	10.000	10.000	10.000
湖南	4.220	3.990	8.340	2.990	5.830
安徽	4.140	5.600	8.890	1.810	5.830
河南	10.000	10.000	5.660	3.530	6.620
山西	1.740	1.000	1.000	1.000	1.000

4.3.2.2　区域信息距离模型

区域信息距离理论是在信息距离理论基础上发展而来的。[203] 区域信息距离可以用概率表示，且概率大小与信息距离成反比关系，即转移概率越小，说明信息转移过程所遇到的障碍越大，其对应的信息距离就越远，反之则相反。区域信息距离越小，各省间信息交流越顺畅，区域协调发展水平就越高。相对而言，中心省份区域协调发展水平较高。作为中部发展迅速的地区，湖北省处于中部整体区域协调发展关键位置，根据区域信息距离理论，可以用湖北省到其他五省区域信息距离衡量中部地区协调发展水平。由于区域信息距离是个抽象概念，因此本研究选取湖北省为参考中心，计算湖北省到中部各个省份的区域信息距离。

（1）区域信息距离

信息距离理论有关基本概念具体如下：

信息状态（Information-state）：是事物出现的状态。数学表达式为：

$$X = \{x_1, x_2, x_3 \cdots, x_N\},$$

其中 X 为信息状态集，i 为信息状态序号，x_i 为第 i 个信息状态，N 为信息状态总数。

信息状态转移（Information-state Transition）：一事物所实现的状态在其可能出现的多个状态之间发生的变化。

信息状态转移距离（The Distance of Information‐state Transition，简称 DIT）：对一事物信息状态转移所遇障碍的测度，简称信息距离。

区域信息距离（the Regional Distance of Information‐state Transition，简称 RDIT）是将信息距离理论引入区域协调发展中。它是指某个区域（省份或城市）在所处的区域体系中发展的信息状态（包括区域的物流、信息流、资金流、资源流、能量流等方面）转移所遇到的障碍的测度。研究时一般选取区域体系中的中心城市作为参照。相对而言，中心城市的发展质量一般是最高的。区域信息距离与区域协调发展一般来说是成反比的。区域信息距离越小，区域间信息的交流越方便，区域的协调发展水平就越高。

（2）信息距离计算方法

信息距离的测算是对信息状态转移概率取对数来测度，本书研究为了方便计算，取底数为 10，信息距离与信息熵量纲单位一致。由于两个含义不同，DIT 理论将其量纲定义为"递特"（dit）。则信息距离 d_{ij} 的测度公式为：

$$DIT(ij) = d_{ij} = \log_{10}\frac{1}{\mathrm{p}_{ij}} = -\log_{10}\mathrm{p}_{ij} \qquad (4.25)$$

$$\sum_{j=1}^{N} p_{ij} = 1 \,(i,j = 1,2,\cdots,N) \qquad (4.26)$$

其中 p_{ij} 表示事物从状态 x_i 转移到状态 x_j 的概率，考虑多个信息状态之间的转移，相应有状态转移概率矩阵 P 和信息距离行列式 D，各定义如下：

$$P = \begin{pmatrix} p_{11} & p_{12} & \cdots & p_{1N} \\ p_{21} & p_{22} & \cdots & p_{2N} \\ \vdots & \vdots & \ddots & \vdots \\ p_{N1} & p_{N2} & \cdots & p_{NN} \end{pmatrix}$$

$$D = \log_{10} P$$

$$\equiv - \begin{vmatrix} \log_{10}p_{11} & \log_{10}p_{12} & \cdots & \log_{10}p_{1N} \\ \log_{10}p_{21} & \log_{10}p_{21} & \cdots & \log_{10}p_{2N} \\ \vdots & \vdots & \ddots & \vdots \\ \log_{10}p_{N1} & \log_{10}p_{N1} & \cdots & \log_{10}p_{NN} \end{vmatrix}$$

$$= \begin{vmatrix} d_{11} & d_{12} & \cdots & d_{1N} \\ d_{21} & d_{22} & \cdots & d_{2N} \\ \vdots & \vdots & \ddots & \vdots \\ d_{N1} & d_{N1} & \cdots & d_{NN} \end{vmatrix}$$

为了计算信息状态转移概率，本书研究引入断裂点理论。断裂点理论是指事物之间相互作用的理论。该理论认为事物间的距离和规模大小会影响一个事物对另一个事物的吸引力（辐射能力）。断裂点公式为：

$$D_A = \frac{D_{AB}}{1+\sqrt{P_B/P_A}} \tag{4.27}$$

式（4.27）中，D_A 表示的是从断裂点到 A 事物距离；D_{AB} 为事物之间的距离，P_A、P_B 指的是两事物的规模，通常用人口表示。

本书研究在断裂点公式的基础上，用中部各省的综合得分代替事物规模。上式就变为：

$$D_A = \frac{D_{AB}}{1+\sqrt{\overset{*}{P}_B/\overset{*}{P}_A}} \tag{4.28}$$

式（4.28）中，两个省的综合得分用 $\overset{*}{P}_A$、$\overset{*}{P}_B$ 表示。根据对区域信息距离理论的阐述，概率的具体计算公式为：

$$P_{AB} = 1 - \frac{1}{1+\sqrt{\overset{*}{P}_B/\overset{*}{P}_A}} \tag{4.29}$$

将表4.23中修正后的数据代入式（4.29），得到各省与湖北的区域信息距离，如表4.24所示。

通过表4.24制作柱状图4.3。从图中可以看出，湖北省与中部地区各省的区域信息距离在资源、产业、技术、治理四个方面和综合得分走势相近。湖北省区域信息距离的综合得分曲线低于四个子系统，表明湖北省与中部地区省份综合区域信息距离较好。

表4.24　各省距中心省份的区域信息距离

各省间	资源	产业	技术	治理	综合得分
湖北—江西	0.508	0.333	0.365	0.462	0.402
湖北—湖南	0.336	0.321	0.452	0.364	0.269
湖北—安徽	0.298	0.314	0.525	0.364	0.269
湖北—河南	0.240	0.367	0.429	0.348	0.257
湖北—山西	0.523	0.619	0.619	0.619	0.488

接下来再从资源、产业、技术、治理四个方面分析各省份与湖北的区域信息距离。

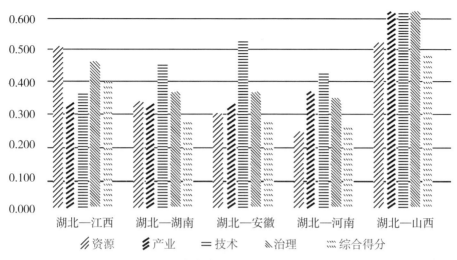

图 4.3 中部各省与湖北的区域信息距离

在资源方面，山西省到湖北省信息距离最大，为 0.523，最小的是河南省，为 0.240，接下来按照大小排序依次是江西、安徽、湖南。分析原因是山西矿产资源较为丰富，但是与湖北距离在中部其他省份中是最远的，且受经济因素影响，湖北省与山西省人力资源等流动较少。其次河南省地域面积较大，人才众多，与湖北流通较为方便。安徽省和湖南省与湖北省的区域信息距离很相近，与湖北省接壤，因此在交通和自然资源、人力资源等流通方面较为接近，湖北与这两省辐射范围强度相差不大，分别为 0.298、0.336。江西省虽然与湖北也接壤，但由于发展缓慢，其区域信息距离为 0.508。

在产业方面，各省与湖北省的区域信息距离按照大小排序分别是山西、河南、江西、湖南、安徽。出现以上情况的原因是：第一，湖南、安徽省，工业产业规模较大，形成产业集群，产业集群效果好。第二，山西省和江西省总体产业规模小，企业数量和主营业务收入及产业从业人员较少。第三，中部六省产业类似，结构趋同性明显，中部各省形成一批以高技术为主的支柱型产业，产业信息距离相差不大。

在技术方面，各省与湖北省的区域信息距离按照大小排序分别是山西、安徽、湖南、河南、江西。出现上述情况的原因是：第一，近年随着中部崛起，虽然技术创新等方面出现你追我赶的局面，但是仍有部分省份存在发展不均衡情况。如山西省在技术创新投入和成果转化方面就远低于中部地区其他省份。安徽、湖南、河南三省与湖北技术方面发展速度较为接近。第二，江西省注重发展技术投入研发，形成一批高新技术产业园区，与湖北省形成一定辐射区域。

在治理方面，各省与湖北省的区域信息距离按照大小排序分别是山西、江西、安徽、湖南、河南。出现上述情况的原因是：第一，在中部地区崛起背景下，中部六省加快工业结构调整、优化治理资源配置、促进经济转型，整体治理效果良好。第二，部分省份仍然存在治理不足的情况。如山西省在生态治理方面不强，生产方式较为粗犷，生态环境治理方面的能力仍然相对较弱。第三，河南省、湖南省、安徽省经济治理和文化治理排名靠前，2019年人均GDP分别为56338元、57540元、58496元，2019年文化支出分别为85795万元、91137万元、88825万元。在经济增长持续低迷的压力下，它们创新治理共享机制，促进区域协调更好发展。

4.4 基于DEA和Malmquist指数的中部地区协调发展测度模型构建与实证分析

为了综合了解中部地区各自内部协调发展情况，本节运用DEAMAX软件，采用静态BCC和动态Malmquist指数从两个角度对2015年至2019年中部六省的资源、产业、技术、治理进行分析。首先运用主成分分析对2015年至2019年中部六省的资源、产业、技术、治理降维，其次再以资源、技术、治理为投入，产业为产出对其效率进行测算，并对评估结果再进一步阐释和分析。

4.4.1 DEA模型和Malmquist指数模型的构建

4.4.1.1 DEA模型

数据包络分析（DEA）是一种计算效率值的计算方法，其原理是通过决策单元的投入与产出量，计算决策单元的有效性，中部六省发展效率可以衡量中部六省协调发展水平，运用DEA方法可以有效测度区域协调发展效率水平。目前，在DEA模型中，CCR模型和BCC模型被广泛使用，CCR模型代表了规模报酬不变，BCC模型放松了这种限制。由于不同地区间区域协调发展的差异较大，本研究将运用 BCC 模型来测算我国中部地区协调发展的效率，BCC 模型的表达式为：

$$\min\left[\theta - \varepsilon\left(\sum_{i=1}^{m} s_i^- + \sum_{r=1}^{n} s_r^+\right)\right]$$

$$s.t.\begin{cases} \sum_{j=1}^{l} \lambda_j x_{ij} + s_i^- = \theta x_{ik} \\ \sum_{j=1}^{l} \lambda_j y_{rj} - s_r^+ = y_{rk} \\ \sum_{j=1}^{l} \lambda_j = 1 \\ \lambda_j, s_i^-, s_i^+ \geq 0, j = 1, 2, \cdots, n \end{cases} \tag{4.30}$$

式（4.30）中，x_{ij} 为第 j 个决策单元的第 i 个投入量，y_{ij} 为第 j 个决策单元的第 r 个产出值，λ_j 表示规划决策变量，θ 表示效率评价值，ε 表示非阿基米德无穷小，s_i^- 和 s_r^+ 表示松弛变量。当决策单元有效时，$\theta=1$，且 $s_i^- = s_r^+ = 0$；当决策单元为弱有效时，$\theta=1$，且 $s_i^- = 0$ 或 $s_r^+ = 0$；当决策单元是无效时，$\theta \leqslant 1$。

4.4.1.2 Malmquist 指数模型

Malmquist 指数是一种测算效率值的评价方法。Malmquist 最先是计算生产效率，随着 DEA 成为热门方法，Malmquist 与 DEA 相结合，DEA-Malmquist 运用越来越广泛，相较于只能测量静态效率的 DEA 模型而言，Malmquist 指数能以动态形式反映各省的区域协调发展效率变动情况。t 时期和 $t+1$ 时期的输出函数用 D^t 和 D^{t+1} 表示，（X^t，Y^t）表示投入，（X^{t+1}，Y^{t+1}）表示产出向量，则 t 到 $t+1$ 时期的 Malmquist 指数表达式为：

$$M(x^{t+1}, Y^{t+1}, x^t, y^t) = \left[\frac{D^t(X^{t+1}, Y^{t+1})}{D^t(X^t, Y^t)} \times \frac{D^{t+1}(X^{t+1}, Y^{t+1})}{D^{t+1}(X^t, Y^t)}\right]^{\frac{1}{2}} \tag{4.31}$$

在式（4.31）中，当 t 到 $t+1$ 时期全要素生产率降低时，此时 $M<1$；当 t 到 $t+1$ 时期全要素生产率不变时，此时 $M=1$；当 t 到 $t+1$ 时期全要素生产率提高时，此时 $M>1$ 时。

此外，EFC 指数和 TEC 指数是 Malmquist 指数的分解，其表达式分别为：

$$EFC = \frac{D^t(X^{t+1}, Y^{t+1})}{D^t(X^t, Y^t)} \tag{4.32}$$

$$TEC = \left[\frac{D^t(X^{t+1}, Y^{t+1})}{D^{t+1}(X^{t+1}, Y^{t+1})} \times \frac{D^t(X^t, Y^t)}{D^{t+1}(X^t, Y^t)}\right] \tag{4.33}$$

$$M(X^{t+1}, Y^{t+1}, X^t, Y^t) \tag{4.34}$$

其中，EFC 表示的是技术效率指数，可以反映由技术效率变动引起的部分。当 $EFC<1$ 时，表明因技术效率下降导致综合效率变低；当 $EFC=1$ 时，表明因技术效率对综合效率值影响不变；当 $EFC>1$ 时，表明因技术效率改善而提高了综合效率值。TEC 反映影响综合效率变动是由技术效率变动引起部分，当 $TEC<1$ 时，技术进步衰退导致综合效率变低；当 $TEC=1$ 时，技术进步对综合效率影响不变；当 $TEC>1$ 时，表明因技术进步改善而提高了综合效率值。

4.4.1.3　样本和数据来源

中部地区包括六个省份，因此本研究将这六个省份划分为六个决策单元（DMU）。根据上文构建的中部地区协调发展测度模型指标体系，采用投入与产出来测算中部地区六个省份的静态和动态的区域协调发展效率值。本章采用了从 2015 年到 2019 年五年的原始数据，并以《中国统计年鉴》和《中国社会统计年鉴》等权威资料为依据。使用插值方法处理缺失的数据，同时 MAXDEA 软件运行需要正值，因此这里对降维数据进行标准化处理后再进行效率值的测算。

4.4.2　中部地区协调发展效率值实证结果分析

4.4.2.1　中部地区协调发展效率静态实证结果分析

（1）中部地区协调发展综合效率分析

综合效率值是反映中部地区协调发展效率的关键指标，能够较为直观地反映中部地区协调发展变化的整体水平。综合效率值为 1 表示 DEA 有效，而综合效率值小于 1 的时候则表示 DEA 非有效。为了使数据更加直观，本节采用 ArcGIS 软件制图法，按照 DEA 综合效率值，将 DEA 划分为四个区域，分别是低水平、中等水平、较高水平和高水平。其中 TE<0.7 时为 DEA 低水平，0.7<TE<0.8 为中等水平，0.8<TE<0.9 为较高水平，0.9<TE 为高水平。2015 年和 2019 年中部地区协调发展静态 DEA 效率值如表 4.25 所示。

表 4.25　2015 年及 2019 年中部六省静态 DEA 效率值

省份	2015 年			2019 年		
	综合效率	纯技术效率	规模效率	综合效率	纯技术效率	规模效率
安徽省	0.737	1.000	0.737	1.000	1.000	1.000
河南省	0.824	1.000	0.824	1.000	1.000	1.000
湖北省	0.649	0.753	0.861	0.790	0.825	0.957
湖南省	0.705	0.709	0.995	0.603	0.652	0.925
江西省	1.000	1.000	1.000	1.000	1.000	1.000
山西省	0.824	1.000	0.824	0.572	1.000	0.572
均值	0.790	0.910	0.873	0.827	0.912	0.909

由表 4.25 可知，2015 年中部地区综合效率值为 0.790，达到了中等水平。其中江西省为综合效率值为 1，处于 DEA 有效，说明江西省在投入要素转化为产出要素的效率值较高，而其他五个省份综合效率值处于 0.6～1 之间，山西省和河南省均为 0.824，达到了较高水平，安徽省和湖南省综合效率分别为 0.737 和 0.705，达到中等水平。湖北省为较低水平，其资源利用率有待提升。2019 年中部地区综合效率值为 0.827，较 2015 年提升了 0.037，达到较高水平。其中江西省、安徽省、河南省三个省份综合效率达到 1，实现 DEA 单元有效，为高水平区域，中部地区有效率占比 50%，安徽省和河南省的增幅较大，表明安徽和河南省近年充分利用资源以及技术。而湖北省和湖南省为低水平和中等水平，原因是虽然湖北和湖南在资源、技术和治理有较好排名，2019 年湖北省资源和技术因子得分排名中部第一，但其产业得分排名却排在第三位，而湖南省 2019 年资源、技术、治理得分排名均为中部第三，产业得分却排名靠后，2019 年湖南省工业生产利润总额为 2227.3 亿元，排名低于江西省，居中部第四。故湖北省和湖南省在资源、技术和治理方面投入过高，而产出过低，其利用率有待提高。山西省 2019 年综合效率值为 0.572，自从 2015 年达到较高水平后，呈现递减发展趋势，其综合效率值急需改进。

（2）中部地区协调发展纯技术效率分析

纯技术效率是由综合技术效率分解得到，考虑到中部地区发展差距大，因此本文采用的是 BCC 模型。通过计算纯技术效率值，衡量中部地区协调发展的技术和协调发展水平，纯技术效率值越接近 1，表明中部地区技术和协调发展能力越接近先进水平。从表 4.25 中可以看出 2015 年中部地区纯技术效率值为 0.910，接近 DEA 单元有效，2019 年该值上升到 0.912，上升幅度较小，与其生产前沿面差距还有 0.088，说明中部地区纯技术效率还有一定上升空间。2015 年安徽省、河南省、江西省和山西省纯技术效率均为 1，并且 2019 年其 4 个省份纯技术效率也为 1，达到 DEA 有效，表明这 4 个省份的技术与区域协调发展水平处于中部领先，如果这些省份要提升综合效率值，不能只从纯技术效率出发，应当要从规模效率角度来提升综合效率值。2019 年湖南省纯技术效率值为 0.652，湖北省纯技术效率为 0.825，并且其纯技术效率值均小于规模效率值，这表明湖南省和湖北省虽然技术投入大，但是没有充分利用资源，导致产出与投入比例不等。由此可得出湖南省和湖北省综合效率的关键影响因素是纯技术效率，应当从提高纯技术效率角度出发，提升其技术向产业转化率，使得技术成果带来更多的产业成果，推动其区域协调发展效率提升。

（3）中部地区协调发展规模效率分析

规模效率是综合技术效率分解指标，通过计算规模效率值可以反映中部地区协调发展过程中投入规模的有效性，规模效率值越接近于 1，表明中部地区协调发展规模越接近最佳规模。从表 4.25 中可以看出，2015 年中部地区的规模效率值为 0.873，2019 年规模效率值上升至 0.909，增速略缓，并且尚未达到区域协调发展的最优规模，距离 DEA 有效单元差距还有 0.091，表明中部地区规模效率还有一定上升空间。2019 年安徽省、河南省和江西省规模效率为 1，达到 DEA 单元有效，表明这些区域达到最优生产规模，因此这些省份目前已经不大适合增加大规模投入，而需要对产业结构做出合理规划和适当调整，否则在此基础上增加资源技术等投入可能会导致产出减少，造成资源的浪费。2019 年湖南省和山西省规模效率值较 2015 年分别下降 0.070 和 0.252，表明这两个省份规模投入与产出不成正比，要提升综合效率值，首先要解决规模效率下降问题，要提升规模，从而达到综合效率提升。而湖北省规模效率 2019 年较 2015 年提升 0.069，但是生产前沿面的差距还有 0.043，说明其生产规模还有提升空间，可以适当增加其投入，使得区域协调发展综合效率值提高。

4.4.2.2　中部地区协调发展效率 Malmquist 指数动态实证结果分析

根据本节对 DEA 方法和模型的介绍可知，BCC 模型是从静态角度出发，测算中部地区协调发展的综合效率值，并且再从纯技术效率和规模效率分析中部地区协调发展效率水平。而对于时间序列上的动态分析，则需要运用

Malmquist 指数来进行测算。目前 Malmquist 指数模型在动态测算效率值方面有较为广泛的应用。本研究为了更加全面了解中部省份的区域协调发展效率指数，在综合静态分析的基础上，采用 DEAMAX 软件，选择投入导向的 DEA-Malmquist 指数模型。对 2015 年至 2019 年的中部省份区域协调发展效率变动情况进行测算、分解以及分析。通过对结果的汇总整理，得出中部六省的区域协调发展 DEA-Malmquist 指数时间序列变动分解表和趋势图，以及各省份的区域协调发展 DEA-Malmquist 指数变动分解表和趋势图。

（1）基于时间序列区域协调发展效率 Malmquist 指数变动分析

本节中的中部地区协调发展效率 DEA-Malmquist 指数变动情况是以 1 为临界点进行分析。如表 4.26 所示，基于时间序列的 2015 年至 2019 年中部省份区域协调发展的 Malmquist TFP 指数均值为 1.080，这说明中部地区协调发展的全要素生产率在整个研究阶段处于上升阶段，平均增幅达到了 8%，这表明中部地区整体的发展态势区域良好。从图 4.4 中可以看出，全要素生产率与技术进步指数都是在 2016—2017 年上升，然后在 2017—2018 年下降，2018—2019 年再次上升达到最高。技术效率与纯技术效率和规模效率三者都是在 2015—2018 年下降，2018—2019 年上升到最高点，并且纯技术效率和规模效率的交替影响了技术效率。

表 4.26　基于时间序列的中部六省 Malmquist 指数动态变化及其分解

年份	全要素生产率	纯技术效率	规模效率	技术效率	技术进步
2015—2016	0.954	1.054	1.138	1.200	0.795
2016—2017	1.155	0.956	1.005	0.961	1.202
2017—2018	0.842	0.975	1.013	0.988	0.853
2018—2019	1.278	0.990	0.909	0.900	1.420
平均值	1.080	0.994	1.016	1.011	1.067

从全要素生产率看，2015 年至 2019 年，中部省份区域协调发展全要素生产率处于上下起伏波动状态，其中峰值最高点和最低点分别为 2018—2019 年的 1.278 和 2017—2018 年的 0.842。具体来看，由 2017—2018 年其全要素生产率达到最低点，TFP 值小于 1 的情况可知，全要素生产率距离最优状态还有一定差距。根据结果可知，2017—2018 年中纯技术效率为 0.975 和技术进步为 0.853，均未达到最优，而规模效率值为 1.013，表明 2017—2018 年中部地区全要素生产率主要受纯技术效率和技术进步影响。分析其原因是首先从

纯技术效率来看，可能是 2017—2018 年中部地区整体技术利用率偏低，且各要素之间的配置不合理，没有得到充分利用，从技术进步指数来看，可能是该时间段内，中部整体技术水平运用情况表现欠佳，技术提高出现阻碍，导致技术进步没有提高。2018—2019 年全要素生产率达到最高点，TFP 的值大于 1，增幅达 27.8%，增长幅度较大，可知该时间段内整体区域协调发展效率良好。从分解角度看，技术进步指数为 1.420，大于全要素生产率，全要素生产率与技术进步呈同方向变化。表明 2018—2019 年中部省份全要素生产率主要受技术效率影响，并且从技术效率分解来看，其纯技术效率和规模技术效率值分别为 0.990 和 0.909，均小于 1，因此中部省份要提高全要素生产率，应当要提高技术效率和规模效率，推动区域协调发展向更高质量发展。

从技术效率看，技术效率指数 2015 年至 2019 年均值为 1.011，大于 1。这表明在整个研究阶段内，中部省份区域协调发展效率增幅较小，平均增幅为 1.1%，技术效率不断提升，实现稳步增长。从时间段来看，研究时间段内处于波动起伏状态，2015—2016 年技术效率达到最高为 1.200，2018—2019 年达到最低值为 0.900。具体来看，2015—2016 年纯技术效率值和规模效率值均大于 1，这表明其技术与规模处于一个良好的状态。2018—2019 年纯技术效率值和规模效率值分别为 0.990 和 0.909，均小于 1，距离最优生产前沿面还相差 0.01 和 0.091。这表明纯技术和规模效率是影响中部省份区域协调发展技术效率的因素，并且纯技术效率值大于规模效率值，说明规模效率是严重影响该时间段内中部省份综合技术效率的影响因素，应当加大投入规模，促使规模投入水平提高，优化规模结构，从而有利于综合绩效水平的提升。

从技术进步效率看，技术进步是技术进步效率，可解释为除投入要素之外能够对产出有影响的要素，在中部省份区域协调发展方面则可体现为各省协调发展运作等方面的技术运用水平。2015 年至 2019 年中部省份区域协调发展技术进步指数为 1.067，均值大于 1，这表明中部整体技术水平运行良好。从时间段来看，2015 年至 2019 年，中部省份区域协调发展技术进步指数处于上下起伏波动状态。2018—2019 年达到最高为 1.420，2015—2016 年达到最低为 0.795。具体来看，2015—2016 年技术效率为 1.200，而技术进步距离最优生产还相差 0.205，表明技术进步是影响全要素生产率的重要因素，中部地区整体技术运作水平低下。2018—2019 年技术进步指数大于 1，表明影响全要素生产率是技术效率，应当从提高技术效率角度出发来提升中部省份区域协调发展全要素生产率。

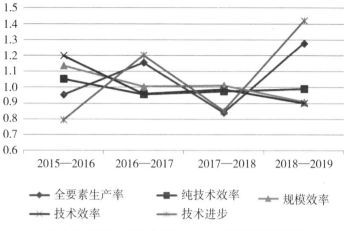

图 4.4　2015—2019 年 Malmquist 指数及指数分解

　　从纯技术效率看，2015 年至 2019 年纯技术效率均值为 0.994，基本接近 1，因此可知中部省份区域协调发展在技术创新以及系统运行水平方面有较为稳定的表现。从时间段来看，2015 年至 2019 年研究阶段内处于先降后升的趋势，由 2015—2016 年的最高 1.054 降到 2016—2017 年的最低水平 0.956，而后逐年递增，呈现缓慢增长趋势。2015 年至 2019 年规模效率均值为 1.016，大于 1，整体规模效率呈现上下波动的趋势。表明中部地区在研究时间段内，生产规模投入整体处于合理的规模状态。

　　（2）基于各省的区域协调发展效率 Malmquist 指数变动分析

　　本书研究为了更加直观清楚地展示中部各省的全要素生产率，结合上文分析，依据所得数据将全要素生产率（TFP）划分为低水平、中等水平、较高水平和高水平。1<TFP<1.016 为低水平，1.016<TFP<1.068 为中等水平，1.068<TFP<1.109 为较高水平，1.109<TFP 为高水平。2015 年至 2019 年中部省份区域协调发展 Malmquist 指数的数据如表 4.27 所示。

表 4.27　基于各省的中部六省 Malmquist 指数动态变化及其分解

省份	全要素生产率	纯技术效率	规模效率	技术效率	技术进步
安徽省	1.248	1.000	1.089	1.089	1.146
河南省	1.108	1.000	1.054	1.054	1.052
湖北省	1.000	0.969	1.028	1.005	0.995
湖南省	1.042	0.991	0.983	0.971	1.074

省份	全要素生产率	纯技术效率	规模效率	技术效率	技术进步
江西省	1.067	1.003	1.000	1.003	1.064
山西省	1.015	1.000	0.944	0.944	1.075
平均值	1.080	0.994	1.016	1.011	1.067

安徽省为高水平，河南省 TFP 为 1.108，达到较高水平，江西省和湖南省 TFP 分别为 1.067 和 1.042，达到中等水平，山西省和湖北省为低水平区域。同时根据表 4.27 所示，2015 年至 2019 年，中部各省全要素生产率均大于 1，安徽省全要素生产率为 1.248，河南省全要素生产率为 1.108，江西省全要素生产率为 1.067，湖南省全要素生产率为 1.042，山西省和湖北省全要素生产率分别为 1.015 和 1.000。安徽省和河南省均以大于 10% 以上的增幅增长，分析其原因，安徽省和河南省大力发展新兴产业，先后出台《安徽省新材料产业发展规划》等产业发展文件，河南省也先后出台大批政策文件支持产业发展，河南省 2019 年利润总额达到 3549.1 亿元，安徽为 2254.3 亿元。产业快速发展使得河南省和安徽省在产业竞争力方面分别处于中部第一和第二。江西省全要素生产率为 1.067，表明江西全要素生产率处于稳步增长，原因可能是江西大力发展航空制造业等一大批支柱型产业，搭建技术平台，加强延链型产业发展，不断提升创新、配套能力和规模效应。而湖北省全要素生产率是最低，为 1.000，技术进步指数为 0.995，表明湖北省区域协调发展技术运用水平有待提高；从技术效率分解来看，湖北省纯技术效率为 0.969 和规模效率为 1.028，说明湖北省在规模效率达到最优，故纯技术效率是导致技术效率变化的主要原因。总的来说，究其原因可能是，湖北省投入与产出比例不符，其技术、资源和治理方面投入过高，出现一定的要素生产过剩现象，要素没有得到充分利用，因此湖北省在技术效率方面存在一定的改进空间。

从技术效率变动情况来看，2015 年至 2019 年中部地区技术效率均值为 1.011，整体实现了稳步增长。其中安徽省、河南省、湖北省和江西省技术效率值均大于 1，表明这些省份在研究阶段内处于平稳发展，区域协调发展技术水平得到一定改善。湖南省和山西省技术效率值分别为 0.971 和 0.944，而技术进步指数均大于 1，这表明湖南省和山西省技术没有充分利用，应该从提高技术利用率的角度出发来提升技术效率。从技术效率分解来看，纯技术效率大于规模效率，故技术效率的下降主要影响因素即为规模效率水平的下降。

从技术进步变动情况来看，2015年至2019年中部地区技术进步指数均值为1.067，表明中部省份区域协调发展技术进步整体处于良好发展状态。其中安徽省、河南省、湖南省、江西省、山西省技术进步指数大于1，表明这五个省份的技术进步效率发展情况较为稳定，技术运用广度不断拓展，技术运用水平得到改进。而湖北省技术进步指数为0.995，小于1，而技术效率大于1，这表明，技术进步率是影响湖北省全要素生产率的关键因素，要提高湖北省全要素生产率应该从提高技术进步率角度出发，提升政府技术运用水平，提高技术转化和利用率，从而推动全要素生产率的提升。

4.5 本章研究结论与中部地区协调发展政策建议

4.5.1 本章研究结论

本章从资源、产业、技术和治理四个维度构建指标体系，进而再构建中部六省区域协调发展模型，并进行实证分析。总体来看，本章做了以下主要内容：

第一，分析中部发展现状和耦合协调度情况。本章先对中部地区资源、产业、技术和治理发展现状做了分析。通过对已有相关区域协调发展指标体系研究的文献进行梳理分析，在借鉴已有研究方法的基础上，构建中部六省区域协调发展水平的指标体系，立足本章研究内容和研究目的，选取合适指标，力图为区域协调发展水平测度进行系统性分析打下扎实基础；最后对中部地区耦合协调情况进行初步研究。

第二，构建区域信息距离模型和DEA-Malmquist区域协调发展效率模型，对中部六省区域协调发展水平内部和外部进行测算。在内部方面，首先采用主成分分析，对中部六省进行因子分析，得出中部六省排名，并给出综合评价；其次在主成分分析的基础上构建中部六省的区域信息距离模型；最后得出结果，并对结果进行分析。在外部方面，采用DEA-BCC和DEA-Malmquist指数来测算中部各省的区域协调发展效率水平，首先运用静态DEA-BCC模型测算中部各省综合效率值；其次采用DEA-Malmquist指数，对2015—2019年中部六省区域协调发展效率动态水平测算；最后得出结果，并对结果进行分析。

第三，得到研究结论，分析研究结果。根据实证分析结果，得出以下四点结论：（1）在耦合协调方面，河南省和湖北省处于良好和中级耦合协调，湖南省和安徽省处于初级耦合协调，江西省和山西省处于勉强耦合协调。（2）在综合因子得分排名中，湖北省和河南省处于第一梯队，两省份在资源产业技术等方面领先于其他四省；湖南省和安徽省发展较快，发展速度相近，处于第二梯队；江西省和山西省处于最后梯队，综合排名靠后。（3）以湖北省为中心城市，从其余五省到湖北省的区域信息距离结果可以得出，湖北省对河南省的辐射作用较大，尤其是在资源以及治理方面，其次是安徽省和湖南省，在产业方面受到湖北省较大辐射，最后是江西省和山西省，治理方面存在不足。（4）在中部六省区域协调发展效率水平方面，2015—2019 年中部地区整体水平有所上升，除山西省和湖南省有所降低之外，其余四省均有所提高，其中 2019 年江西省、河南省、安徽省三个省份综合效率值为 1，达到有效水平。在动态效率方面中部地区全要素生产率有所提高，达到 8%。安徽省和河南省水平较高，湖北省水平较差，其技术利用率存在一定差距，需要引起重视，及时调整。

4.5.2　中部地区协调发展政策建议

近年来，中部地区发展迅速，中部各省陆续出台政策方案来有效推动中部地区协调发展。然而，随着东部地区快速发展，以及国家对西部地区大力扶持的背景下，中部地区协调发展状况并不尽如人意，体现为中部六省产业结构相似，产品同质化竞争激烈，支柱产业相似性强，环境资源、技术、产业和治理存在发展不协调。中部区域协调发展有利于提高国家综合竞争力，能够改善各地人们的生活质量，也能促进各地产业有序发展，带动经济增长。因此，缩小中部各地区发展差距，促进各省协调发展具有重大意义。

第一，要合理配置资源投入，完善人才机制。本章通过实证结果的全面分析，在欠发达地区，人才是最紧缺的资源。因此，要保证人力资源充分得到利用，以此促进区域经济发展。人力资源投入方面，虽然从事高技术产业人员多，但是具有研发能力的高尖人才匮乏，高尖人才占比低，人才结构失衡。山西省在矿产和能源生产方面资源丰富，但是也存在高能耗企业过度开采，产能过剩，利用率低问题。一是应建立健全人才引进机制，通过建立激励机制，如放宽落户条件、提高收入、家属子女就业上学福利、医疗保障政策等吸引进而留住高尖人才。此外，要完善人才培养机制，提供大学生科研创新环境，打造创业平台。二是要加快落后地区高校的建设，通过文章第三章分析可以发现，山西省人力资源较弱，大学毕业生流出现象严重，其余省份应加强和山西省落后地区院校的合作交流，使中部地区高等教育资源逐步均衡起来。三是要促进各地区人才交流，各省要加快数字人才发展体制机制改革，促进当地经济发展。四是合理配置资源投入与开采，关闭高耗能、污染大企业，合理解决产能过剩问题，提高资源开采效率。

第二，要加强产业协调联系，促进产业有序发展。中部地区主导产业同质化严重，基本是以高新产业为主，江西、河南、湖南、湖北四个省主导产业中有汽车制造行业，江西、河南、湖北、湖南、安徽五个省份有食品产业，结构趋同性明显，造成各省之间存在激烈竞争关系。各省应该调整优化产业结构，发挥各省特色，充分利用交通便利等优势，促进区域产业整体发展。山西省和江西省产业发展较为落后，应当重点围绕太原城市群和环鄱阳湖城市群建设，打造产业集群。湖北省在促进产业快速发展的同时，应当完善资源体系建设，提高资源利用率，并且加大其中部地区中心城市的辐射作用，带动其他欠发达省份产业发展，形成优势互补，有序竞争，促进中部六省区域发展的平衡性和可持续性。

第三，要提高技术创新水平，完善技术创新体系。现在市场竞争激烈，技术创新水平变得十分重要。中部各省在技术创新你追我赶的时候，更要注意创新水平质量，应当牢牢把握技术创新的高质量、高速度和高效益。一是把握好创新内在矛盾，理清楚创新水平的内外影响因素，首先保证对创新水平有足够重视，要明确外因是通过内因发挥作用的。二是根据实证结果，山西省出现综合效率值下降趋势，湖北省投入与产出也存在不同步情况，山西省效率值下降原因是投入过低，技术水平跟不上中部地区发展速度，湖北省投入与产出不同步的原因是类似边际效用递减的情况，大量投入刚开始明显，产业技术效率快速提升，然而受制于人才数量、技术水准以及固化的研究等因素，技术效率转化低，因此要实现投入与产出二者之间的相互促进，需要寻求平衡，找到符合不同产业与地区的最佳均衡点，以达到投入与产出最优的效果。三是各省建立符合自己的一套科学高技术创新体系，要通过调研分析自身短板，做出科学评测，协调政府与科研机构、企业的关系，互补资源，通过传导机制完善技术创新体系。

第四，要健全治理共享机制，打破区域间壁垒。在治理方面中部六省中湖北省和河南省处于领先，与其他省份拉开了一定差距，且各省随着中部崛起，各自为政，形成你追我赶的局势，相互间合作机制较少，因此各省应当加强治理方面的交流。治理能力体现在政府促进民生工作中。一是要创造正向激励机制，建立治理与考核挂钩，激发地方政府内生动力，提高政府公共治理能力，促使政府由管理者向服务者身份转变。二是中部各省间信息流通较为阻塞，通过区域信息距离实证结果可以得出，湖北为中心城市辐射作用不大，要加强其辐射范围，各省政府应该打造数据共享平台，组织跨区域活动形式，促进相关政府信息数据共享，减少各省贸易交易成本。三是引导各级主体参与到治理框架中，区域管理力量不仅局限于地方政府部门之间的沟通合作，要形成地方资源文化相互交流，保证产业相互交往，同时引进第三方相关组织的合作协调体系，充分调研，利用各省优势合理分工，降低交易成本，认识其所需要的各种区域管理力量，组织地方经验分享交流、干部流动，提高政府区域管理能力。要突破体制机制壁垒，促进各种管理力量协调发展。

第5章

浙中城市群协调发展测度创新研究①

十九大报告提出，"构建以城市群为主体的大中小城市协调发展战略模式"。习近平总书记在《求是》杂志撰文指出，中心城市和城市群正在成为承载发展要素的主要空间形式。这意味着未来城市群将作为重要的空间承载，推动各地区之间的资源流动，进而形成优势互补、高质量的区域发展格局。浙中城市群作为浙江省参与长三角区域竞争与合作的载体之一，虽然位于经济发达省份浙江省，但其地处偏僻，工业规模小，总体发展水平与浙江省其他两个大城市群（环杭州湾、温台）的差距较大。2020年浙中城市群9个市（区、县）人均GDP约为6.65万元，低于全国平均数据70787元。9个市（区、县）中仅有义乌市超过全国平均水平。根据前文3.1.4分析测算可知，浙中城市群总体仍属于欠发达地区，而且内部城市之间的发展也呈现出失衡现象，存在诸多不协调问题。

为落实习近平总书记关于城市群发展指示精神，推动浙中城市群协调发展，本章以浙中城市群9个市（区、县）为研究对象，在综合梳理和比较国内外相关科研成果的基础上，明确了城市群的概念，形成了城市群协调发展的理论框架，并分析了经济、社会、人口、环境、资源系统之间的相互作用机理。其次，针对浙中城市群构建了经济—社会—人口—环境—资源五系统评价指标体系，基于兼顾"功能性"和"均衡性"的综合评价模型、耦合协调度模型从静态和动态两个维度测度2010—2020年浙中城市群子系统综合发展水平及耦合协调度。最后，利用障碍度模型识别阻碍浙中城市群协调发展的影响因素，利用面板向量自回归模型揭示了系统间的动态互动关系。

---

① 本章主要由余达锦和吕瑶瑶执笔完成。

5.1　城市群协调发展研究背景和意义

5.1.1　城市群协调发展研究背景

早在改革开放之初，东部沿海地区受邓小平同志"先富、共富"思想的启发，抢抓改革开放创造的发展机遇，利用自身优越的条件，实现区域经济的迅速发展。而我国中西部地区由于区位条件差、地处偏远、对外开放程度低等，经济发展滞后。中、西部地区与东部沿海地区的贫富差距逐步扩大，区域发展不平衡不协调问题突出，因此，如何缩小区域差距成为摆在我国政府面前的一大难题。在此背景下，从"九五"计划开始，国家就已经明确指出，要改变地区之间发展不平衡的现状，必须以地区的协调发展战略作为根本出路。2003 年，区域协调发展战略作为"五大统筹"之一被正式提出。十八大之后，习近平总书记和李克强总理一直强调要实施区域协调发展战略并加快落实。

随着中国经济由高速增长阶段向高质量发展阶段转变，区域经济发展模式和空间结构正在发生深刻变化。在下一阶段的经济发展中，城市群将成为促进资源在区域间流动、城市化进一步发展以及形成高质量、协调发展的区域发展模式的主要空间支撑。十九次全国人大常委会提出了以城市群为基础的区域协调发展战略，即打造以城市群为核心的大中小城市和城镇协调发展模式。因此，区域协调发展战略包括城市群战略，而城市群协调发展是区域发展的一个重要内容。[240]

我国区域发展的不平衡，不仅存在于东部和中、西部地区之间，而且存在于经济较为发达的东部沿海地区腹地。浙江省是中国东部沿海大省，具有强势的经济实力，但其内部发展并不均衡，与浙东和浙北相比，浙中和浙西的发展水平明显落后。这种情况已经成为制约浙江省乃至整个长三角地区经济社会可持续发展的重要因素之一。浙江省委、省政府在 2006 年 8 月出台的《关于新型城市化的决定》指出当前我国城镇化的主流形态是以城市群为主导的，浙江省应重点打造包括浙中城市群在内的三大核心城市群从而带动全省发展。因此，研究如何促进浙西南地区的城市发展具有十分重大的意义。

5.1.2 浙中城市群协调发展测度研究意义

（1）实践意义

①政府层面。本章提供了识别浙中城市群发展不协调的本质和影响因素的方法，可以协助各级政府机构定位促进其协调发展的切入点，便于制定和实施适当的政策。

②浙江省区域协调发展层面。浙中城市群协调发展水平与浙江省其他两大城市群相比仍较为落后，找出促进其协调发展的关键点和切入点有利于推动区域一体化迈向更高的发展阶段，缩小与浙江东部地区的差距。

（2）学术意义

①本章构建了一套比较完备的经济—社会—人口—环境—资源系统综合发展评价指标体系以及操作性强的评价分析模型，建立了较为系统的城市群协调发展研究体系。

②在一定程度上，本章丰富和完善了城市群协调发展测度的相关模型与理论，为该领域的未来研究提供了必要的理论框架，而且建立的研究框架也可以应用于其他城市群。

5.2 城市群协调发展国内外研究现状

5.2.1 关于城市群研究

国内外研究人员对城市群的概念、类型、模式、机制、空间结构、协调发展等进行了多层面、深层次的研究。本研究梳理的是城市群的内涵和协调发展两方面的相关文献。

（1）城市群内涵

国外对城市群的重视与探讨较早，对城市群发展的相关理论进行了较为系统的研究和总结。霍华德（1898）在 *Garden Cities of Tomorrow* 中首次将"田园城市"这个观念引入人们的视野中，并提出应该从"城市群"的角度来研究城市，认为城市之间应该协调发展。[241]格迪斯（1915）在对英国城市发展的深入研究时指出，"集聚城市"是一种新的城市化形式，它是由于众多的城市功能不受城市边界的限制而蔓延、重叠而形成的"城市区"。这一观点在西方被广泛采用。[242]

在戈特曼都市带理论的引入之后，才有了对我国城市群的深入探讨。不过国内学者在城市群概念的界定上没有形成一致意见，而是从空间布局、城际联系、功能等不同的角度对其进行解释。姚士谋等（1998）从空间布局角度定义城市群是指以一座或两座大型都市为中心，区域内各性质、类型和等级的都市凭借现代交通、综合运输网的可连通性及高度发展的资讯网络，使各都市相互关联，形成一种较为完备的都市聚合体。[243]周一星（1991）将城市群定义为几个中心城市通过交通走廊与周围地区联系而形成的大型城乡一体化地区。[244]肖枫和张俊江（1990）认为城市群是一个由各具特长功能的"姐妹"城市组成的有机网络。[245]

（2）城市群协调发展

20世纪90年代以来，国内外对城市群的关注重点逐渐转移到了协调发展上。戈特曼（1990）的 *Since Megalopolis* 从社会、文化和生态等角度对城市群协调发展进行了全方位的研究，拓展了其内在的含义。[246]在戈特曼的影响下，学术界不断地将经济、社会、制度、文化、信息等要素纳入城市群研究中，对城市群协调发展问题进行了全方位、综合性的探讨。Wackernagel 等（1996）认为都市空间是一种资源，并使用"生态足迹"的概念来说明城市空间利用的节约性。[247]Kunzmann 等（1991）和 Pyrgiotis（2000）注意到了全球的经济融合、信息技术的日益发展以及大型跨国公司的层级结构逐渐成熟，在某种程度上对城市群和地区的协作产生了影响。[248,249]

国内学者也对我国的城市群协调发展进行了研究。覃成林和周姣（2010）提出城市群的和谐发展是一个由内、外部两个因素共同推动的体系秩序逐步形成和整体发展能力逐渐加强的演化历程。[250]方创琳（2009）在综合考量国内外专家提出的各种判定标准以及中国城市群的实际发展情况后给出了确定中国城市群空间范围的标准。[251]魏后凯和高春亮（2011）从市场、补偿、促进、合作、参与和共享六个方面制定了促进区域协调发展的新机制。[252]

5.2.2 关于综合评价指标体系的研究

发展是由经济、社会、人口、资源、环境五个方面构成的大体系造就的，协调发展的本质就是要保证这五大要素的互相推动。[253]城市发展综合评价指标体系建设的相关研究是本章指标体系建设的重要参考依据，故以此为切入点对相关文献展开梳理。

作为国内较早建立系统协调发展模式的学者，廖重斌（1999）从经济和生态环境方面对珠三角地区的协调发展进行了度量。[254] 车冰清等（2012）从经济和社会两个层面选择了 36 个评价指标，得出江苏省经济社会的协调发展指数及所属的协调发展类型。[255] Spiekermann 和 Wegener（2003）、孙晓等（2016）、Li 和 Yi（2020）都认为经济、社会和环境系统之间的协调发展是城市实现可持续发展的必要条件，构建了包括经济发展、社会进步和生态环境三大系统的可持续发展指标体系对各自研究对象的可持续性进行了评价。[256-258] Chen 和 Mao（2014）创建了一个全面的城市发展指标体系，包括经济、社会、环境和资源四个方面共 20 个指标。[259] Liu（2006）、Cai 和 Shang（2009）、Lu 等（2019）认为城市的综合发展能力主要体现在经济、社会、资源环境发展能力、系统协调能力等方面，如何实现人口—经济—社会—资源—环境系统的协调发展已经成为重要课题。[260-262] Ji 等（2021）从人口、社会、经济、资源、生态、环境 6 个方面测度了京津冀地区 2000—2015 年度的发展水平与协调发展程度。[263]

回顾国内外有关城市综合评估的历程，可以发现由于单一指标体系缺乏全面性和合理性，综合指标体系往往被用来评价一个城市的城市发展水平。指标选择从两个系统到三个系统、四个系统、五个系统甚至六个系统，但学者们对于综合指标体系的选择角度方面没有形成统一的标准，多系统的研究相对较少。

5.2.3　关于综合评价方法的研究

如果说研究评价指标体系是为了解决评价中的个性问题，那么研究评价方法则是为了解决共性问题，它侧重于分析评价指标间的相互关系、权重系数的确定等内容，这也是综合评价研究中的一个关键问题。综合评价方法种类繁多，本节将它们大致归纳为以下四类。

（1）定性评价法

定性评价是评价者进行观察、逻辑分析后，用语言或文字描述事件、现象和问题的方法，常见的有专家会议法、直接评分法、德尔菲法等。这种方法带有强烈的主观色彩，在实际中应用较少。田军等（2004）曾在德尔菲调查法的基础上对综合专家评估的问题进行了探讨。[264]

（2）定量评价法

评价对象包含的信息可能是确定的结构化数据，也可能是模糊化、随机化、不确定的非结构化信息，为了处理这些信息，层次分析法[265]、模糊数学法、灰色关联分析、熵值法、人工神经网络法等定量化评价方法应运而生并被广泛应用。覃成林等（2011）利用 Moran′s I 系数、区域经济增长率变化系数和区域经济增长差异系数，运用模糊数学中的隶属度分析法对区域经济发展进行评价。[266]Xu（2021）用灰色关联分析法计算了指标权重，建立了山地生态经济的综合协调发展定量评估系统，实现了对山地生态经济的量化评估。[267]范峻恺和徐建刚（2021）以滇中城市群为例，从环境、经济、社会三个层面建立了城市脆弱度评估系统，并运用熵值分析与 BP 神经网络相结合的方法对滇中城市群的城市进行了脆弱性评价。[268]

除此之外，还有主成分分析、因子分析、聚类分析法等具有较强统计学背景的方法，它们也属于定量评价范围。Tan 和 Lu（2015）运用主成分分析和矢量自回归相结合的研究手段，从定性和定量分析两个方面研究了环渤海地区社会经济与环境的相互影响。[269]周艳超等（2021）采用主成分分析、聚类分析、判别分析等方法对樱桃番茄进行综合评价，为其品质评价提供了新的思路。[270]

（3）目标规划模型评价法

目标规划模型评价法针对多指标决策问题，利用目标规划模型来选择最优评估方案，常见的有 ELECTRE 法、数据包络分析法（DEA）和 TOPSIS法。[271,272]徐林明等（2018）运用 ELECTRE 技术对西部区域内的区域协同创新进行了评估和分析。[273]郭亚军和张晓红（2011）采用 DEA 法对河北省 136个县级市的农业生产效率及其等级变化进行了分析。[274]Torfi（2010）证明了应用模糊层次分析法（FAHP）确定权重，应用模糊 TOPSIS 法对方案进行排序的方法在性能评级不精确的情况下是有效的解决方案。[275]

（4）组合评价法

组合评价方法根据不同评价方法的差异与优点，分别处理指标构建、指标赋权等方面的问题，将多种评价方法结合起来，从而改善评价的效果。由于组合评价法的良好性能，研究者们的研究重点逐渐向此转移，不过目前对于组合方法的研究还处于探索阶段。

沈阳武等（2020）以偏差最小为目标，将主观赋权法和客观赋权法进行组合后对湖南某风电场的无功电压控制能力做了综合评价，并验证了该组合方法的有效性。[276]夏丽霞等（2021）建立了一套融合了 ANN 和模糊综合评价的综合护理评估、决策体系。[277]刘飞和龚婷（2021）分别从高质量发展的五大理念和六个方面建立综合评估指标体系，并运用熵权 TOPSIS 模型来全面评估湖北省的高质量发展。[278]

5.2.4　关于浙中城市群的研究

目前，学术界对浙中城市群的研究主要围绕空间结构、产业结构和发展现状展开。在空间结构方面，吴昕（2008）首次采用城市首位律和城市流强度模型分析了城市集聚和分散对浙中地区城市集聚的影响，确定了重点城市，研究了浙中地区城市集聚的空间结构，并提出对策。[279]李王鸣等（2009）从人流指数和出行目的指数两个指标出发，定量测度了浙中城市群空间结构及其内在功能联系的时间演化特征。[280]在产业结构上，周明仙（2008）详细地研究了浙中城市群的产业结构、现状，并从产业结构调整的视角研究了浙中城市群的发展战略。[281]张兆昕和陈雄（2014）结合经济增长部门分析模型和内外比较研究，展示了 2004—2012 年浙中城市群的三次产业结构变迁并分析了其对经济的影响，认为第三产业将成为浙中城市群的潜在经济引擎。[282]针对浙江中部城市的发展现实，刘晓峰（2008）从空间整合、产业整合、市场整合、基建整合等角度，探讨了加强浙中地区经济发展的需要和现实意义。[283]王慧君等（2016）从浙江中部地区的互联互通角度出发，构建了包括经济联动指数、交通联动指数、物流联动指数、信息联动指数和金融联动指数在内的指标体系，评价浙江中部城市群的发展程度。[284]石小伟等（2020）运用 1996—2016 年度 5 期卫星图像资料对浙中地区的土地利用总体格局演化特点进行了评价，并对各阶段土地使用的生态风险进行了分析。[285]

5.2.5　城市群协调发展国内外研究文献述评

通过对国内外相关文献的回顾、梳理，发现国外关于城市群及城市群协调发展的研究由来已久，为我国学者对城市群的研究做出了重要的铺垫。经过中外专家的不断探索，逐步形成了多元、全面的城市群综合发展评价体系。综合评价的方法大体可分为定性法、定量法、多目标规划法和组合评价法，而组合评价法是目前的一个热门课题。目前对于城市群协调发展的研究还存在以下不足：

第一，目前更多关注的是经济、社会、人口、环境和资源其中两个到四个系统协调的问题，缺少五个体系的协调与互动关系的实证分析以及在静态和动态视角下的耦合协调演变研究。

第二，在城市发展综合评价的研究中，虽然已有部分学者将研究重点转向组合评价方法的研究上，还是有不少学者还是采用单一的评价方法，而且研究得较多的是静态综合评价问题。然而，仅在某一特定时间点上评判协调发展而忽略了它在时间维度上的动态特征，显然是不够全面的。而且大多数学者在分析城市的发展水平或者协调发展水平的时间变化时采用的是适用于截面数据的方法，并没有针对其在时间维度上的特征做相应改动。

第二，国内现有研究的对象主要是我国相对成熟的大型城市群，而对浙中城市群这样的小型城市群的研究比较薄弱和分散，且主要集中在空间结构和产业研究方面，缺乏系统性的研究，尤其缺乏在协调发展方面的研究。

鉴于此，本章将用考虑时间因素的动态综合评价法对 2010—2020 年浙中城市群经济—社会—人口—环境—资源系统的发展水平与协调发展情况进行测度分析，挖掘其存在的问题，并给出相应的对策和建议。

5.3　城市群协调发展相关概念界定、理论基础与 PREES 系统作用机理分析

5.3.1　相关概念界定

（1）城市群

目前在国外广泛应用的是格迪斯提出的"集合城市"的概念，即城市职能跨越城市边界后各城市之间的联系越来越紧密而形成的一种发展格局。20世纪 80 年代，城市群的概念和相关理论被引入中国，国内学者随即展开研究。1980 年宋家泰提出"多经济中心城区"的概念，同年，周一星推出"都市连绵区"概念。当前国内公认的都市群概念是由姚士谋提出的。他指出，城市群是在一个地理区域内，不同性质、大小和规模的城市通过先进的交通工具、便捷的交通网络和高度发达的互联网产生联系而形成的集合体。[286]

（2）城市群协调发展

中国学术界目前对"城市群协调发展"含义的研究分为两部分。一是从系统的角度来看，一个城市群被视为一个由若干子系统组成的综合系统。协调发展就是各子系统为了实现整体发展目标相互制衡，最终形成一个稳定、和谐的发展状态。二是从群内城市的角度来看，城市群的协调发展是政府和市场合作，实现当地资源要素的合理配置、产业分工和环境保护，从而实现城市群一体化发展的过程。

本研究给出的定义是：城市群协调发展是经济、社会、人口、环境和资源五个子系统内部和它们之间相互促进和协调的良性循环，包括系统之间的相互作用、内部城市之间的关系、差异和演变趋势等方面的内容。

5.3.2　城市群协调发展理论基础

（1）增长极理论

法国经济学家佩鲁（Perroux，1955）提出的增长极理论被认为是西方区域经济学中区域主义思想的基石，它是以经济空间为基础的。佩鲁认为，在现实中，平衡的经济增长是难以实现的，经济的增长是一个从局部到整体的渐进过程。这是一个较强增长点对其他地区产生影响并扩散，最终影响到整个经济的过程，这些增长点就被称为"增长极"。[287]而布代维尔（Boudeville，1966）将增长极理论引入区域经济学，他将增长极定义为具有可扩展结构的城市综合体，并有能力管理和指导自身周围的限定区域。[288]经过弗里德曼（Friedman，1972）、米尔达尔（Myrdal，1957）和其他众多经济学家对这一理论的丰富和发展，区域增长极理论已成为区域研究中的主导观点。[289,290]

（2）协同发展理论

协同发展理论是20世纪70年代从跨学科研究中出现并发展的一门新学科，是城市群协调发展的理论基础与依据。1971年哈肯（Haken）首次对协同理论做了较全面的阐述。[291]哈肯相信，环境中存在着不同的系统，它们可能具有非常不同的属性，但它们之间会相互影响，产生关系。当达到一定的外部能量阈值或一致性状态时，每个系统都会出现协同效应。根据协同理论，所有的子系统都是相互关联的，也就是说，它们是相互关联的，并以某种方式相互影响。这种协同作用可以使系统在一个关键点上发生质的变化，使系统从无序转变为有序，从而使系统从混乱走向稳定。

（3）可持续发展理论

可持续发展的概念产生于人们对环境问题的日益关注和认识。1962 年，美国生物学家卡尔森的《寂静的春天》一书引发了一场关于发展概念的科学辩论。沃德和杜博斯的《只有一个地球》和麦多斯《增长极限》将对人类生存和环境的理解提高到了一个新的水平。[292] 1992 年的联合国环保和发展会议是一个公认的推行可持续发展的信号。

可持续发展有三个主要组成部分：第一，环境可持续性。为了在生态环境中满足社会和经济发展日益增长的需要，以可持续的方式维护生态环境。第二，社会可持续发展。提高人们的生活质量，创造更好的生活条件。第三，可持续的经济发展。经济发展的数量和质量缺一不可。可持续发展是实现区域协调发展的主要理论来源。协调发展为实现人类社会的可持续发展提供了新的思路和方法论指导，可持续发展又为区域协调发展指明了方向。正如吴殿廷等人所说，可持续发展是区域协调发展的先决条件。[293]

5.3.3 PREES 系统作用机理分析

单个城市和城市群都可被视为是由经济、社会、人口、环境和资源五大系统组成的复杂综合系统（PREES 系统），城市（群）的发展是各大子系统之间相互配合作用的结果。每个子系统本身都是独立的，但它们之间又相互依傍、牵制，唯有厘清它们之间的内在逻辑，才能促进五大体系的和谐发展。

（1）经济子系统——核心

经济子系统是城市群发展的核心。只有当一个地区的经济发展达到了一个相当大的规模时，它才能为教育和科研事业提供充足的资金支持，才能为环境治理和资源利用、生活水平提高、生活条件改善和社会进步提供技术支持。因此，一个地区的发展就是一个不断提高经济复原力和整体竞争力的过程。城市群经济发展一方面需要资本、技术、信息等要素的高度集中，另一方面也需要城市对周边地区产生强大的拉动和辐射作用。

（2）社会子系统——支撑

社会系统是城市群发展的支撑。一个城市只有拥有优良的公共服务和基础设施才能吸引高技能的劳动力和输出技能，从而改善经济结构，提高资源利用效率，实现人类的整体发展和全面的社会进步。社会子系统是保证城市居民生活水平，确保经济子系统持续稳定运行，提高经济子系统抵御风险的能力和平抑大幅波动的能力的重要载体，是提升人们对环境保护的认识、促进环境子系统健康发展的重要手段。在未来的发展过程中，也应该努力提升社会系统，要注重改善基础建设、改善城市功能等要素，营造一个舒适的发展空间。

（3）人口子系统——动力

人口是城市群发展的动力。中国城市化进程加快，大量人口的迁入为城市提供了大量劳动力，使城市经济得以增长和发展，从而吸引大量资本投资，促进工业现代化。人力资源带来的科技创新和技术进步是城市的主要竞争力，它不仅能提高经济发展的质量和速度，还能帮助改变落后的生产和生活方式。但城市应该将人口的扩张限制在自身资源环境和社会制度的承载能力之内。一旦城市不能满足大规模人口的需求，就会反过来对城市和城市群的可持续发展造成障碍。人口过剩使经济系统紧张并限制其发展，在就业和消费方面给社会系统带来压力，给资源和环境子系统造成负担。

（4）环境子系统——平台

环境系统是城市群发展的平台。在工业化不断推进和城市化逐步提高的背景下，人们对生活环境质量的要求和环境污染的矛盾日益凸显。当人为造成的环境退化超过一定的阈值时，就会引发环境系统的崩溃，致使整个城市群的发展不可持续。只有将产业绿色化，加强环境管理，保护生态环境，保证环境系统的良好运行，城市才能吸引更多的人口和经济要素，为环境管理和改善提供必要的资金和技术支持。

（5）资源子系统——基础

资源是城市群发展的物质基础。资源禀赋丰富和资源利用高效是城市群协调发展的重要条件。资源是人类加工、改造和使用的对象。如果没有人类的社会经济活动，自然资源无法发挥其效用和价值。然而，快速的经济、人口增长，导致了人均自然资源的减少和资源消耗的增加。大多数资源是不可再生的，是有限的，以牺牲资源为代价的发展是不可持续的。因此，如何实现资源利用和人类对物质资源需求之间的平衡，是我们当前必须解决的主要矛盾之一。在人口众多、生产要素众多的城市群中，如何从有限的资源中创造更多价值，是城市群未来发展的关键问题之一。

总之，经济、社会、人口、环境和资源系统的和谐发展需要正确理解各子系统之间的协同作用，这也是本章的研究目的。

5.4 浙中城市群概况与现状分析

5.4.1 浙中城市群空间范围界定

根据《浙中城市群规划（2008—2020）》，浙中城市群包含金华市域的金东区、婺城区、义乌市、东阳市、永康市、兰溪市、浦江县、武义县和磐安县共9个县（市、区），以及衢州市的龙游县、丽水市的缙云县。但从地理位置、经济基础、文化和历史等方面看，金华在浙江省内占据重要位置，是促进浙中地区协调发展的重要推动力量。另外，衢州和丽水两市的统计年报中有一些需要的资料出现了较大的空缺，与金华市统计年报中的资料也有一定的差异。基于上述两个原因，本章将浙中城市群的空间范围定义为金华市的9个县（市、区），且将金东区和婺城区合并为金华市区，所以只有8组相关研究数据。

5.4.2 浙中城市群发展现状分析

5.4.2.1 浙中城市群经济现状

（1）外部比较

根据从《2021浙江省统计年鉴》中摘录的相关数据，2020年浙江省生产总值为64756亿元。其中，环杭州湾城市群生产总值44739亿元，占全省总量的69.09%；温台城市群生产总值12134亿元，占比18.74%；浙中城市群生产总值4704亿元，占7.26%，与其他两大城市群存在较大差距，特别是经济份额最高的环杭州湾城市群，两者差距接近十倍，如表5.1所示。由此可见，浙江省内的经济存在严重不协调现象。

表 5.1　2020 年浙江省三大城市群基本情况

城市群	年末常住人口（亿人）	土地面积（万平方公里）	GDP（亿元）	全省占比（%）	人均 GDP（万元）
环杭州湾城市群	0.3661	4.644	44739.000	69.090	12.200
温台城市群	0.1621	2.219	12134.000	18.740	7.470
浙中城市群	0.071	1.094	4704.000	7.260	6.650

注：由于统计口径的不同，相关数据略有差异。

以杭州和宁波为代表的浙江东北部地区处于长江三角洲一体化的核心地带，具备经济发展的条件，吸引了越来越多的人才。截至 2020 年年底，环杭州湾城市群土地面积 4.64 万平方公里，常住人口达到 0.3661 亿。温台城市群面积 2.22 万平方公里，常住人口 1621.40 万，这两个指标均约为环杭州湾城市群的一半。但前者拥有 6 个城市，后者仅包含温、台两市，其中离不开温州商业的发展。

（2）内部比较

①经济稳步增长

自发展浙中城市群的重要决策实施以来，浙中城市群开始了它的崛起之路。在过去的 11 年里，浙江中部城市群的经济发展是成功的。2020 年 GDP 为 4704 亿元，占浙江省生产总值的 7.26%，与 2010 年（2101.13 亿元）相比，同比增长了 123.88%，如图 5.1 所示。

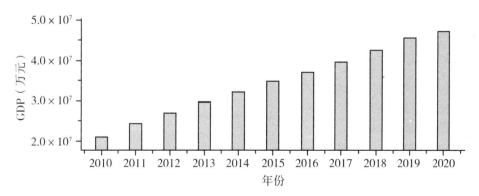

图 5.1　2010—2020 年浙中城市群生产总值柱状图

通过比较 2020 年浙中地区各县市主要经济指标（见表 5.2），发现义乌虽然是一个县级市，但其各项指标却远超金华，中心城市地位显著，成为浙中区域经济发展的龙头。此外，永康市和东阳市的发展水平仅次于义乌和金华市区，且与武义、浦江、磐安三县及兰溪市之间存在较大的差距。由此可见，到2020年，浙中区域已经形成了以金华、义乌为增长极的经济格局。

表5.2　2020年浙中城市群主要经济指标

区县	年末常住人口（万人）	人均GDP（元）	社会消费品零售总额（亿元）	财政收入（亿元）
金华市区	146.63	63，083.00	693.32	162.78
兰溪市	57.57	69，612.00	147.93	49.06
义乌市	186.24	81，147.00	946.25	162.27
东阳市	108.97	59，218.00	283.52	123.73
永康市	96.58	66，867.00	308.35	94.07
武义县	46.32	59，075.00	98.56	44.71
浦江县	46.15	50，870.00	97.39	29.61
磐安县	17.74	67，907.00	36.62	18.28
浙中城市群	706.20	64，722.38	2611.94	684.51

注：由于统计口径的不同，相关数据略有差异。

②产业结构优化

从浙中区域三次产业比重变化图5.2和图5.3来看，2010年金华全市的产业是"二三一"的结构，而2020年升级为"三二一"高级化结构。2010年只有金华和义乌是"三二一"结构，2020年，东阳、浦江和磐安也加入了该行列，并且第三产业比重超过了50%，而金华和义乌已经超过60%。在所有县市中，磐安县的第一产业份额明显高于其他县市，不过2020年比重较2010年也有所下降。总的来说，金华各县市产业发展较为协调，且均在朝着"三二一"结构发展。

③开放水平提升

"一带一路"开辟了新的外贸通道，"义新欧"班列创新"双平台"运行，城市群开放水平显著提升。城市群进出口总额从2010年的131.99亿美元增加到2020年的701.19亿美元，年均增长39.21%（按当年平均汇率折算）。其中，外贸出口年均增长40.48%，进口年均增长23.96%。2020对全省出口贡献率达26.39%，居全省首位。实际使用外商投资额从2010年的3.53亿美元降至 2020 年的 3.25 亿美元，年均降低 0.704%。

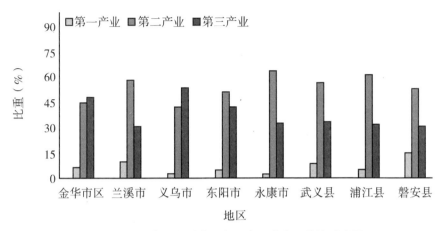

图 5.2 2010 年浙中城市群各县市三次产业结构对比图

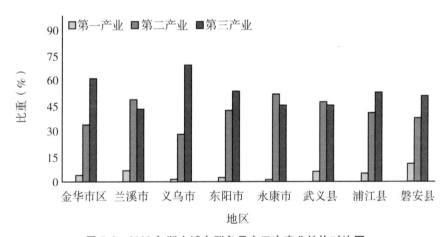

图 5.3 2020 年浙中城市群各县市三次产业结构对比图

5.4.2.2 浙中城市群社会现状

（1）人民生活水平提高

居民收入保持较快增长，生活水平进一步提高。2020 年，城镇常住居民人均可支配收入 6.15 万元，是 2010 年的 2.37 倍；农村常住居民人均可支配收入为 3.04 万元，是 2010 年的 2.98 倍。农村家庭人均消费支出为 2.01 万元，城市家庭人均消费支出为 3.68 万元，与 2010 年相比，分别增长了 116.36% 和 118.26%。

社会保障体系逐步健全。养老保障作为重点民生问题推进，2020 年全市职工和城乡养老保险参保人数超 392 万人，参保率达 97.4%。在失业保障方面，全面落实《关于做好就业保障和人才稳定工作的 12 条意见》，城镇新增就业 26.64 万人，失业率 1.63%，远低于省控线。在医保方面，2020 年基本医保覆盖 520.48 万人。此外，对于需要社会救助的人群发放了 4 万多份抚恤金和最低生活保障金。

（2）公共服务品质提升

文化教育事业蓬勃发展。2020 年城市群的 11 个公共图书馆拥有的藏书量达 530.2 万册。各级各类全日制学校 1927 所，在校生 114.51 万人，十五年教育普及率达 99.61%。随着中国计量大学现代科技学院等高等院校入驻，城市群在高等教育方面取得了突破性进展。医疗卫生水平持续改善。2020 年全市录入卫健系统的医疗卫生机构共有 4332 家，每万人可使用床位数约为 50 张，每万人拥有专业卫生技术人员 72.41 人。近年来随着经济的发展，浙中城市群医疗服务水平提高，人民的健康得到保障。

5.4.2.3　浙中城市群人口现状

（1）人口规模

浙中城市群虽然经济实力不突出，但人口规模庞大且增速快。2020 年金华市人口突破 700 万，在浙江省内排名第四，并且凭借 2.78% 的年均人口增长率位列全省第二，超越了上一个 10 年全市和全省的人口增幅。

（2）人口结构

人口年龄结构的特点是"老、少"人口比例增加。与 2010 相比，0～14 周岁的人口比重增长了 0.07%，但与此同时，城市群内出现了老龄化加重的现象，60 岁以上的老年人口比重增长了 2.51 个百分点。在城乡人口构成方面，城市化进程继续加快，城市人口占比达到 68.19%，比 10 年前高出将近 10 个百分点。

（3）人口素质

金华市人口素质持续提升，具有本科学历的人口比例从 2010 年的 6.9% 增至 13.4%，增长了一番。市内 15 岁及以上人口平均受教育年限在 9 年以上，较 10 年前提高 1 年左右。文盲率由 2010 年的 5.22% 降至 2.93%，下降 2.29 个百分点。

5.4.2.4　浙中城市群环境现状

（1）污染防治攻坚成效显著

金华大力实施"五水共治""蓝天保卫"、土壤污染防治、节能减排等专项行动，污染防治取得显著成效。2020 年排放城市污水 1.08 亿立方米，污水处理率为 97.3%。生活垃圾分类处理取得成效，城乡垃圾回收率 55.6%，无害化处理率达 100%。土壤污染治理工作有序进行，污染土壤重新利用率达 100%。

（2）生态环境质量持续改善

金华认真贯彻落实绿色发展理念，把生态文明作为千年大计，生态文明建设成效显著，全市公众对环境质量的满意度再创新高。2020 年，浙中城市群水环境质量一直保持稳中求优，人们日常饮用水的来源地水质全部达标。空气质量持续改善，全市空气质量指标达到国家标准，空气质量优良率为 92.1%。

5.4.2.5　浙中城市群资源现状

（1）水资源

浙江中部城市群属于中度缺水地区，2020 年人均水资源拥有量仅为 1514.2 立方米，达不到全省乃至全国的平均水平。各个城市由于降雨量、地形和区域面积的不同，水资源总量也大不相同。除了武义和磐安水资源丰富外，其他地区，特别是义乌，都有不同程度的缺水问题。浙中城市群的水资源特点是：①人均水资源拥有量少，且时空分布不均；②各县市水资源跨区域调度缺乏资金、技术支持；③水环境形势严峻，水污染程度不一，水质偏低；④工业、农业用水循环利用程度低；⑤一个综合的水资源管理、分配和开发机制还没有建立起来。

（2）土地资源

金华市位于浙中丘陵盆地区，山地、丘陵较多，城镇人口密集、分布集中，农村分布比较散乱。截至 2020 年，浙中城市群土地面积 1.09 万平方公里，森林覆盖率 61.85%；建设用地面积 3.91 万公顷，占总土地面积的 35.77%；绿地面积 1.97 万公顷，占总土地面积的 1.80%；农作物播种面积 17.71 万公顷，占总土地面积的 18.18%。

浙中城市群土地资源的特点和存在的问题有：①单位面积土地创造的经济价值有待提高；②建设用地利用效率不高；③城市建设占用耕地，粮食产量和安全受到威胁。

5.5 浙中城市群协调发展评价指标体系及模型构建

5.5.1 评价指标体系的构建

5.5.1.1 指标体系的构建原则

（1）科学性原则

构建指标体系不是随意堆放几个指标，而是要了解这些指标的内涵和内在逻辑关系，以相关的理论为基础，结合浙中城市群的发展实际科学地选择指标。

（2）系统全面性原则

协调发展是一个系统的概念，本章从经济、社会、人口、资源和环境五个维度提出构建浙江城市群协调发展的评价指标体系，每个维度的指标又由多个领域的指标构成。因此，为了充分体现浙中城市群协调发展的现实，有必要从不同领域和方面选择有代表性的指标，以便尽可能多地保留相关信息。

（3）可操作性原则

指标体系旨在衡量协调发展水平，因此在选择指标时必须考虑指标的可操作性，而不是盲目地选择那些理论上有意义但在实践中难以操作的指标。具体体现在两个方面：首先，所有的指标数据都可以通过可靠的渠道获得，以确保数据的准确性；其次，必须是能进行量化处理的定量指标，因为指标体系是用来量化发展水平的。

5.5.1.2 浙中城市群协调发展评价指标体系的建立

为了保证研究的全面性，又避免与第 4 章的重复，本章研究从经济、社会、人口、资源和环境五个方面搜集、归纳和总结相关文献，参考指标体系构建的原则，根据"创新、协调、绿色、开放和共享"的新发展理念，结合研究区的实际情况，选择代表各子系统的指标。

经济子系统指标的选择可以从经济质量、经济结构、经济效率和经济开放五个方面来考虑。当前，我国经济发展的重心已经从速度转向质量，但速度仍然是一个重要的参考标准，因此，选择人均 GDP 和 GDP 增长率这两个指标作为衡量经济发展质量的代表指标。在经济结构方面，参照熊银升

（2021）、王文举和姚益家（2021）、凌连新和阳国亮（2021）、李芳林和李明地（2021）的研究成果[294-297]，选择产业结构高级化指数和产业结构协调性指数作为代表性指标。在经济效能的研究中，采用了投入产出比作为一个典型的衡量标准。最后，根据浙江中部城市群的经济开放现状和开放发展理念，选择了人均社会消费品零售额衡量对内开放程度，并参照谭赛的研究，选择外贸依存度和外资开放度两个指标作为对外开放的代表性指标。[298]

从人民生活和公共服务两个方面选择社会子系统指标。以城乡居民人均年末存款余额、城镇居民人均可支配工资、农村居民人均纯收入、养老保险参保率[299]、每万人最低生活保障线以下人数[300]等 5 项指标展现人民生活水平。为使该指数反映出协调发展的思想，以城乡居民收入水平比取代城镇居民人均可支配工资和农村居民人均纯收入。[301]用每万人民用汽车拥有量[302]、互联网普及率[303]、每万人图书馆藏书数、每万人医疗机构床位数代表社会交通、通信、文化、卫生四大领域的公共服务。

人口子系统的指标选自人口规模、人口结构和人口质量三个方面。人口密度和人口自然增长率这两个指标分别代表人口规模中的分布和增长情况。其次，人口结构是以城镇人口占比、三产从业人员占比和 18~60 岁人口占比为代表的。最后，人口素质反映在义务教育普及率和每万人拥有专业技术人员的人数上。[304]

环境子系统的指标选择主要基于环境污染、环境治理和环境保护三个方面。工业三废的排放往往是环境污染的主要来源，所以我们以单位 GDP 工业废水排放量[305]、单位 GDP 工业废气排放量和单位 GDP 工业烟（粉）尘排放量作为环境污染的代表指标。环境治理是指对生活垃圾、工业固体废弃物等污染物的处理和利用，由于生活垃圾无害化处理率数据方差较小，不适合研究，因此选择一般工业固体废弃物综合利用率作为环境治理的代表。在净化环境之后，还应该加强环境保护，故以人均公园绿地面积和建成区的绿化覆盖率作为环境保护的指标。[306]

资源子系统指标涵盖资源禀赋和资源利用两方面。资源禀赋是指在研究领域可利用的发展资源，由于收集数据的困难，本文从自然资源（水资源和土地资源）的角度选择了人均建成区面积、人均水资源拥有量和人均农作物播种面积三个指标。[307]在资源利用领域，由于每个城市的人口和规模不同，选择了两个指标来显示资源利用情况，分别是单位 GDP 电耗和单位 GDP 水耗。[308,309]

在此基础上，制定了一套由 5 个一级指标、14 个二级指标和 34 个三级指标组成的浙中城市群协调发展评价指标体系（表 5.3）。在选取三级指标时为了突出"协调"的特点，尽可能地避免了绝对指标，选取的指标大多是人均、占比等相对指标，相比绝对指标，相对指标更具可比较性。

表 5.3 浙中城市群协调发展评价指标体系

系统层	准则层	指标层	单位	属性	编号
经济	经济质量	人均 GDP	元/人	正	J1
		GDP 增长率	%	正	J2
	经济结构	产业结构高级化指数	无	正	J3
		产业结构协调指数	无	负	J4
	经济效率	投入产出比	无	正	J5
	经济开放	人均社会消费品零售总额	元/人	正	J6
		外贸依存度	%	正	J7
		外资开放度	%	正	J8
社会	人民生活	城乡居民人均年末存款余额	元/人	正	S1
		城乡居民收入水平比	无	负	S2
		养老保险参保率	%	正	S3
		每万人最低生活保障线以下人数	人	负	S4
	公共服务	每万人民用汽车拥有量	辆	正	S5
		互联网普及率	户	正	S6
		每万人图书馆藏书数	册	正	S7
		每万人医疗机构床位数	张	正	S8
人口	人口规模	人口密度	人/平方公里	负	R1
		自然增长率	%	负	R2
	人口结构	城镇人口占比	%	正	R3
		三产从业人员占比	%	正	R4
		18~60 岁人口占比	%	正	R5
	人口质量	义务教育普及率	人	正	R6
		每万人专业技术人员数	人	正	R7

系统层	准则层	指标层	单位	属性	编号
环境	环境污染	单位 GDP 工业废水排放量	吨/万元	负	H1
		单位 GDP 工业废气排放量	标立方米/万元	负	H2
		单位 GDP 工业烟（粉）尘排放量	千克/万元	负	H3
	环境治理	一般工业固体废弃物综合利用率	%	正	H4
	环境保护	人均公园绿地面积	平方米/人	正	H5
		建成区绿化覆盖率	%	正	H6
资源	资源禀赋	人均建成区面积	平方米/人	正	Z1
		人均水资源拥有量	立方米/人	正	Z2
		人均农作物播种面积	平方米/人	正	Z3
	资源利用	单位 GDP 电耗	千瓦时/万元	负	Z4
		单位 GDP 水耗	立方米/万元	负	Z5

5.5.2　浙中城市群协调发展评价模型的构建

5.5.2.1　WAA-WGA 静态评价模型

静态综合评价中的线性、非线性模型都是基于指标性能的信息集结方法，基本思想是将多个指标转化为一个能够反映综合情况的指标来进行评价。线性模型突出局部优势，观测值大的指标对评价结果的影响很大，长期使用这种模型会导致评价对象"畸形发展"。非线性模型削弱局部优势，观测值小的指标会拖评价结果的"后腿"，长期使用这种模型能促进评价对象全面、协调发展。所以，将这两种方法结合在一起，得出的结论将更切实可信。具体程序如下。

（1）指标数据标准化

为消除量纲差异对评价结果的影响，采用极差法对各指标进行无量纲化处理，并对其加上 0.001 进行平移处理。

对于正向指标：

$$x_{ij}'(t\theta) = \frac{x_{ij}(t\theta) - \min\limits_{i \in n}\{x_{ij}(t\theta)\}}{\max\limits_{i \in n}\{x_{ij}(t_\theta)\} - \min\limits_{i \in n}\{x_{ij}(t_\theta)\}} + 0.001 \qquad (5.1)$$

对于负向指标：

$$x'_{ij}(t\theta) = \frac{\max\limits_{i \in n}\{x_{ij}(t\theta)\} - x_{ij}(t\theta)}{\max\limits_{i \in n}\{x_{ij}(t_\theta)\} - \min\limits_{i \in n}\{x_{ij}(t_\theta)\}} + 0.001 \tag{5.2}$$

（2）熵值法确定指标权重

熵值法的基本思想是根据指标的变化程度来分配客观权重。一般来说，一个指标的熵越低，其数值的变异性越大，它提供的信息越多，在整体评估中的意义越大，其权重也越大。

第一步，计算第 i 个被评价对象在 θ 时刻第 j 项指标的特征比重。

$$p_{ij}(t_\theta) = \frac{x'_{ij}(t_\theta)}{\sum\limits_{i=1}^{n} x'_{ij}(t_\theta)} \tag{5.3}$$

式中，$x'_{ij}(t_\theta) > 0$，$\sum\limits_{i=1}^{n} x'_{ij}(t_\theta) > 0$。

第二步，计算 θ 时刻第 j 项指标熵值。

$$e_j(t_\theta) = -k \sum\limits_{i=1}^{n} p_{ij}(t_0) \ln p_{ij}(t_\theta) \tag{5.4}$$

式中，熵值 $e_j(t_\theta) \in [0, 1]$，参数 $k = \dfrac{1}{\ln n} > 0$。

第三步，计算 θ 时刻指标 x'_{ij} 的差异性系数比。

$$d_j(t_\theta) = 1 - e_j(t_\theta) \tag{5.5}$$

第四步，计算 θ 时刻 m 个指标的总权重 $w_j(t_\theta)$。

$$w_j(t_\theta) = \frac{d_j(t_\theta)}{\sum\limits_{j=1}^{m} d_j(t_\theta)} \tag{5.6}$$

（3）在 WAA-WGA 算子下的静态综合评价

加权算术平均算子（WAA 算子）：

$$y^{(11)}(t_\theta) = \sum\limits_{j=1}^{n} w_j(t_0) \times x'_{ij}(t_\theta) \tag{5.7}$$

加权几何平均算子（WGA 算子）：

$$y^{(12)}(t_\theta) = \prod\limits_{j=1}^{n} x'_{ij}(t_\theta)^{w_j(t_\theta)} \tag{5.8}$$

WAA-WGA 算子：

$$y_i^{(1)}(t_\theta) = \alpha_1 y^{(11)}(t_\theta) + \alpha_2 y^{(12)}(t_\theta) \tag{5.9}$$

式中，α_1、α_2（$\alpha_1 \geq 0$，$\alpha_2 \geq 0$，$\alpha_1 + \alpha_2 = 1$）的含义是线性模型和非线性模型在组合模型中所占的比重。

5.5.2.2 TOWA-TOWGA 动态评价模型

在常规的综合评估中，人们普遍关注于某个特定时期被评估目标的发展状态，然而在实践中，决策者更关注的往往是某段连续时间内的发展和改变。因此，研究者们将时间因子纳入了传统的静态综合评估问题中，以实现在一定时期内研究被评估对象发展与改变状况的目标，这就是动态综合评价。本章研究的数据是面板数据，在研究浙中城市群协调发展的时候采用静态评价模型会忽视时间序列的动态性特点，因此在静态评价的基础上需引入 TOWA-TOWGA 算子作为时序加权的测度模型。

有序加权平均算子（OWA）是美国著名学者 Yager 于 1988 提出的一种集合多项决策信息的，能够有效地对数据信息分析进行聚合的方法。[310] 1999年，Yager 推出了一个基于 OWA 的诱导序列加权平均算子（IOWA）。[311] 此后，又有其他研究人员提出了有序加权几何平均算子（OWGA）和组合加权几何平均算子（CWGA）。[312] 本章用到的时间加权平均（TOWA）算子和时间几何平均（TOWGA）算子是由中国学者郭亚军在引入时间序列后提出的，他认为将两者结合将会更符合事实。[313]

时序算子的原理是将面板数据中的每个元素看作是时间分量和数值分量的集合。令 $N = \{1, 2, \cdots, n\}$，$\langle u_i, a_i \rangle$（$i \in N$）是由时间分量 u_i 和数值分量 a_i 组成的集合，n 维 TOWA 算子的定义式为：

$$F(\langle u_i, a_i \rangle, \cdots, \langle u_n, a_n \rangle) \sum_{j=1}^{n} w_j b_j \tag{5.10}$$

式中，$W = (w_1, w_2, \cdots w_n)^T$ 是时间向量，$w_j \in [0, 1]$，且 $\sum_{j=1}^{n} w_j = 1$。

TOWGA 算子的定义式为：

$$G(\langle u_i, a_i \rangle, \cdots, \langle u_n, a_n \rangle) \prod_{j=1}^{n} b_j^{w_j} \tag{5.11}$$

TOWA-TOWGA 混合算子定义式：

$$Y(\langle u_i, a_i \rangle, \cdots, \langle u_N, a_N \rangle) = \beta_1 F + \beta_2 G \tag{5.12}$$

则被评价对象 i 在研究期内的综合评价值为：

$$Y_i = \beta_1 F_i + \beta_2 G_i \tag{5.13}$$

其中，$\beta_1 = \dfrac{\sigma_1}{\sigma_1 + \sigma_2}$、$\beta_2 = \dfrac{\sigma_2}{\sigma_1 + \sigma_2}$。$F_i$、$G_i$ 分别表示对象 i 在考察期内的 TOWA 算子、TOWGA 算子，σ_1 与 σ_2 分别代表两种算子的离差平方和。

在了解原理后，按照以下步骤进行动态全面评价。

（1）构建时序立体数据表

本章研究数据为 2010—2020 年浙中城市群的县域面板数据，需要构建由评价对象、评价指标和时间构成的三维时序立体数据表对同一指标的数据进行统一处理。

假设在 T 个时间段 $T= \{t_1, t_2, \cdots, t_T\}$ 内，有 m 个评价指标 $X= \{x_1, x_2, \cdots, x_m\}$ 被用来评价 n 个对象 $S= \{s_1, s_2, \cdots, s_n\}$。三者构成了一个时序立体数据表（表5.4），其中 $x_{ij}(t_\theta)$ 为在第 t_θ 时刻第 i 个评价对象的第 j 个指标的观测值。θ 表示年份，T 是研究期长度，本章研究的时间是 2010 年至 2020 年，故 $T=11$；i 表示地区，共有 8 个县市（区），故 $n=8$。

表5.4　时序立体数据表

	t_1	t_2	$\cdots$	t_T
	$x_1, x_2, \cdots, x_j$	$x_1, x_2, \cdots, x_j$	$\cdots$	$x_1, x_2, \cdots, x_j$
s_1	$x_{11}(t_1), x_{12}(t_1), \cdots, x_{1j}(t_1)$	$x_{11}(t_2), x_{12}(t_2), \cdots, x_1 j(t_2)$	$\cdots$	$x_{11}(t_T), x_{12}(t_T), \cdots, x_{1j}(t_T)$
s_2	$x_{21}(t_1), x_{22}(t_1), \cdots, x_{2j}(t_1)$	$x_{21}(t_2), x_{22}(t_2), \cdots, x_2 j(t_2)$	$\cdots$	$x_{21}(t_T), x_{22}(t_T), \cdots, x_{2j}(t_T)$
$\vdots$	$\vdots$	$\vdots$	$\cdots$	$\vdots$
s_n	$x_{i1}(t_1), x_{i2}(t_1), \cdots, x_{ij}(t_1)$	$x_{i1}(t_2), x_{i2}(t_2), \cdots, x_{ij}(t_2)$	$\cdots$	$x_{i1}(t_T), x_{i2}(t_T), \cdots, x_{ij}(t_T)$

（2）非线性熵值规划法确定时间权重

要计算出一定时期的综合测量值，必须对各个时段的测量值进行综合，其中最重要的是要建立一个科学的权向量。利用信息熵值的非线性规划法可以有效地区分各个阶段的重要性，并能有效地防止因过分追求时序差别所引起的测量失效。利用信息熵的基本思想，建立了一个熵值指标，并用时间度来体现不同时间的重要性，它越大说明研究者对近期数据越重视，以此刻画出时序对测度结果的影响程度。

表5.5　时间度 λ 取值参考表

λ 取值	说明
0.1	非常重视近期数据
0.3	较重视近期数据

λ 取值	说明
0.5	同样重视所有时期数据
0.7	较重视远期数据
0.9	非常重视远期数据
0.2、0.4、0.6、0.8	对应以上两相邻判断的中间情况

时间向量 $\gamma = (\gamma_1, \gamma_1, \cdots, \gamma_T)^T$ 的求解方法是使得时间向量的熵最大时求解以下线性规划方程。

$$\begin{cases} \max\left(-\sum_{\theta=1}^{T} \gamma_\theta \ln \gamma_\theta\right) \\ s.t. \lambda = \sum_{\theta=1}^{T} \frac{r-\theta}{r-1}\gamma_\theta \\ s.t. \left\{ \sum_{\theta=1}^{T} \gamma_\theta = 1 \right. \\ \gamma_\theta \in [0,1] \\ \theta = 1,2\cdots T \end{cases} \tag{5.14}$$

（3）TOWA 算子下的动态综合评价

$$y_i^{(21)}(t_\theta) = f(\langle t_1, y_i^{(1)}(t_\theta)\rangle, \langle t_2, y_i^{(1)}(t_\theta)\rangle, \cdots, \langle t_T, y_i^{(1)}(t_\theta)\rangle) \tag{5.15}$$

其中，b_θ 是 d_θ 中第 θ 个最大的数据；向量 $\gamma = (\gamma_1, \gamma_1 \cdots \gamma_r)^T$ 为时间加权向量，$\gamma_\theta \in [0,1]$。时间加权向量主要以时间度 $\lambda = \sum_{\theta=1}^{T} \frac{T-\theta}{T-1}\gamma_\theta$ 的大小来反映对不同时间的重视程度，λ 越大说明研究者对近期数据越重视。

（4）TOWGA 算子下的动态综合评价

TOWA 算子的定义式为：

$$y_i^{(22)}(t_\theta) = f(\langle t_1, y_i^{(1)}(t_\theta)\rangle, \langle t_2, y_i^{(1)}(t_\theta)\rangle, \cdots, \langle t_T, y_i^{(1)}(t_\theta)\rangle) \tag{5.16}$$

（5）混合算子下的动态综合评价

$$y_i(t_\theta) = \beta_1 y_i^{(21)}(t_\theta) + \beta_2 y_i^{(22)}(t_\theta) \tag{5.17}$$

5.5.2.3 浙中城市群协调发展耦合协调度模型

（1）耦合协调模型构建

①计算耦合度和综合发展指数

耦合度最早应用于物理学，是各模块间相互联系的一种度量。用来测度系统之间相互作用程度大小的指标，但它无法体现各个子系统的综合发展水平。

"经济—社会—人口—环境—资源"的耦合度 C 的综合发展度 T ：

$$C = \left\{ \frac{U_1 \times U_2 \times U_3 \times U_4 \times U_5}{\left(\frac{U_1 + U_2 + U_3 + U_4 + U_5}{5} \right)^5} \right\}^{\frac{1}{5}} \tag{5.18}$$

$$T = \eta_1 U_1 + \eta_2 U_2 + \eta_3 U_3 + \eta_4 U_4 + \eta_5 U_5 \tag{5.19}$$

式中，$U_v = \sum_{j=1}^{t} w_j x'_{ij}$，$t \in \{5, 6, 7, 8\}$，$U_v$ 代表第 v 个子系统的发展水平，t 表示第 v 个子系统的指标个数。本研究认为五大子系统同等重要，故令 $\eta_1 = \eta_2 = \eta_3 = \eta_4 = \eta_5 = 0.2$。

②计算耦合协调度

$$D \sqrt{C \times T} \tag{5.20}$$

耦合协调度用字母 D 表示，数值接近 1 表示系统间的协调程度较高，反之，表示协调程度较低。

③划分耦合协调度评价等级

根据上述可知，浙中城市群协调发展是基于经济—社会—人口—环境—资源来分析的，如果简单采用 3.5.2 节中的基于资源—产业—技术—治理的耦合协调度等级来划分是不够准确的。为了更好地描述浙中城市群各系统间的协调发展的优劣程度，有必要对协调的分类进行稍微调整。这里参考 3.5.2 的做法并结合廖重斌[254]的研究，根据耦合协调 D 的大小将基于经济—社会—人口—环境—资源五系统的协调发展状况分为三大类和十个小类。具体数值划分范围及其等级如表 5.6 所示。

表 5.6　基于经济—社会—人口—环境—资源的耦合协调度评价等级划分

耦合协调度区间	分类	耦合协调度	评价等级
$0.0 \leqslant D < 0.4$	失调衰退型 （不可接受区间）	0.0~0.1	极度失调
		0.1~0.2	严重失调
		0.2~0.3	中度失调
		0.3~0.4	轻度失调
$0.4 \leqslant D < 0.6$	中间过渡类型 （颉颃区间）	0.4~0.5	濒临失调
		0.5~0.6	勉强协调

耦合协调度区间	分类	耦合协调度	评价等级
$0.6 \leqslant D < 1.0$	协调提升类型 （可接受区间）	0.6~0.7	初级协调
		0.7~0.8	中级协调
		0.8~0.9	良好协调
		0.9~1.0	优质协调

5.5.2.4　障碍度模型构建

障碍模型的基础是计算一个因子的贡献度、指标的偏离度，再根据式（5.23）计算障碍度。具体计算步骤如下。

首先，计算因子贡献度 F_j 和指标偏离度 $I_{ij}(t_\theta)$。

$$F_{ij}(t_\theta) = r_{ij}(t_\theta) \times w_{ij}(t_\theta) \tag{5.21}$$

$$I_{ij}(t_\theta) = 1 - x'_{ij}(t_\theta) \tag{5.22}$$

其次，计算单个指标对浙中城市群协调发展的障碍度，用 Q_{ij} 表示。

$$Q_{ij}(t_\theta) = \frac{I_{ij}(t_\theta) \times F_j(t_\theta)}{\sum_{j=1}^{34} I_{ij}(t_\theta) \times F_j(t_\theta)} \tag{5.23}$$

其中，$x'_{ij}(t_\theta)$ 代表标准化后的指标值，$w_{ij}(t_\theta)$ 代表 t_θ 时刻第 i 个评价对象第 j 个指标的权重，$r_{ij}(t_\theta)$ 代表第 i 个评价对象第 j 个指标所在准则层的权重。系统层的障碍度计算只需将各系统相应的指标障碍度相加即可。

5.5.2.5　PVAR 模型构建

面板向量自回归模型（PVAR）是 Holtz - Eakin 等人[314]（1988）在 Sims[315]（1980）传统向量自回归模型（VAR）基础上提出的新型模型。相较之下，PVAR 模型有断面大，适用于短时间序列，还可以纳入个体和时间效应，能有效利用面板数据来处理个体异质性等诸多优点。且由于该模型没有预先确定变量之间的因果关系，故在建模过程中每个变量都可以被视为内生变量，从而能更好地分析每个变量及其滞后变量与模型中其他变量的相互影响关系。

本章研究建立的 PVAR 模型表达式为：

$$U_{\nu,\theta} = a_0 + \sum_{p=1}^{k} \Phi_p U_{\nu,\theta-p} + \rho_\theta + \varphi_\nu + \mu_{\nu,\theta} \tag{5.24}$$

式中，$U_{\nu,\theta}$ 是含有五个内生变量的列向量，a_0 是截距项，Φ_p 是滞后 p 阶的估计矩阵，ρ_θ 是时间效应系数，φ_ν 是个体固定效应系数，$\mu_{\nu,\theta}$ 是随机扰动项。假设 $\mu_{\nu,\theta}$ 零均值、同方差且不相关。

面板向量自回归的操作流程如图 5.4 所示。

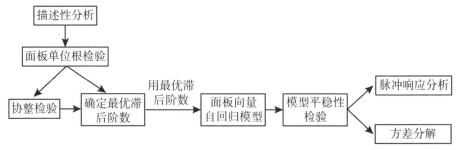

图 5.4　面板向量自回归流程图

关于最优滞后阶数的选择，一般选用的是 AIC、BIC 以及 HQIC 准则，其中 AIC 和 BIC 的公式是：

$$AIC = -\frac{2L}{T} + \frac{2N}{T} \tag{5.25}$$

$$BIC = -\frac{2L}{T} + \frac{N\ln T}{T} \tag{5.26}$$

其中，内生、外生变量个数分别有 q、g 个，滞后阶数为 ρ 阶，时期 T，$L = -Tq(1+\ln 2\pi) - \frac{T}{2}\ln|\hat{\Sigma}|$，$|\hat{\Sigma}|$ 是 PVAR 模型残差协方差矩阵的估计，进而计算出被估计参数的总数 $N = q(g+pq)$。

5.6　浙中城市群协调发展测度的实证分析

5.6.1　数据收集与处理

5.6.1.1　数据收集与预处理

本章研究数据主要来源于《浙江省统计年鉴》（2011—2021）、《金华市统计年鉴》（2011—2021）、金华市水资源公报（2011—2020）、金华市八大县市（区）的国民经济和社会发展统计公报（2010—2020）等相关统计资料。尽管为防止对后续研究产生不利影响已尽可能避免大量缺失的指标，但仍然有少数几项指标存在数据缺失，已通过均值插补法加以补充。

数据预处理是综合评价的基础，对评价指标数据采用不适当的处理方法，会对评价结论产生很大的影响。指标正负属性不同，单位不一，数值差异很大，若不加以处理，则可能导致该指标权重偏高，忽略一些重要的指标，这显然是不合理的，也是毫无意义的。为此，本研究采用极差化方法对浙中城市群总体及各县市的原数据进行一致化和标准化处理。经过处理后的数据均落在 0 到 1 之间，并且能还原它们在原始序列中的相对位置。

5.6.1.2 权重计算

（1）指标权重

在上文对经济、社会、人口、环境和资源五大系统交互机制研究的基础上，得出各子系统既是相互独立的，也是密切相关的。本节采用客观赋权法中的熵值法对指标体系赋权，每个子系统的指标权重之和均为 1。对各县市数据进行标准化处理后计算得到 2010—2020 年浙中城市群各时刻的指标权重如表 5.7 所示。

表 5.7　所有指标在各时刻的权重系数

指标	2010	2011	2012	2013	2014	2015	2016	2017	2018	2019	2020
J1	0.118	0.117	0.122	0.143	0.130	0.126	0.136	0.122	0.120	0.132	0.161
J2	0.106	0.078	0.060	0.055	0.056	0.131	0.104	0.103	0.074	0.074	0.049
J3	0.202	0.197	0.191	0.229	0.178	0.156	0.163	0.194	0.193	0.117	0.141
J4	0.054	0.062	0.071	0.078	0.043	0.041	0.043	0.044	0.050	0.051	0.048
J5	0.088	0.135	0.085	0.126	0.116	0.054	0.051	0.082	0.063	0.113	0.108
J6	0.134	0.131	0.134	0.144	0.139	0.132	0.145	0.140	0.141	0.118	0.138
J7	0.181	0.209	0.172	0.113	0.238	0.269	0.280	0.257	0.244	0.231	0.182
J8	0.117	0.072	0.165	0.111	0.101	0.090	0.079	0.058	0.116	0.164	0.174
S1	0.235	0.225	0.217	0.190	0.164	0.164	0.159	0.168	0.168	0.154	0.151
S2	0.063	0.070	0.077	0.091	0.133	0.137	0.132	0.119	0.118	0.104	0.103
S3	0.099	0.100	0.118	0.113	0.172	0.163	0.146	0.164	0.157	0.157	0.159
S4	0.126	0.128	0.102	0.084	0.078	0.080	0.092	0.050	0.081	0.085	0.088
S5	0.065	0.074	0.076	0.081	0.083	0.088	0.095	0.106	0.090	0.100	0.111
S6	0.106	0.091	0.095	0.143	0.127	0.102	0.114	0.111	0.103	0.140	0.127
S7	0.164	0.172	0.174	0.163	0.124	0.136	0.140	0.145	0.137	0.127	0.126

指标	2010	2011	2012	2013	2014	2015	2016	2017	2018	2019	2020
S8	0.142	0.140	0.141	0.134	0.120	0.131	0.123	0.138	0.144	0.133	0.135
R1	0.124	0.121	0.107	0.125	0.112	0.166	0.157	0.135	0.136	0.126	0.118
R2	0.111	0.125	0.131	0.112	0.147	0.124	0.114	0.161	0.129	0.117	0.095
R3	0.177	0.171	0.178	0.131	0.089	0.103	0.097	0.145	0.103	0.141	0.191
R4	0.238	0.230	0.226	0.278	0.254	0.106	0.104	0.091	0.096	0.096	0.098
R5	0.099	0.097	0.137	0.108	0.092	0.112	0.111	0.097	0.154	0.138	0.144
R6	0.138	0.133	0.109	0.115	0.117	0.175	0.181	0.166	0.181	0.173	0.174
R7	0.112	0.122	0.112	0.132	0.188	0.215	0.236	0.205	0.202	0.209	0.180
H1	0.225	0.129	0.163	0.139	0.120	0.129	0.152	0.125	0.131	0.125	0.110
H2	0.095	0.059	0.074	0.089	0.096	0.093	0.134	0.113	0.111	0.118	0.101
H3	0.129	0.072	0.135	0.091	0.106	0.104	0.144	0.118	0.120	0.121	0.103
H4	0.109	0.078	0.130	0.147	0.141	0.162	0.147	0.239	0.136	0.120	0.117
H5	0.341	0.225	0.265	0.337	0.374	0.350	0.187	0.259	0.313	0.296	0.254
H6	0.101	0.438	0.234	0.197	0.164	0.162	0.237	0.146	0.190	0.220	0.314
Z1	0.198	0.204	0.201	0.167	0.189	0.184	0.178	0.188	0.168	0.175	0.160
Z2	0.375	0.365	0.353	0.342	0.343	0.311	0.358	0.311	0.330	0.268	0.273
Z3	0.181	0.177	0.175	0.180	0.192	0.229	0.222	0.207	0.202	0.263	0.292
Z4	0.099	0.102	0.098	0.100	0.110	0.103	0.104	0.122	0.123	0.132	0.126
Z5	0.146	0.152	0.172	0.211	0.166	0.173	0.137	0.172	0.177	0.162	0.149

（2）时间权重

经过咨询专家意见，依据"薄古厚今"的思想，设定时间度 $\lambda = 0.3$，表示研究比较重视近期数据，借助 LINGO18.0 软件用非线性熵值规划法求解时间权重，见表5.8。

表 5.8 2010—2020 年时间权重

年份	2010	2011	2012	2013	2014	2015	2016	2017	2018	2019	2020
权重	0.024	0.030	0.038	0.047	0.058	0.072	0.090	0.112	0.139	0.174	0.216

5.6.2 PREES 系统的静态综合水平分析

本节将从静态和动态两个角度深入分析 2010—2020 年浙中城市群 PREES 系统发展水平演变情况，掌握浙中城市群各维度发展进程。浙中城市群各地区政府可根据本地各子系统发展情况制定下一步发展战略。

5.6.2.1 经济子系统分析

在上一节数据预处理、指标赋权的基础上，由 WAA-WGA 静态评价模型计算可得 2010—2020 年各年度浙中城市群八大县（市）各子系统的静态综合发展水平。由于静态评价侧重于表现某个时间点上各评价对象之间的差异，其数值在时间维度上的可比性较低。因此本文不列出每一年的评价值，在分析时着重体现每个区县在某一系统上表现的排名相对变化情况，而不对绝对数值进行分析。2010—2020 年浙中城市群八县（市）各自的经济发展水平静态综合指数排名变化情况见图 5.5。

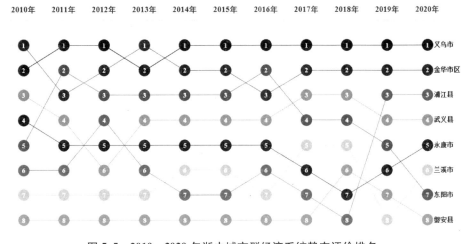

图 5.5 2010—2020 年浙中城市群经济系统静态评价排名

排名序差和，即有序数组中差绝对值之和，是该对象下一年的排名与上一年排名之差的绝对值的和，它能体现评价对象在研究期内的排名变化幅度。此外，用研究期最后一年与第一年排名的差值来体现该对象的排名变化方向。以序差和绝对值 7 为临界点，若序差和小于 7，将其归为平稳型，否则结合排名变动方向，归为波荡振兴型和波荡衰落型。

平稳型的区县有义乌市、磐安县、永康市、金华市区和武义县。在过去

的 11 年中，这些区县的经济发展稳健。义乌市产业结构优化、对外开放度
高、经济发展起点高且发展势头迅猛，在浙中城市群中一枝独秀，甚至在全
国百强县榜名列前茅，2011 年后一直稳居第一，与其他县市存在巨大断层，
且差距有扩大的趋势。金华市区历年来被省政府作为一级经济中心城市来规
划，作为浙中经济政治文化中心，凭借其区位、政治优势，成为城市群经济
的第二增长极。永康、武义虽然经济运行稳定，排名居中，但从数值上看，
相比于前两个强劲的对手还是略显无力。而磐安县的经济则一直无明显起色，
这与磐安县的产业结构和山区居多的地理条件有关。

波荡型的区县有兰溪市、浦江县和东阳市，11 年间三市的经济发展变化
不断。前两者属于动荡振兴型，虽然存在波动，但总体呈现良好向上趋势，
要想缩小与发达县市的差距还有很长的路要走。后者属于波荡衰落型，近年
来东阳市 GDP 增速减缓，对内消费需求不高，外资利用水平下降，2020 年出
现负增长，实际利用外资总额大幅下跌。东阳市需要恢复消费市场，创造良
好创业环境，主动引进外资，切实提高经济发展水平。

5.6.2.2　社会子系统分析

参照经济系统的评价过程，得到浙中城市群 2010—2020 年县域社会系统
静态评价排名变化情况如图 5.6 所示。

图 5.6　2010—2020 年浙中城市群社会系统静态评价排名

浙中城市群各地区社会发展水平都稳定，以序差绝对值和等于 2 为界线
将 8 县市的社会发展水平划分为平稳型和波荡型。

平稳型的区县占半数以上，包括义乌、东阳、浦江、兰溪、永康和磐安。浙中城市群基础设施完善，社会保障健全，人们普遍生活幸福感高，但地区之间发展程度上还存在显著差距。许多发展中国家存在经济迅猛增长后，社会需求跟不上，导致二者无法均衡的通病，而堪称发展奇迹的义乌却再次实现了经济社会协调发展的奇迹，和经济发展一样，始终在城市群内保持领先地位。这得益于经济的发展以及政府致力于建设人民生活幸福、社会公共服务设施完善的社会氛围。永康和东阳在2010—2020年间的社会发展水平排名始终居于中等偏上，且从数值来看虽与义乌存在较大差距但与金华市区接近，说明这两个区县若想要加快改善民生，就必须查漏补缺。当然，经济是社会发展的物质基础，如何发展经济是这两个县级市应该首要考虑的问题。11年来，浦江、兰溪和磐安三地由于地理、经济等，社会发展相对落后且无明显增长趋势。

波荡型的区县仅有波荡振兴型的金华市区和波荡衰落型的武义。相对来说，金华市区是城市群中社会发展水平排名波动最大的地区。金华市区是地级市政府所在地，定位是一个以政治、经济、文化和交通为一体的综合型都市，但在本指标体系下社会排名位于中上游，经济的发展并没有满足社会需求。武义县不仅排名位于中下游，还有轻微的下跌倾向，社会发展不稳定，长此以往可能制约经济的发展。

5.6.2.3 人口子系统分析

将人口系统三个方面的指标进行两次加权后，得到浙中城市群2010—2020年县域人口系统静态评价排名变化情况，如图5.7所示。

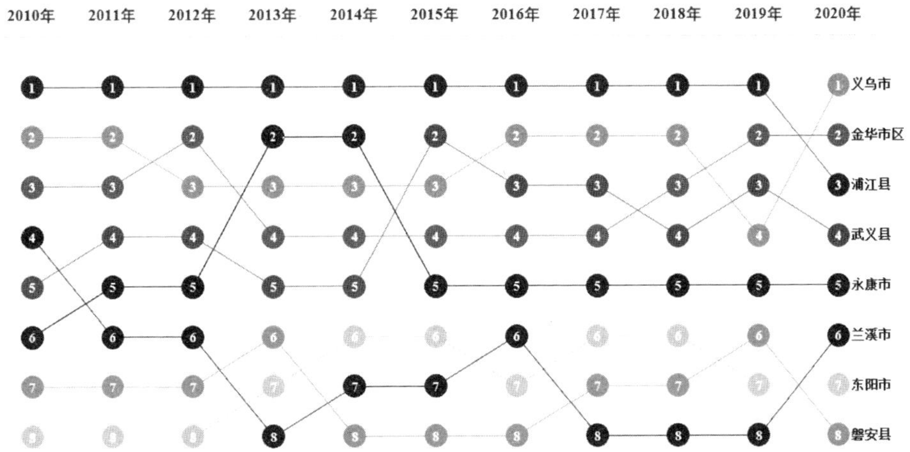

图5.7 2010—2020年浙中城市群人口系统静态评价排名

将序差和绝对值小于 7 的县域划分为平稳型，主要有金华市区、兰溪和浦江。金华市区拥有丰富的教育资源和文化底蕴，人口素质高，城镇化率在全省范围内排名靠前，因此能在 11 年间一直保持领先地位。浦江、兰溪都位于城市群北部，兰溪的人口密度高，浦江地区密度低，致使两者在人口质量方面体现出较大差异，不过两地的人口都是朝着好的方向长期平稳发展。

序差和绝对值大于等于 7 的义乌、东阳、永康、武义和磐安按照方向分为两种，波荡振兴型的义乌、东阳和武义，波荡衰落型的永康和磐安。义乌市由于小商品经济发展，吸引了较多的外来人口，人口流入量大但素质普遍不高，从数值上就可以明显看到与金华市区之间的差距。不过义乌市政府深知人才对城市发展的重要性，借助强大的经济基础大力发展教育事业，出台人才政策，使义乌市的人口质量得到了提高。东阳市和武义县的人口发展水平也在平均水平之上，东阳市有"教育之乡"的称号，教育水平一直较高，技术人员较多且人口自然增长率高，而武义县地广人稀，人口密度低，劳动力丰富。永康市的五金工业仍为劳力密集型产业，第三产业就业人数偏低，劳动力分布不均衡，造成了人口发展水平低。磐安县的产业组织层次较低，且地处山区，城镇化进程缓慢。

5.6.2.4 环境子系统分析

将环境系统的指标权重与指标值分别用线性和非线性加权的混合模型加权后，得到浙中城市群 2010—2020 年县域环境系统静态评价排名，如图 5.8 所示。

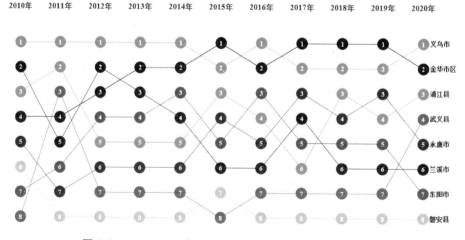

图 5.8　2010—2020 年浙中城市群环境系统静态评价排名

按序差和绝对值等于 10 作为转折点，序差和低于 10 的地区将其划为平稳型，高于 10 的地区划为波荡型，按排名变化的趋势划分为波荡振兴型和波荡衰落型。

平稳型的区县有兰溪、义乌、武义。2010—2020 年期间，兰溪、义乌、武义等地环境污染控制、环境治理取得了稳步发展。其中，武义凭借其良好的生态条件和贯彻落实"生态立县"的发展策略，环境水平起点高，名次始终遥遥领先。义乌市在经济大发展的同时极力控制污染，主要污染物排放量持续削减，经济、环境发展齐头并进。兰溪市在强工兴市的浓厚气氛中，环境水平起点低，却没有好转迹象，这是其能源消耗模式不可持续且利用效率低下导致的。

波荡型的区县有金华、东阳、浦江、磐安和永康。除永康外，其余县市都是波荡振兴型的，说明浙中城市群环境发展状况不太平稳，但总体有所好转。永康市的五金工业在带动经济发展的同时对土壤造成了重金属污染，植被无法生长而致使环境发展受阻。金华城区对污水集中处理设施进行了专项整治，并对无组织排放废气的企业进行了治理，使城市的环境质量得以改善。东阳、浦江地区的生态环境状况不但有较大的起伏，而且质量方面也较差。浦江要控制工业废水排放，东阳要强化城市公共绿地建设，提高城市园林绿化水平。磐安环境条件优越，环境污染少，不过这是因为磐安的工业不发达，城镇化进程缓慢。磐安应从武义的成功实践出发，因地制宜，既要保护生态，又要发展具有鲜明的地域特征的经济模式。

5.6.2.5 资源子系统分析

资源发展水平的评价过程与前四个系统一致，首先根据指标权重和式（5.7）至（5.9）求得浙中城市群 2010—2020 年县域资源系统静态评价值，降序排列后得到资源发展水平的排名变化情况如图 5.9 所示。

平稳型：义乌、永康、兰溪、磐安，此类型的序差数和绝对值小于 8，在 2010—2020 年中资源发展稳定。其中，磐安的资源水平属于上游，其他三县市属于中、下游。磐安县虽然在经济、社会、人口等体系中表现不佳，但在资源上的表现却是稳定而优秀的。这主要是因为磐安县的水和土地资源丰饶，其次磐安县的第一产业比重相对其他县市较大，磐安县的水耗和电耗要小得多。在资源禀赋方面，义乌市的资源缺口主要是由于经济超常规发展，城镇人口聚集等非社会性因素引起的；在资源利用方面，义乌市通过关停、淘汰落后产能、设备改造等一系列措施，使企业的能源利用得到了极大的改善。

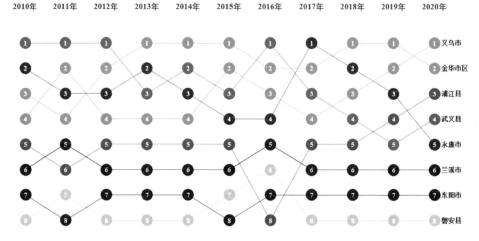

图 5.9　2010—2020 年浙中城市群资源系统静态评价排名

永康和兰溪在资源方面始终垫底，前者是土地重金属污染导致耕地减少造成的，后者则是资源利用率低造成的。

波荡衰落型：金华市区、浦江，它们的序差数和绝对值大于 8 且 2020 年排名比 2010 年低。近 11 年来，两个城市的资源水平不但有较大的变动，而且呈现出下降的态势，共同原因是单位 GDP 电力、水力能源消费量在提高。

波荡振兴型：东阳、武义，它们的序差数和绝对值大于 8 且 2020 年排名比 2010 年高。东阳处于金华江流域上游，水资源颇丰，长期以来，东阳市一直致力于提升工业"硬实力"的同时减少高耗能工业，提高资源利用率。近几年，武义的资源水平持续攀升，到 2020 年时，武义在各大县市中占据了绝对的上风。这是因为武义明智地利用其山水资源，按照"生态立县"的原则发展生态农业、工业和旅游业，从而实现经济发展和生态保护的互利共赢。

5.6.3　PREES 系统的动态综合水平分析

各年份的静态综合发展指数仅能反映当年各县市的综合发展水平，无法体现研究期内综合发展水平的动态变化情况。因此，在静态综合评价的基础上，用兼顾"功能性"和"均衡性"的 TOWA-TOWGA 混合算子将各年份静态经济发展指数与时间权重向量进行二次加权，得到动态综合评价结果值和排名如表 5.9。

表 5.9　2010—2020 年浙中城市群各系统发展水平的动态综合评价结果

区县	经济		社会		人口		环境		资源	
	评价值	排名	评价值	排名	评价值	排名	评价值	排名	评价值	排名
金华	0.376	2	0.407	3	0.612	1	0.504	4	0.405	3
兰溪	0.108	7	0.046	8	0.197	7	0.133	8	0.142	8
义乌	0.838	1	0.885	1	0.348	5	0.806	1	0.252	6
东阳	0.190	4	0.354	4	0.464	4	0.423	5	0.297	5
永康	0.144	5	0.460	2	0.208	6	0.388	6	0.174	7
武义	0.202	3	0.208	5	0.511	2	0.747	2	0.446	2
浦江	0.134	6	0.180	6	0.482	3	0.235	7	0.394	4
磐安	0.066	8	0.091	7	0.178	8	0.543	3		1

（1）经济系统分析

从经济发展的排序结果来看，浙中城市群 8 县市的经济发展状况大致可以分为 3 个梯队：第一梯队是义乌市和金华市区，11 年间的经济发展水平均高于 8 县市平均水平，远超第二梯队的县市；第二梯队是武义县、东阳市、永康市和浦江县；第三梯队是兰溪市和磐安县。义乌依托小商品市场的先发优势实现经济跨越式发展，成为浙中区域的经济增长极并辐射到与其接壤的东阳、浦江、兰溪、永康、武义和金华。例如，金华市区的金三角工业园区、浦江经济开发区、东阳市纳入工业园区建设计划等。相比较而言，金华依靠工业，很难形成辐射力，这就能解释为什么兰溪与金华市区距离近却经济差距较大。磐安县地理环境十分独特，山地面积占总面积的 90% 以上，旅游经济突出，但其总体经济状况还是非常糟糕，亟待改善。

（2）社会系统分析

按社会体系的排名，第一梯队有义乌、永康、金华和东阳；第二梯队有武义、浦江；第三梯队仍然是兰溪和磐安。与经济水平比较后发现社会水平的排名与其存在很大的相似性。这是因为经济和社会发展密切相关，义乌和金华的经济为人们的收入、社会保障和医疗等公共服务提供了强大的物质支持。永康市和东阳市随着经济的发展，居民收入渠道多元化，城乡收入差距缩小。相较而言，剩余四县不管是人民生活水平还是公共服务方面都与前四县存在显著差距，若想改变现状，一是要优先发展经济，二是需要政府采取有力措施。

（3）人口系统分析

从人口系统排序结果来看，第一梯队有金华、武义；第二梯队有浦江、东阳和义乌；第三梯队是永康、兰溪和磐安。金华和武义的优势分别是人口质量和数量。金华市区是全市的政治和文化枢纽，具有丰富的教育、高素质的人才，武义是人口稀疏、自然增长率较慢，好在人口素质也不低。第二梯队的县市的共同点是人口密度大、人口结构优化。而在人口系统表现欠佳的第三梯队县市则各有各的短板，永康五金工业为人们提供了工作岗位但第三产业就业人员偏少；兰溪则是城镇人口比例低及教育不发达；磐安的人口结构严重失调，这是其产业结构高级化程度不高导致的。

（4）环境系统分析

从社会系统排序结果来看，第一梯队有义乌和武义；第二梯队有磐安、金华、东阳和永康；第三梯队仍然是浦江和兰溪。义乌和武义是城市群环境保护的榜样，义乌市污水通过允许排放量"开源"、实际排放量"节流"，对于废气积极开展保卫蓝天计划，武义实施"生态立县"发展战略等举措对于第二梯队的县市具有很好的推广价值。浦江县的母亲河曾因被水晶打磨出的污水排放变成"牛奶河"，尽管浦江政府加强了对废水的处理，但最主要的还是要从源头上遏制污染。兰溪目前存在着严重的产业结构失衡，环境质量状况不尽如人意。

（5）资源系统分析

从社会系统排序结果来看，第一梯队有磐安、武义、金华；第二梯队有浦江、东阳、义乌；第三梯队是永康和兰溪。第一梯队的区县在资源禀赋和使用上均有较好的成绩。磐安县被誉为"万山之父，万水之源"，是省内水资源的重要涵养地和生态保护地带，是人均水资源最多的县。加之以种植业为主，对水、电等能源的消耗少，使之在资源方面的表现极佳。武义的人均水资源拥有量仅次于磐安，不过它的水晶工业使得电力消耗较大，而金华市区城市化区域大是最大的资源优势。第二梯队的义乌由于自身的环境和人口的涌入，存在着严重的缺水问题，但义乌的能效还是非常高的，这一点可以为其他地区提供经验。而浦江和东阳的情况则正好与之相反。永康和兰溪要在资源禀赋先天不足的情况下，思考如何通过产业升级、技术进步等措施提高水、电的综合利用效率，用有限的资源创造更大的价值。

5.6.4 PREES 系统耦合协调发展水平分析

5.6.4.1 PREES 系统协调度分析

为了描述浙中城市群内部八个县市经济—社会—人口—环境—资源五大系统间的耦合协调度在时间和空间两个维度的发展变化特征，利用上文的综合发展指数及耦合协调模型计算出各县市在 2010—2020 年间的系统耦合协调度如表 5.10 所示。

从数值上看，浙中城市群 2010—2020 年间经济、社会、人口、环境和资源系统的耦合协调发展进程缓慢，耦合协调度呈现波动变化。耦合协调度范围由 2010 年的 0.343~0.714 变成 2020 年的 0.319~0.728，增长缓慢，各县市耦合协调水平的极差从 2010 年的 0.371 扩大到 2020 年的 0.409，地区差距愈演愈烈。2010 年，金华市区以其压倒性优势位居榜首，兰溪市屈居榜尾；到了 2020 年，义乌市后来者居上，从 2011 年起一直独占鳌头，成为城市群内发展最为协调的地区，而协调度最低值依然出现在兰溪市。各县市的耦合协调度数值存在不同程度的上升或下降，但从排名情况来看变化不显著。其中，唯有义乌市、浦江县和磐安县的耦合协调度数值呈现增长态势，分别增长了 0.088、0.046 和 0.052，义乌市增幅最大。其余县市的耦合协调度都有下滑趋势，下降幅度最大的是永康市，为 0.130。

从协调发展类型来看，浙中城市群各区县 PREES 系统的耦合协调等级从 2010 年起就全部在轻度失调及以上。经过 11 年的发展，整体协调状态有一定程度的提升，2010 年兰溪和磐安两市均处于失调衰退状态，到 2020 年仅剩兰溪一市。根据协调类型和排名变化情况可将 8 县市分为由兰溪组成的平稳型，由金华市区、永康、武义、东阳组成的衰退型和由义乌、浦江、磐安组成的提升型。金华的协调状态在初级协调和中级协调之间变化，结合前两节中对系统发展水平的分析发现 2010—2011 年协调度下降是由于经济的波动，而 2016—2017 年协调度上升是因为环境、资源水平的上升。永康市的协调度呈现下降趋势，经历了初级协调—勉强协调—濒临失调，前期是环境因素造成的，后期则是因为人口，说明人口已经成为永康协调发展的滞后因素。武义长期处于初级协调状态，其间由于人口水平下降，协调性降低，但次年又有所好转。东阳的协调变化不稳定，前 4 年耦合程度增加，而后 4 年耦合程度降低，到 2020 年已是濒临协调，东阳市的发展要顾全大局而不能顾此失彼。

义乌在 2011—2012 年经历了初级协调到中级协调的过渡后长期保持中级协调发展。浦江经历了勉强协调—濒临失调—勉强协调的变化，这一切的改变都是由经济决定的，这表明浦江在其他领域相对来说比较平稳，但如果经济出现变动，就会出现失衡。磐安实现了从失调到协调的过渡，却无法达到更高的协调等级，这是因为受到经济发展的限制。兰溪从始至终都处于轻度失调状态，要想改变现状，各方面都需要加一把劲。

表 5.10　2010—2020 年浙中城市群 PREES 系统耦合协调度

年份	区县	金华	兰溪	义乌	东阳	永康	武义	浦江	磐安
2010	D	0.714	0.343	0.640	0.509	0.604	0.652	0.523	0.394
	排名	1	8	3	6	4	2	5	7
2011	D	0.602	0.303	0.639	0.540	0.486	0.616	0.560	0.395
	排名	3	8	1	5	6	2	4	7
2012	D	0.671	0.309	0.704	0.585	0.557	0.604	0.530	0.393
	排名	2	8	1	4	5	3	6	7
2013	D	0.689	0.303	0.724	0.640	0.533	0.630	0.499	0.412
	排名	2	8	1	3	5	4	6	7
2014	D	0.601	0.331	0.751	0.590	0.509	0.613	0.463	0.367
	排名	3	8	1	4	5	2	6	7
2015	D	0.638	0.351	0.768	0.625	0.490	0.620	0.430	0.426
	排名	2	8	1	3	5	4	6	7
2016	D	0.663	0.353	0.760	0.591	0.536	0.622	0.495	0.422
	排名	2	8	1	4	5	3	6	7
2017	D	0.724	0.368	0.757	0.604	0.503	0.611	0.459	0.422
	排名	2	8	1	4	5	3	6	7
2018	D	0.705	0.359	0.765	0.597	0.472	0.615	0.458	0.482
	排名	2	8	1	4	6	3	7	5
2019	D	0.680	0.321	0.760	0.572	0.474	0.581	0.500	0.481
	排名	2	8	1	4	7	3	5	6
2020	D	0.646	0.319	0.728	0.491	0.474	0.600	0.569	0.446
	排名	2	8	1	5	6	3	4	7
动态	D	0.682	0.355	0.793	0.593	0.526	0.652	0.538	0.523
	排名	2	8	1	4	6	3	5	7

从浙中区域城市群的动态协调发展过程来看，义乌市排名第一，属于中级协调；金华市区和武义县分别排名第二和第三，属于初级协调；东阳市、浦江县、磐安县和永康市排名靠后，属于勉强协调；兰溪市排名最末，还处于轻度失调。浙中城市群（兰溪市除外）已经基本实现了协调发展，但总体上协调能力较差，协调类型以勉强协调和初级协调为主，提升速度较慢，到目前为止还没有在高质量协调方面取得突破，这表明各县市五系统之间的相互作用较小。

5.6.4.2　耦合协调度空间格局分析

以 2010、2013、2016 和 2020 年四个时间为节点获取耦合协调度的截面数据，分析浙中城市群四个时间点耦合协调的空间分布可以发现，浙中城市群各县市五大系统耦合协调度变化呈现明显的带状发展格局，即以金义两县市为主轴线，向东南和西北方向递减，且协调性较弱的县市集中在边缘区域，空间聚集效应明显。

2010 年浙中城市群协调的最高等级是金华市区所属的中级协调，整体呈现以金华市区为点向东北和东南辐射，且辐射由西向东递减的空间分布。义乌、永康和武义三个初级协调区将金华市区半包围，与金华相距较远的东阳和浦江为勉强协调状态，而兰溪产业结构传统、经济增长方式粗放，磐安的区位劣势、工业基础及交通配套等不足导致两地的经济发展不起来，从而影响社会、人口等其他方面，最终处于轻度失调。

2013 年城市群内协调等级最高的县市由金华变成了义乌，并且在以后的研究期内义乌一直保持良好的中级协调状态，且其辐射带动了东阳以及磐安。与此同时，金华市区协调度出现回落，和东阳市、武义县一起成为初级协调。此时耦合协调度呈现以武义、金华市区、义乌和东阳构成的"倒 U 形"空间格局。

2016 年相较于 2013 年空间格局没有发生很大的变化，各县市的协调等级也基本没有改变，只有东阳市从初级协调回到了勉强协调，这是由于 2016 年东阳的资源水平出现跌落引起的。此时呈现的空间格局呈现由武义、金华市区和义乌组成的"7 字形"。2020 年永康、东阳的协调程度相较于 2016 年下降了一个等级，浦江上升了一个等级，其余县市未发生变化，呈现金义为主轴，向东南和西北方向递减的空间格局，且东南地区县市的协调度高于西北地区。

根据以上分析，城市群中仅有金义主轴协调能力在持续提升，但辐射范围不够大，总体的空间布局也不太均衡，不利于城市群长久发展。在未来发展过程中，既要重视系统之间的协同发展，又要重视地区之间的协同发展。浙中城市群实现全面协调发展还需时间的积累和人民群众的共同努力。

5.6.5 PREES 系统协调发展障碍因素诊断

在上一节中已经对 2010—2020 年浙中城市群的发展水平和协调发展水平进行了时空演变分析，为了探索阻碍浙中城市群县域五系统协调发展的因素，现根据障碍度模型计算出各县市 2010—2020 年各指标及对应系统的障碍度，从系统层和指标层两个角度分析浙中城市群协调发展的障碍因子。

5.6.5.1 系统层障碍因子识别

由于研究时间跨度长达 11 年，数据量大，故选取 2010、2015 及 2020 年这三个典型年份的县域数据进行分析。由式（5.21）至式（5.23）计算单个指标的障碍度，然后按照系统求和得到各系统层的障碍度，结果见表 5.11。

金华市区的发展由 2010 年的社会障碍型转变为 2015 年和 2020 年的资源障碍型，且 11 年来人口系统的障碍度倍增，说明金华市区基础设施完善，生活幸福感高，吸引了人口流入，却造成了自然资源短缺。兰溪市紧邻金华市区，不过市区对其辐射作用并不大，三个时期皆属于社会障碍型县市。经济对义乌市的阻碍程度锐减，而资源对其的阻碍蹿升，最大的障碍从 11 年前的人口变成了资源。近年来，义乌小商品城风生水起，义乌市的经济腾飞，随之而来的是外来居民的大量涌入，这对本就资源短缺的义乌来说无疑是雪上加霜，横锦水库引水工程应运而生。东阳市，西北与义乌市相连，一直是经济障碍型城市，经济缺乏活力，当地政府应该借鉴义乌成功的经验发展、繁荣市场。永康市从前五年的资源障碍型变成了经济障碍型，它的五金等工业产业发达，但缺乏骨干企业和知名品牌，影响行业发展。且永康人口密集，属于极度缺水型城市，不过永康市坚持"内联"和"外引"两条腿走路，资源短缺情况已得到缓解。

表 5.11 2010、2015、2020 年浙中城市群各系统障碍度

区县	年份	经济系统	社会系统	人口系统	环境系统	资源系统
金华	2010	22.087	25.927	8.582	18.628	24.775
	2015	17.698	25.164	10.140	20.392	26.607
	2020	21.164	21.037	18.725	14.403	24.671
兰溪	2010	19.916	23.241	18.938	17.883	20.021
	2015	22.693	24.293	12.950	20.340	19.724
	2020	20.935	23.855	15.469	19.598	20.142
义乌	2010	23.415	5.761	29.353	10.270	31.200
	2015	13.101	6.723	21.939	10.080	48.158
	2020	2.138	6.356	34.878	8.971	47.658
东阳	2010	22.692	17.798	17.259	21.399	20.852
	2015	24.036	21.490	11.224	17.947	25.302
	2020	27.318	18.578	15.740	16.999	21.366
永康	2010	24.713	16.614	21.793	10.205	26.675
	2015	24.186	16.807	20.528	13.500	24.979
	2020	26.173	16.177	20.144	14.297	23.209
武义	2010	24.430	27.654	18.625	6.130	23.161
	2015	26.657	27.240	14.235	11.304	20.564
	2020	28.802	27.191	16.418	11.033	16.557
浦江	2010	24.937	21.980	17.285	22.065	13.733
	2015	25.727	23.325	11.512	23.257	16.179
	2020	24.075	26.240	13.874	12.787	23.024
磐安	2010	30.274	29.072	21.905	10.575	8.174
	2015	29.203	28.323	21.649	12.938	7.886
	2020	26.799	28.450	24.646	12.226	7.880

武义县在前两个时期都是社会障碍型，近期转变为经济障碍型。武义资源丰富，但在这些年的发展之中，武义并没有找到最适合自己发展的特色经济，经济水平一直不温不火。浦江县和磐安县的发展情况相似，两县由于区位条件的限制，经济、社会实力薄弱，研究期内都是从经济障碍型过渡到社

会障碍型。几年前，各县市都在忙于经济建设，而浦江却致力于环境管理，事实证明，浦江的环境障碍程度确实是最低的。但作为"水晶之都"的浦江想要发展经济，可能需要考虑产业转型升级。磐安县的资源障碍度是同时期所有县市中最低的，这是因为磐安县拥有非常丰富的自然、旅游资源，有"浙中盆景、天然氧吧"之称，可惜的是当地人并没有利用这样优越的资源条件发展经济。

5.6.5.2　指标层障碍因子识别

由于指标过多，无法将所有障碍因子的障碍度列出，本章只选取了2010、2015及2020年所有指标中对城市群协调发展阻碍程度最大的五个指标（取同一指标在三个时间点障碍度的最大值）作为影响浙中城市群协调发展的主要障碍因子，结果见表5.12。

表5.12　2010、2015及2020年浙中城市群各区县主要障碍因子

区县	指标1	障碍度	指标2	障碍度	指标3	障碍度	指标4	障碍度	指标5	障碍度
金华	Z2	12.557	H5	12.242	S1	8.523	J7	8.047	Z3	6.848
兰溪	H5	8.903	Z2	8.525	S1	6.243	J3	5.281	J7	4.597
义乌	Z2	31.465	Z3	15.051	R3	12.013	R1	10.398	R2	9.232
东阳	Z2	11.714	H5	10.578	S1	6.784	H1	6.294	J7	6.210
永康	Z2	13.242	H5	11.461	R4	8.001	J3	7.942	Z3	7.107
武义	Z2	12.705	R4	8.819	S1	8.765	J3	7.540	H1	6.062
浦江	Z2	9.304	H5	9.020	H1	7.479	S1	6.727	J3	6.213
磐安	H5	9.972	R4	8.097	S1	7.771	Z1	6.740	J7	6.161

将障碍因子按照出现频率进行降序排序后筛选出出现频率大于等于50%的指标：Z2（人均水资源拥有量）、H5（人均公园绿地面积）、S1（人均城乡居民年末存款余额）、J3（产业结构高级化指数）和J7（外贸依存度）在各县市间的出现频率分别是87.5%、75%、75%、50%和50%，这些是需要特别关注的因子。Z3（人均农作物播种面积）、H1（单位GDP工业废水排放量）和R4（三产从业人员占比）的出现频率均为37.5%，这些因子可对其进行一般关注。上述障碍因子大多数来自资源、环境和经济系统，反映出浙中城市群的产业结构不够优化，工业废水排放对环境造成了污染，群内经济对外贸的依赖程度不大，人均水资源和土地资源短缺等问题。

义乌市的主要障碍因子来源于资源系统和人口系统，分别是人均水资源

拥有量、人均农作物播种面积、城镇人口占比、人口密度和自然增长率。十年间，义乌市新增人口超 60 万，人均水与土地资源的紧缺等已成为阻碍义乌协调发展的障碍。金华市区和东阳市的主要障碍因素大同小异，只有一个障碍因素不同。前三个因子是全市的通病，例如浙中地区人口的人均水资源拥有量比全省和全国的平均值都要低。除此之外，两市的经济发展也存在着一个共性问题，那就是它们的经济外向度比低于省平均水平。

永康和武义地理位置相邻、文化相通，武义县的经济发展主要得益于永康市的产业转移。正因为如此，两地的发展具有共同点，比如产业结构是"二三一"、高级化程度不够等。另外，永康的发展还存在土地瓶颈和人口瓶颈，武义则还存在工业废水排放过量问题。浦江毗邻义乌，主要障碍因子与武义具有很大的相似性。水晶棉布工业的不景气且义乌的吸引力太大，导致了人口流失，对浦江的产业产生了一定的冲击，影响了城镇化率。兰溪市和磐安县在浙中城市群内发展最滞缓，共同之处是经济较为封闭，从而引起其居民的工资水平偏低、城市化进程缓慢等问题。

5.6.6　PREES 系统互动关系分析

上文分析了五维系统发展的协调程度，并从理论上对五系统的互动关系进行了分析，但耦合协调度模型未能捕捉到各子系统之间的相互作用关系。为了进一步实证各子系统之间的互动关系，本节借助 Stata 软件，利用 2010 年至 2020 年浙中城市群各县市的经济、社会、人口、环境和资源五个子系统综合发展水平的面板数据建立 PVAR 模型，用脉冲响应图来分析各子系统的长期动态互动关系，并利用方差分解分析了各子系统之间的影响强度。

（1）描述性分析

为解释数据的全貌，首先进行描述性分析。从极差和标准差来看，浙中城市群各区市在不同系统的发展水平上表现出较大的差异，尤其是在经济发展水平上，而在资源发展水平上的差异最小；社会发展水平上的数据分布最分散，而资源发展水平上的数据分布最聚集。从平均数来看，浙中城市群的环境发展水平最高，而经济发展水平最低。

表 5.13　变量描述性统计

变量名	最大值	最小值	极差	均值	标准差
经济发展水平	0.983	0.027	0.956	0.266	0.231

变量名	最大值	最小值	极差	均值	标准差
社会发展水平	0.921	0.041	0.880	0.335	0.258
人口发展水平	0.791	0.124	0.667	0.375	0.177
环境发展水平	0.970	0.071	0.899	0.461	0.252
资源发展水平	0.534	0.105	0.429	0.328	0.131

（2）平稳性检验

保证每个变量的平稳性是构建 PVAR 模型的前提。如果变量序列非平稳，可能会扭曲模型估计的结果，甚至导致脉冲响应和方差分解的结果偏离事实。本章采用常用的 LLC 检验和 IPS 检验确定面板数据是否存在单位根，检验结果见表 5.14。

表 5.14　平稳性检验结果

变量	LLC 检验	IPS 检验	变量	LLC 检验	IPS 检验
U1	−2.9129 * (0.0018)	−3.1144 * (0.0009)	D_ U1	−9.8194 * (0.0000)	−4.0921 * (0.0000)
U2	−3.3478 * (0.0004)	−1.1782 (0.1194)	D_ U2	−3.3478 * (0.0004)	−3.0394 * (0.0012)
U3	−4.4030 * (0.0000)	−2.6225 * (0.0044)	D_ U3	−7.7241 * (0.0000)	−3.7117 * (0.0001)
U4	−9.0360 * (0.0000)	−2.5505 * (0.0054)	D_ U4	−5.5580 * (0.0000)	−4.3510 * (0.0000)
U5	−2.9914 * (0.0014)	−3.0391 * (0.0012)	D_ U5	−2.0804 * (0.0187)	−4.2716 * (0.0000)

注：括号内的数字为检验的 P 值；*表示在 0.01 的显著性水平上显著。

LLC 检验和 IPS 检验的原假设是面板数据含有单位根，即该面板数据不平稳。本章以研究期内 PREES 系统发展水平的原始数据为基础，运用 Stata 软件检验其构成的面板数据的平稳性，发现仅有第二个变量（社会水平）未通过 IPS 检验，说明该面板数据不平稳。在对所有变量进行一次差分处理后再一次检验，所有变量都在 0.01 的水平上通过了显著性测试，表明应用一阶差分后所有变量的数据都是平稳的。

（3）协整检验

由于原始数据的变量中出现了不平稳变量，且所有变量一阶单整，所以在进行下一步分析前应该进行面板协整分析。如果通过了协整检验，说明变量之间存在稳定的长期均衡关系，而且回归方程的残差是平稳的，这样，从原方程回归得到的结果就比较准确。Kao 检验结果中的 t 统计量值为 1.3713，P 值为 0.0851，在 0.1 的显著性水平上拒绝了五个变量（经济、社会、人口、环境和资源）之间存在长期稳定均衡关系的初始假设。

（4）确定最优滞后阶数

从表 5.15 中选出 AIC、BIC 和 HQIC 三种信息准则均最小时对应的阶数即为最优滞后阶数。本章研究数据一阶差分后的数据最优滞后阶数为 1。

表 5.15　模型最优滞后阶数信息表

滞后阶数	AIC	BIC	HQIC
1	−0.1811 *	−7.98846 *	−9.31729 *
2	−9.79821	−6.54318	−8.53624
3	30.8451	35.3282	32.5393
4	55.7169	61.628	57.8542
5	57.4549	65.0126	59.9601

注：* 表示该阶数为三种信息准则下的最优阶数。

（5）脉冲响应分析

确定好滞后阶数后可用 PVAR 模型进行 GMM 估计，但 PVAR 模型估计系数对与本文研究的意义不大，故略过此步骤的详细结果。为了可视化各变量间互相影响的机制，在蒙特卡洛模拟 200 次后画出预测期为 10 期的脉冲响应图。图中横坐标表示冲击期的长度，纵坐标表示脉冲值，三条线从上到下分别是用蓝色、红色和绿色表示的置信区间的上限、脉冲响应曲线和置信区间下限。其含义是当一个变量本身在 95% 的置信区间内受到其他变量的冲击时，它对其他变量的当前和未来影响。

由图 5.10 的第一列，即经济水平的脉冲图来看，显示当经济受到一个标准差的冲击时，其自身响应最大，在第 1 期达到一个负峰值，在第 2 期后转为正值。社会、人口、环境和资源对经济系统的冲击在正负效应之间波动，且波动曲线的形状比较相似，说明浙中城市群经济的发展在一定程度上带动自身及社会、人口、环境和资源的发展，但它们的发展要想带动经济发展并非易事。

分析社会水平的脉冲图（图5.10的第二列）可知，当其他系统发展水平对社会水平产生一个标准差的冲击时，其自身表现出的冲击力最大，为逐渐减小的正响应。经济水平和资源水平表现为正负之间的波动，时间越久，影响越小。社会水平表现为逐渐减弱的正向影响。人口水平的负响应迅速加大，第2期之后表现为接近于0的负响应；环境水平从第1期起快速降至0附近。

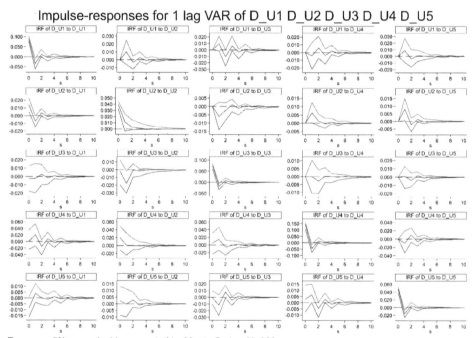

Errors are 5% on each side generated by Monte-Carlo with 200 reps

图5.10　脉冲响应图

观察图5.10的第三列发现，当人口水平受到一个标准差的冲击时，人口水平对自身的冲击最大，冲击呈波动减小态势，除第1期外均是正响应。经济水平和资源水平表现为正负影响之间较大的波动，时间延长，影响减小。社会水平在前三期表现为负面影响，三期之后开始在0附近小范围波动。环境水平在第1期后影响由正转负，第2期开始微小波动；对于自身产生的冲击，人口水平的影响在当期由正转负后小幅上升，后趋于0。

环境水平的脉冲反应如图5.10的第四列，当环境水平受到一个标准差的冲击时，它受到自身变化的影响最大，第1期为负响应，随后呈现正向的波动减弱的趋势。社会水平的反应总体上呈现正向，在第1期达到峰值。人口水平的反应总体上呈现负向，在第 2 期负影响最大。经济水平和资源水平呈现正负交替的波动影响，且分别在第 2 期和第 1 期表现为较大正影响。环境水平对于自身的冲击，响应由正转负后又经过小幅上升、下降，最后趋向于 0。

由资源水平的脉冲图（图 5.10 的第五列）可知，当资源水平受到一个标准差的冲击时，资源水平自身的变化最大，第 2 期开始转变为正响应且波动逐渐减小。经济水平和社会水平的反应总体呈现为正向反应，这种反应在第 1 期就达到了顶峰，随后在第 2 期由正转负呈现最大负向反应，最后收敛于 0。人口水平和环境水平在 0 附近呈现小幅波动，前者波动幅度小于后者。环境水平对资源水平的冲击在整个滞后期内表现为正负交替的波动，幅度有所减小。

（6）方差分解

在脉冲响应分析的基础上进行 10 期的方差分解，选取第 1、5 和 10 期的分解结果如表 5.16 所呈现。方差分解是一个用于分析当每个解释变量对被解释变量产生冲击时，被解释变量受到的影响强弱随时间变化的过程。从方差分解结果总体情况来看，每个系统发展的主要原因都是自身的发展，无论是哪一时期各系统发展对自身的贡献率都超过 80%，经济、人口和环境三个系统对自身的贡献率甚至超过 90%。

表 5.16　方差分解结果

变量	时期	D_U1	D_U2	D_U3	D_U4	D_U5
D_U1	1	1.000	0.000	0.000	0.000	0.000
D_U1	5	0.946	0.012	0.025	0.007	0.010
D_U1	10	0.946	0.012	0.025	0.007	0.010
D_U2	1	0.113	0.887	0.000	0.000	0.000
D_U2	5	0.124	0.802	0.021	0.019	0.034
D_U2	10	0.124	0.802	0.021	0.019	0.034
D_U3	1	0.001	0.001	0.998	0.000	0.000
D_U3	5	0.003	0.050	0.942	0.001	0.003
D_U3	10	0.003	0.050	0.942	0.001	0.003
D_U4	1	0.000	0.020	0.001	0.979	0.000
D_U4	5	0.031	0.017	0.012	0.930	0.011

变量	时期	D_U1	D_U2	D_U3	D_U4	D_U5
D_U4	10	0.031	0.017	0.012	0.930	0.011
D_U5	1	0.032	0.002	0.000	0.003	0.963
D_U5	5	0.031	0.005	0.074	0.027	0.863
D_U5	10	0.031	0.005	0.074	0.027	0.863

对于经济发展而言，第1期的变化完全是由于自身变化造成的，第2期到第5期其余系统对经济发展的贡献率有所增强，第5期之后趋于稳定，贡献最大的人口系统贡献率维持在2.5%，说明其余系统的发展对于经济发展的影响比较微小。就社会发展而言，虽然自身所占比重始终大于80%，但从第2期开始下降，其他系统的影响力逐渐提升，第5期后影响最大的经济系统权重稳定在12.4%，这表明经济发展有助于社会和谐和生活水平的提高。与社会发展相似，人口系统自身权重随着时间的推移缓慢下降至94.2%，最后社会系统对其影响增至5.0%，说明人口系统的发展离不开社会系统的支持。环境系统的主要贡献依旧来源于自身，不过随着时间的变化，其自身权重下降，经济对其影响最终稳定在3.1%，环境保护离不开雄厚的经济支持。最后，除了自身，对资源发展起到最大作用的是人口发展，因为人均资源拥有量取决于人口数量，而资源利用率的提高依赖于人类技术的进步。

5.7 本章结论与浙中城市群协调发展对策建议

5.7.1 本章研究结论

本章从经济、社会、人口、环境和资源五个角度对浙中城市群建立了较为完善的协调发展评价指标体系，首先利用熵值法和兼顾评价指标"功能性"和"均衡性"的静态评价模型测度了2010—2020年间浙中城市群各系统的综合发展水平，在此基础上构建了TOWA-TOWGA动态评价模型对城市群各系统的发展水平进行了动态评估。接着利用耦合协调评价模型，对浙中城市群的协调度进行了测度和空间差异分析。然后通过障碍度模型，找出阻碍浙中地区城市群协调发展的障碍因素，为浙中地区城市群的进一步发展提供指导。

最后，利用面板向量自回归模型量化系统之间的相互作用。最终得出以下研究结论：

第一，基于对浙中城市群8县市2010—2020年的经济、社会、人口、环境和资源五个方面的静态、动态评价分析，得出以下结论：义乌市和金华市区是浙中区域的两大经济增长极，经济发展又好又稳，磐安的经济发展亟待改善；义乌和永康的社会发展和谐稳定且在城市群中一直名列前茅，而兰溪和磐安的社会水平落后且无明显起色；金华和武义凭借人口质量优势和数量优势排名靠前，兰溪和磐安由于不合理的人口结构而排名靠后；义乌和武义是城市群环境保护的典范，这得益于两地政府的高瞻远瞩，而浦江和兰溪在工业发展的同时忽略了对环境的危害；磐安和武义山水资源丰沃，在各大县市中占据上风，兰溪和永康在资源禀赋不占优势的情况下资源利用率不高而导致排名最末。

第二，从浙中城市群8县市2010—2020年经济—社会—人口—环境—资源五系统耦合协调的分析结果得知：从数值上看，耦合协调度范围由2010年的0.343~0.714变成2020年的0.319~0.728，增长十分缓慢，各县市耦合协调水平的极差从2010年的0.371扩大到2020年的0.409，地区协调能力差距愈演愈烈。从协调类型上看，从2010年到2020年最高协调等级仅提升了一个层次，失调的县市也仅减少了一个，各子系统之间的相互作用弱，协调程度仍需改善。此外，各县市协调发展聚集效应明显，呈现以金义为主轴线，向西北和东南递减的"三明治"空间格局，缩小区域发展差距应该是未来一段时间内浙中城市群协调发展的重要途径。

第三，从浙中城市群8县市2010、2015及2020年三个典型年份的障碍系统和指标的分析结果看，经济、社会和资源系统是阻碍浙中城市群各区县协调发展的主要系统。指标层中人均水资源拥有量、人均公园绿地面积、人均城乡居民年末存款余额、产业结构高级化指数和外贸依存度等指标对复合系统协调发展的阻碍作用较大，应加强对这些指标的关注。

第四，通过对浙中城市群经济、社会、人口、环境和资源五系统的动态互动关系分析可知，五系统之间存在长期稳定的均衡关系，目前浙中城市群内各系统发展水平的提高主要依赖于自身水平的提高，系统间的互动关系相对较弱，这与耦合协调分析得出的结论一致。从长期来看，对于社会系统，经济对其会产生显著的促进作用，人口对其产生较大的阻碍作用，而资源和环境会对其产生较小的促进作用。对于人口系统，除了社会的发展可能是一个主要制约因素外，其他系统对它几乎没有影响。对于环境系统，除了人口会对其产生负面影响之外，其他系统都会对其产生促进作用，影响力排序为：经济>社会>资源。对于资源系统，人和环境在不同程度上阻碍了它，人口的阻碍大于环境，经济和社会对其产生了较小的促进作用，社会的促进作用十分微弱。

5.7.2 浙中城市群协调发展对策建议

综合以上研究结论，本研究就促进浙中城市群协调发展，提出如下四点建议。

（1）金义合力，引领浙中崛起

如今，单一的城市发展已经穷途末路，唯有通过几个城市的共同努力，方能获得持久的发展。浙中城市群总体发展态势良好，但是各地区的发展水平存在着较大差异。义乌市、金华市区是浙中城市群的"双核"，它们的发展实力和辐射能力决定了浙中城市群的协调发展。研究结果显示，义乌市和金华在城市发展的各个方面都很强，但也存在短板。义乌缺乏成为"领头羊"的历史文化认同，也没有足够的政策导向，而金华虽然有政策的引导，但其经济辐射功能相对较差，目前还不具备独立推动城市群发展的条件。同时金华与义乌两城之间的联系缺乏紧密性，导致现今两城均无法单独成为浙中城市群的核心。只有金义合力，才能使浙中崛起。

"合力发展"包含两个层面：一是在双核内部，义乌市在经济、社会和环境方面表现出强劲的实力，而金华市区源源释放的人口红利和丰富的资源正是义乌市所欠缺的。因此，只有整合两市的资源，开展产业协作，充分发挥各自优势，形成优势互补、分工清晰、统筹发展、有机联系的整体格局，提高凝聚力和竞争力，才能更好地在浙中地区乃至更广大的范围形成集聚和辐射作用。二是在浙中城市群内，双核应发挥经济、社会、人口、环境、资源方面的引领作用，加强与周边县市的联系，辐射带动金兰永武、义东浦磐两条发展带，使浙中城市群逐步向一体化发展迈进。

（2）群城与共，聚合发展

浙中城市群作为"群中之群"，优势在于其在规划、政策、土地等方面不存在行政边界，其协调和运作效率优于其他城市群。然而由于缺乏统一规划和协调管理，导致了资源浪费严重、环境污染加剧以及"城市病"问题突出等一系列不良现象。且城市群是一个具有动态性、综合性和开放性的综合体，与周围区域有着密切的经济、社会和文化交流，过于袖珍的城市群不利于新地域空间组合的形成，扩大浙中城市群的规模迫在眉睫。

浙江省委、浙江省政府要解决好浙中城市群与金华—义乌都市圈之间规划范围相同的矛盾，解决好浙中城市群不跨市本级行政区域的尴尬，并且要尽早谋划将衢州、丽水纳入浙中城市群，让环杭州湾、温台、浙中三大城市群真正涵盖全省范围。同时也应尽快完善相关配套政策和措施，使之能够在促进区域协调发展方面发挥作用，通过加强政府间协作来推进浙江省域一体化进程。从长远来看，建议相关部委考虑将由浙江、江西、福建和安徽中的九市组成的"四省九市经济合作区"打造为未来的四省九市城市群。

同时建议金华、衢州和丽水广大干部群众进一步统一思想，形成强大发展合力，加强金丽衢片区各种活动的开展，使三个城市成为四省九市协作区的中流砥柱。实现三市产业联动（如永康、武义、缙云的五金产业）、资源共享（如衢州、丽水向金华供水等）、设施共建（如交通等），为连片成群发展打下良好的基础。

（3）优化资源配置，提高资源利用率

目前，在浙中城市群内部，无论是较发达的核心区还是欠发达的边缘区，都有渴望进一步发展的强烈愿望。然而，可利用土地和水资源的紧缺、空间分布不均等问题导致生态环境持续恶化，已经成为浙江中部城市群五大体系协调发展和区县空间发展的最主要障碍之一。

在水资源配置上，结合市域内水资源分布状况和浙中城市群近期、中期、长期水资源利用需求，建议建设流域型、区域式大规模的水资源供应体系，实施水库水源点联网工程，实行区域内集中式供水，建立统一的供水保障体系。在土地资源配置上，各地突破行政区划界限，优势互补，实现跨县域土地资源互补共享。像义乌和永康这样的工业大市，由于土地供应紧张，导致了工业用地短缺，产业向周边武义县等地区产业转移，而武义则受到了辐射，促进了当地的发展。

在水资源利用中，首先要充分考虑市场机制的作用，同时调节各方利益，提高利用水平。其次，要积极发展循环经济，着力打造资源再利用的绿色增长机制，发展壮大更多的清洁生产示范企业和节能产业，实现资源、环境和经济的协调发展。在土地资源利用方面，各县市要树立"效益优先"的科学发展观，通过扩大规模逐步改变经济发展方式。浙中城市群目前正处于工业化的中后期,人口的流入和城市扩张导致其对耕地和建设用地的需求也在稳步增长。因此,切实有效的耕地保护措施对可持续的经济和社会发展至关重要。一方面,通过土地整理、清闲复垦、空中发展等方式,集约节约利用土地;另一方面,加强黄土丘陵资源的开发利用,可以极大地节约有限的耕地资源。

(4) 促进产业升级,提高开放水平

浙中城市群作为全省对外开放的先行者之一,是全国最大的小商品集散中心,但同时也面临着部分区县外贸依存度低、产业结构低端等问题。

浙中城市群产业存在的问题有:第一,产业"多散弱",即产业众多,优势产业不明确以及缺乏竞争力;第二,产业基础、关键技术研究能力欠缺,关键工业部门的成果转化和产业化能力薄弱;第三,产业转型升级进展缓慢,新兴产业增速偏慢,传统产业占比依然很高;第四,传统产业污染大。因此,未来的浙中城市群应以加快创造新的发展模式为导向,以高质量、竞争力和现代化为重点,选择创新和变革之路,坚持传统制造业转型升级和新兴产业培育的两轮驱动,促进产业与技术的双重联动、产品与产业模式的双重适应、数字与绿色产业的双重撬动。要巩固和提升纺织服装和五金两大传统盈利产业,大力发展光电子、汽车及零部件、装备制造、生物医药和医疗器械四大现代低碳绿色新兴产业,拓展数字经济、新材料等先进未来产业研究,努力打造具有浙中城市群特色的"2+4+X"先进制造业体系,加快推进产业转型升级。

浙中城市群总体对外经济发展迅速,但各区县受自然环境、区位、社会经济条件等因素的影响,对外经济发展差异明显,呈现出义乌、金华市区发展较快,磐安等山区等较落后的特点。从第4章外资开放度与外贸依存度的权重变化可以看出,经济开放度在经济发展中的重要性日渐凸显,研究发现外贸依存度是阻碍浙中城市群协调发展的关键指标。因此,在我国"双循环"发展新格局背景下,浙中城市群应充分发挥义乌和永康的辐射作用,立足于世界小商品之都、中国科技五金城等开放优势,充分利用好长三角强大的外贸功能,把握中国自贸区金义片区的扩容机会,积极引导外资企业开拓国内市场,扩大外贸出口,持续增强经济外向性,推动城市群整体经济更快、更好发展。

第6章

江西城市协调发展分析与案例研究

城市协调发展与区域协调发展重叠较多,是区域发展的重中之重。城市协调发展更多的是完善城市功能,提升城市品质。一座功能齐、品质高的城市必然是一座协调的城市。因此,为避免研究的重复,宏观方面,本章从城市功能与品质提升这一全新的角度对欠发达地区江西的城市协调发展进行研究,以协调发展为背景,分析城市功能和品质的内涵,对江西城市功能与品质发展进行评价,研究江西城市功能与品质提升中存在的突出问题,提出发展建议。微观方面,以南昌市城市协调发展为例进行案例分析,以期为具体城市协调发展提供相关理论和数据支持。

6.1 协调发展背景下的江西城市功能与品质测度[①]

6.1.1 协调发展背景下城市功能和品质的内涵

城市是人类文明发展的物质和文化载体,在协调发展的背景下,现代城市具有生态、服务、发展、文化、生活和行政六大功能,而城市功能实现的程度,决定了城市品质的好坏。

(1)城市生态质量

城市是人们居住的地方,在人口的不断聚集和城市发展的过程中,必然会对有限的自然资源产生压力,从而产生诸多的负面效应。因此,城市生态质量体现了城市绿色崛起高质量的发展要求,强调人与环境的和谐相处,主

---

① 本节主要内容以标题《高质量发展背景下城市品质评价研究——以江西为例》(作者:余达锦、李锦、林海城)发表在《生态经济》2020年第11期上。

要表现为城市在污染废物处理、水源质量、空气质量、声环境以及绿化面积等方面的建设与协调。

（2）城市服务质量

城市是提供服务的地方，城市在不断发展的过程中，必须为人们提供更好的服务，从而提高市场效率，城市的发展提供发展的潜力。因此城市的服务质量主要体现了城市市场有效的高质量发展要求，强调城市对人和经济发展的服务，主要表现为在基本生活资源、交通、教育、医疗等方面的供给与协调。

（3）城市经济质量

城市是社会发展的地方，城市发展的动力在于经济增长。但原来以工农业为主要动力来源的发展动力和粗放式的发展模式明显已经不适应新时代协调发展。因此，城市经济质量主要体现了城市结构优化和动力转化高质量的发展要求，主要表现为第三产业的贡献以及科研贡献。

（4）城市文化质量

城市是文化发展的地方，城市发展不仅在于物质文化，还有精神文化。与以前单纯强调物质文明不同，协调发展注重对精神文化的建设，更加注重精神文化对城市发展的带动作用。因此，城市文化质量主要体现了城市动力转化的高质量发展要求，主要表现为科教文娱的发展和公共服务的建设与协调。

（5）城市生活质量

城市是市民生活的地方，城市最原始的功能就是为人们提供一个生活的场所。协调发展要求始终以人为本，不仅要求人们能生活，还要求人们生活得好。因此，城市生活质量主要体现了城市人民共享的高质量发展要求，主要表现为社会保障的建设与协调。

（6）城市管理质量

城市往往还负担着一个地区的管理责任，而我国是一个强政府的大国，城市功能和品质的好坏与当地政府的管理息息相关。协调发展，更加考验政府的执政管理能力。因此，城市管理质量主要体现在城市功能和品质的提升上，主要表现为以上五方面的变化程度。

6.1.2 协调发展下的城市功能与品质测度指标体系

6.1.2.1 城市品质与功能评价指标的选取

基于前文对城市功能的描述，本研究根据数据可得性、现有文献和专家建议共构建了 6 个一级指标和 55 个二级指标在内的协调发展下的城市功能与品质评价体系，如表 6.1 所示。

表 6.1 城市品质与功能评价指标体系

城市生态质量	建成区绿化覆盖率	A1	城市文化质量	教育科技支出比	D1
	城市污水处理厂集中处理率	A2		文化艺术业固定资产投资	D2
	城市工业废水处理率	A3		科教文娱就业比	D3
	重点流域考核断面地区水质达标率	A4		公园个数	D4
	集中式饮用水水源地水质达标率	A5		城市公园面积	D5
	城市工业固体废物处置利用率	A6		图书馆个数	D6
	城市危险废物处置利用率	A7		博物馆个数	D7
	空气质量优良天数比例	A8		文体娱乐固定资产投资	D8
	城市功能区白天噪声点次达标率	A9	城市生活质量	社会服务人员就业比	E1
	城市功能区夜晚噪声点次达标率	A10		城镇化率	E2
城市服务质量	城市用水普及率	B1		基本养老保险参保占比	E3
	市辖区人均居住用地面积	B2		失业保险参保占比	E4
	每万人医师数量	B3		基本医疗保险参保占比	E5
	城市燃气普及率	B4		城镇就业率	E6
	电视节目综合人口覆盖率（市辖区）	B5		社会消费品零售总额_市辖区	E7
	每万人汽电车运营量	B6		出租汽车运营数_市辖区	E8
	市辖区普通高等学校师生比	B7		人均生活用电量_市辖区	E9
	公共图书拥有量	B8		城市生活用水供水量	E10
	教育公共预算支出比	B9			

续表

	收入 GDP 比	C1		城市建成区绿化覆盖面积 年均增长率	F1
城 市 经 济 质 量	第三产业增加占 GDP 的比重	C2	城 市 管 理 质 量	城市绿地面积年均增长率	F2
	科技公共预算支出比	C3		城市排水管道长度年均增长率	F3
	城区第三产业就业人员占全部城镇 单位就业人员比重	C4		城市维护建设资金支出年均增长率	F4
	科技就业人数占比	C5		城镇单位在岗职工平均工资 年均增长率	F5
	信息技术就业人数占比	C6		城区公共图书馆总藏量年均增长率	F6
	常住人口（万人）	C7		城区人均 GDP 年均增长率	F7
	人均 GDP	C8		城区社会消费品零售总额年均增长率	F8
				城区一般公共预算支出年均增长率	F9
				城区医院和卫生院数年均增长率	F10

6.1.2.2　城市品质与功能评价指标评价标准的构建

本节研究将城市功能和品质分为 6 类，分别为：超高品质（Ⅰ类）、高品质（Ⅱ类）、较高品质（Ⅲ类）、中等品质（Ⅳ类）、次中等品质（Ⅴ类）和低品质（Ⅵ类）。具体评分标准如表 6.2 所示。

表 6.2　城市功能与品质评分表

名称	范围
超高品质（Ⅰ类）	$(100, +\infty]$
高品质（Ⅱ类）	$(80, 100]$
较高品质（Ⅲ类）	$(60, 80]$
中等品质（Ⅳ类）	$(40, 60]$
次中等品质（Ⅴ类）	$(20, 40]$
低品质（Ⅵ类）	$(0, 20]$

6.1.2.3　城市功能与品质评价指标数据处理

（1）数据来源与特点

限于数据的获取，本部分研究数据来源于《江西统计年鉴 2019》和《中国城市统计年鉴 2019》以及相关统计公报等权威数据，对少数个别缺失数据采用插补法等进行处理。

指标分为比率数据、比例数据、绝对值数据和增长率数据。比率数据是指数据分母与分子的关系为包含和被包含关系，单位为百分号；比例数据是指数据分子和分母之间并没有包含和被包含关系，具有比例单位；绝对值数据即为原始数据，不存在什么特殊的处理，具有单位；后者用于衡量指标的增长率，单位为百分号。

（2）数据处理

对于六大维度的数据，本研究根据是否为比率数据采取不同的处置方式。对于比率数据的指标，全部乘上100，转化为满分为100的百分制数据；其他类型数据则以其最大值为满分，转化为百分制数据。此时，江西省11个地级市的评价范围在江西省之内。

为了将城市综合质量的评价范围扩大到全国，对于城市综合质量的数据，这里根据《2018年中国都市圈发展报告》关于都市圈的评分，将前三大都市圈的平均发展水平作为满分，将11个地级市数据百分制化。

6.1.3 江西城市功能与品质评价与结果分析

本部分从6个维度判断江西省地级市的发展质量，判断江西省地级市的生态、服务、经济、文化、生活和管理是否与其发展配套。为了淡化极端值的影响，在判断6个维度的发展质量时，这里通过将最大值设为满分值进行判断，这使得11个地级市的评价必然局限于江西省内。因此，在综合判断时，引入了《2018年中国都市圈发展报告》的评分结果进行加权，将江西省11个地级市的评价标准扩大到全国。另外，此处的评价更多了解11个地级市在经济发展的同时是否注重城市功能和品质的提升，从而了解江西11个地级市的品质特点。

评价研究方法以层次分析法和主成分分析法为主。先利用主成分分析法分别计算6个维度下旋转后的因子得分，并以方差贡献度为权重，计算每个地级市的得分值，从而判断11个地级市下6个维度的发展质量。最后以6个维度的得分值作为新变量，为了防止6个维度出现极端值，将原来超过100的评分改为100（维度内的评价不变），再次利用主成分分析法计算总旋转后的因子得分，以方差贡献度为权重，计算11个地级市的综合得分，从而判断11个地级市的综合发展质量。

相关研究结果见表6.3。为了更好对比分析，这里给出了江西城市功能品质评价雷达图,如图 6.1 所示。这里要说明的是,六大维度的评价是以江西省内部为标准,因此每个维度质量的评价都会比综合质量高。

(1) 城市生态质量

江西省地级市总体生态质量好,整体评价为高品质生态市,大部分的城市均为高品质生态城市,大部分城市生态质量超过高品质生态城市。南昌市为高品质生态质量,省内排名第 4;最好的城市为抚州,为超高品质生态城市;最差的为上饶,为中等品质生态城市。数据显示,萍乡市和上饶市在城市危险废物处理方面的工作做得不尽如人意,说明在回收处理和利用方面的工作仍有待加强,这也是导致这两个城市最终被评为中等品质生态城市的主要原因。

表 6.3　江西城市功能与品质得分值评价表

城市质量	南昌	景德镇	萍乡	九江	新余	鹰潭	赣州	吉安	宜春	抚州	上饶
生态质量	94.22	94.65	57.53	76.43	71.93	92.65	83.89	91.02	97.59	100	52.7
	II类	II类	IV类	III类	III类	II类	II类	II类	II类	I类	IV类
服务质量	90.75	75.11	62.06	70.38	73.01	56.78	68.38	76.01	32.3	39.44	69.05
	II类	III类	III类	III类	III类	IV类	III类	III类	V类	V类	III类
经济质量	51.11	33.22	36.32	47.98	26.41	25.53	85.01	62.9	84.65	59.57	69.45
	IV类	V类	V类	IV类	V类	V类	II类	III类	II类	IV类	III类
文化质量	100	59.45	70.86	52.34	52.42	51.31	92.34	26.17	43.06	79.3	64.99
	I类	IV类	III类	IV类	IV类	IV类	II类	V类	IV类	III类	III类
生活质量	100	58.61	54.73	53.74	40.45	63.49	50.69	58.97	38.17	40.39	43.41
	I类	III类	IV类	IV类	V类	III类	IV类	IV类	V类	V类	V类
管理质量	49.9	13.51	18.52	29.98	21.37	72.24	100	66.93	52.56	35.71	100
	IV类	VI类	VI类	V类	V类	III类	I类	III类	IV类	V类	I类
综合质量	41.04	22.34	24.22	24.81	21.43	31.96	45.94	30.1	24.68	26.09	41.44
	IV类	V类	V类	V类	V类	V类	IV类	V类	V类	V类	IV类

(2) 城市服务质量

江西省地级市总体服务质量较好,整体评价为较高品质服务城市,大部分的城市均为较高品质服务城市,一半以上城市服务质量超过较高品质服务城市。最好的城市为南昌，为高品质服务城市；最差的为宜春，为次中等品质服务城市。数据显示，抚州市和宜春市的图书馆藏书方面的工作做得不尽如人意，意味着公共文化服务方面的工作仍有待加强，这也是导致两个城市最终被评为次中等品质服务城市的主要原因。

（3）城市经济质量

江西省地级市总体经济质量一般，整体评价为中等品质经济城市，大部分城市为次中等品质经济城市，一半以上的城市仅仅超过中等品质经济城市。南昌市排名第6，为中等品质经济城市；最好的城市是赣州，为高品质经济城市；最差的是鹰潭，为次中等品质城市。数据显示，常住人口的数量对城市经济质量的发展尤为重要，这代表着景德镇市、萍乡市、新余市和鹰潭市发展高质量经济的最短板在于人口不足。

南昌市的再分配方面做得不是很好。数据显示，南昌市2018年GDP为5274.67亿元，对江西省经济的贡献度最大，为24%。但收入的增长并没有跟上南昌GDP的增长速度，南昌市的收入GDP比在11个地级市中排名倒数第三，意味着南昌市的消费拉动力较弱。

（4）城市文化质量

江西省地级市总体文化质量一般，整体评价为中等品质文化城市，大部分城市为中等品质文化城市。最好的城市是南昌市，为超高品质文化城市，最差的为吉安，为次中等品质文化城市。数据显示，吉安市在教育科技投入、文化艺术业固定资产投资以及公园数量等城市文化质量方面的工作做得不够，这意味在城市文化的投入以及对文化传播场所的建设方面做得不够。

（5）城市生活质量

江西省地级市总体生活质量较一般，整体评价为中等品质生活城市，大部分城市为中等品质生活城市。最好的城市是南昌，为超高品质生活城市，最差的为宜春市，为次中等品质生活城市。数据显示，宜春市的社会消费品零售总额、出租车运营数量以及城市生活用水供水量过低，导致宜春市城市生活质量不高，这意味着宜春市应当着力改善城市市场环境、增加居民出行方式以及加大用水保障力度。

（6）城市管理质量

江西省地级市总体管理质量一般，整体评价为中等品质管理城市，大部分城市为次中等品质管理城市。南昌市排名第6，为中等品质管理城市；最好的城市是赣州市，为超高品质管理城市；最差城市是景德镇市，为低品质管理城市。数据显示，赣州市非常重视城市绿化、排水以及医院方面的建设，而这正是景德镇市和萍乡市工作不足的地方，南昌市在这些方面也有所建设，但是建设力度并没有赣州和上饶这般强，使得南昌市评价并不名列前排。

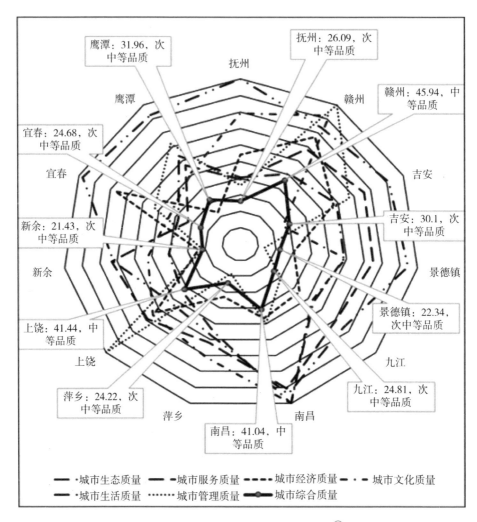

图6.1 江西城市功能品质评价雷达图①

6.2　江西城市功能与品质提升中存在的问题与思考①

提升城市功能与品质，不断满足人民对美好生活的向往，是江西省委省政府做出的关于城市协调发展的重大战略部署。《江西省城市功能与品质提升三年行动方案》实施三年多来，江西省以民为本，大力实施城市更新行动，推进老旧小区改造向纵深迈进，各城市环境得到有效整治，公共基础设施建设全面提速，全省城市"颜值"与"价值"共进，"宜居"与"宜业"齐飞，城市功能与品质得到全面提升。但调研与数据分析发现，在取得了喜人成绩的同时，江西城市协调发展还存在较多问题。结合上述研究和当前江西省发展实际，城市建设思想观念落后、城市安全风险加大和城市产业同质化严重三大问题显得尤为突出，亟待缓解，要更好更快地推进城市功能与品质提升，推进城市协调发展。

6.2.1　当前江西城市功能与品质提升中存在的三大问题

（1）城市建设思想观念落后

调研表明，城市建设过程中一些地方干部思想观念还未能跟上，尚未能充分认识到城市协调发展和提升城市功能与品质的战略性、全局性和紧迫性。突出表现在：

①城市老旧小区改造中存在畏难思想，缺乏攻坚克难的精神。调研发现，江西全省所有城市老旧小区改造普遍挑选底子厚、管理好、易出彩的小区进行，缺少敢于"啃硬骨头"、敢于打硬仗的劲头。

②城市建设中服务意识不够，缺乏主动担当精神。城市建设中仍存在大量"形象工程""面子工程"，工作的前瞻性、系统性、统筹性、主动性和专

① 本节内容以同标题《当前江西城市功能与品质提升中存在的问题与思考》（作者：余达锦）发表在江西新型智库建设指导委员会和江西省社会科学界联合会主办的《智库成果专报》2022 年 7 月 28 日第 21 期上。8 月 2 日和 3 日省政协主席姚增科和副主席尹建业均对该研究报告做出肯定性批示，要求省政协人口资源环境委员会领导阅研，并吸纳相关建议。本书作者余达锦教授还多次受邀参加省政协相关调研和座谈，包括省政协十二届第 90 次主席会议。2022 年 8 月 28 日，余达锦教授受邀参加省政协常委会并做大会主题报告，得到与会领导们的肯定。

业性不足，问需于民、问计于民和问效于民少。部分人员完全是为了完成上级下达的任务，"等、靠、要"心态严重。

③城市发展中市场意识不强，缺乏开放协作精神。没有充分发动社会资本和力量参与到城市更新中，开拓和驾驭市场能力不强，大多数城市功能与品质提升项目都是政府投资并主导，市场化严重不足。

（2）城市安全风险加大

调研发现，随着城镇化进程加快和经济发展转型升级，江西省城市安全风险加大，影响城市功能与品质提升，突出表现在：

①各类安全生产事故仍然频发。2022 年 1—6 月，江西全省共发生各类生产安全事故 328 起，死亡 278 人；其中较大事故 5 起，死亡 18 人。

②城市洪涝现象严重。一下暴雨，很多市民就能在家门口"看海"，人民生命财产受到严重威胁。以 2022 年 6 月数据为例，江西省各大城市都发生过城市内涝，南昌、宜春、景德镇、上饶、赣州等尤为严重。上饶"6·20"特大洪涝灾害中，洪水淹没瑞东医院第一层，导致医疗设备报废、物资损失等总金额高达 1201 万。

③各类传染病例激增。数据显示，2022 年 6 月 1 日至 6 月 30 日，江西全省共报告法定传染病 53232 例，死亡 87 人。与去年同期和今年各月份相比，病例数增加约 2 倍，死亡人数增加约 1 倍。新冠肺炎疫情反复。从 2022 年 3 月 16 日发现全年首例到 2022 年 5 月 15 日清零两个月之间，增加了 424 个病例。6 月底开始又出现相关新冠肺炎病例。

（3）城市产业同质化严重

工业结构相似系数测算表明，江西省各城市产业同质化严重，造成产能过剩加速，影响城市间要素的流通，阻碍城市产业结构的转型升级，削弱城市竞争力，增加了城市经济风险。突出表现在：

①各城市产业生态不协调。城市产业规划高度相似，未能构建优势互补、高效分工、错位发展、配套协作、有序竞争的区域产业生态。在承接发达地区产业梯度转移时搞拼政策、拼资源、拼地价等同质化竞争，部分行业"内卷"严重。

②各城市产业"集而不群"的现象普遍存在。不少地方的产业园区企业间的关联度不高，价值链衔接也不紧密，不能形成完整的产业链上下游配套关系，技术和信息等资源也无法共享，产业集而不群，造成产品低端同质现象。

③文旅产业融合度低，特色不够彰显。江西各城市文旅资源丰富，但文化产品和旅游产品同质现象较为突出。一方面造成文化产品不具备旅游属性，不能很好地搭乘旅游发展东风，发展受限；另一方面造成旅游产品缺乏城市文化内涵，商品属性太浓。

6.2.2　当前江西城市功能与品质提升路径分析

城市是有机的生命体，是区域的行政管理、经济、文化、科技、信息和各种社会经济活动集中的中心地和开发基地。更新城市发展理念，解决好城市安全和产业发展问题，能使城市各子系统及各子系统之间运行更加协调，提升城市功能与品质，最终达到城市高质量发展。当前，江西城市功能与品质提升可从规划、交通、产业、生态、文化和治理六个方面着手。

提升城市功能与品质，一要做到规划先行。要加强城市规划，高起点、高标准、高质量引导城市建设。要落实主体功能区战略，优化城市发展空间格局，使市发展水平与土地和空间容量和谐共生。要借老旧小区改造、城市更新等契机，强化公众参与，大力规划好基础设施和公共服务配套设施建设，统筹推进，把民生工程建成民心工程。城市规划要高度重视历史文化保护，不急功近利，不大拆大建，不挖山，不填塘，充分利用现有自然资源，突出地方特色。

提升城市功能与品质，二要做到交通顺畅。要提高公众交通的服务水平和管理的智能化水平，落实以公共交通为主导的城市交通发展战略，改善人民的出行条件。要加强城市轨道交通建设，完善我省交通体系功能结构。要针对小汽车的"保有量高速增长、高强度使用、高密度聚集"的发展现状进行理性引导与调控。旧城改造、城市更新与新区建设要充分依托交通枢纽及公共客运走廊，相关车站建设要与城市功能区有效结合，解决综合交通枢纽接驳方式结构，打造便捷的一体化换乘方式，提高城市通勤速度，增强人民的获得感和幸福感。

提升城市功能与品质，三要做到产业强盛。产业是城市发展的基石。要充分把握城市建设与产业发展的互动规律，从经济、社会、生态等方面全面统筹，以城市功能与品质提升带动产业高质量发展。一方面，要优化调整产业结构，做好城市转型工作，实现资源型产业与非资源型产业的协调发展。江西要继续夯实工业强省基础，落实创新驱动发展战略，促进制造业升级和服务业发展。同时要保证劳动密集型产业的平稳发展，吸纳更多农业转移人口就业。另一方面，要发挥赣江新区等国家级新区和各地产业园区的优势，继续加大招商引资力度，引导产业集聚和合理布局，打造城市发展的新增长极，促进产城融合，全面提升城市功能和品质。

提升城市功能与品质，四要做到生态优美。功能完善、品质高的城市必然是一座生态宜居的城市。生态绿是最耀眼的城市底色。城市建设要落实生态优先、绿色发展理念，坚持绿水青山就是金山银山，全面加快污染防治进程，全面加强生态环境保护，全面推进环境整治。要结合旧城改造、城市更新等，采取见缝插绿、拆违建绿、破硬增绿等方式，千方百计增加城市绿地，因地制宜建设街头游园，塑造园林景观，打造层次丰富、色彩缤纷的城市公共空间，不断提升城市生态品质，走一条经济、社会、生态和谐共赢的城市发展之路。

提升城市功能与品质，五要做到文化繁荣。文化是城市的灵魂。一座高品质的城市必然是文化繁荣兴盛的城市。江西各城市的古色、红色和绿色文化资源丰富，要保护和传承好，使三者充分融合，交相辉映，城市特色才能更加彰显。当前，我国社会主要矛盾发生变化，人民对于丰富而有品位的城市文化需求更加旺盛。地方政府要转变观念，开发新区是政绩，保护历史文化遗产并经营好是政绩，保护好绿水青山、做好山水文章也是政绩。城市发展要面向未来，在继承和发展历史文化的同时，促进城市文化推陈出新，不断提升城市文化内涵。

提升城市功能与品质，六要做到治理有序。完善的城市公共治理体系的建立，是国家治理体系的重要体现。城市功能和品质不高实质上就是公共治理有序存在问题。城市的快速发展，直接体现在大量的人口和经济活动在有限空间中的聚集，从而导致城市发展中普遍的外部性（溢出效应）和公共产品的供给问题。构建一个既公平公开有序又具竞争力的城市公共治理系统，对保障城市的可持续发展具有重要意义。要创新思路，变革城市发展的激励机制，强化权力制衡与监督机制，建立权责对应的财政制度，充分运用现代信息技术，构建高效、包容、可持续城市公共治理体系，不断提升城市治理社会化、法治化、智能化、专业化水平。

6.2.3 当前江西城市功能与品质提升相关政策建议

针对当前江西城市功能与品质提升中存在的三大问题和上述对城市功能与品质提升路径分析，提出下列三点建议：

（1）开展"城市更新、观念更新"活动。

观念一变天地宽。城市更新首先要思想观念更新。要认识城市功能与品质提升的重要性，树立高标准的工作理念，提高服务意识，强化市场意识，拓宽发展路径。要坚决放弃躺平思想，克服畏难思维、避责思维，大力倡导干成思维、创新思维、争先思维和协调思维，扎实推进城市功能与品质提升。具体建议包括：

①相关部门开展习近平总书记关于城市工作的指示精神学习讨论活动。通过学习讨论，解放思想，深刻领会习近平总书记关于城市工作的新思想新理念，不断推进城市治理体系和治理能力现代化。

②每年选派50名青年干部到发达城市蹲点式学习相关管理经验。要将发达城市优良的工作作风、科学的工作方法和开放的思想理念带回来，更好地服务我省城市高质量发展。

③开展城市工作先进人物宣传、评选和学习活动。要在江西全省倡导"功成不必在我，功成必定有我"的责任担当，深入推进城市功能与品质提升。

④加大城市功能与品质提升宣传工作。如开展文明城市大家谈和社区干部进小区等活动，举办各类相关竞赛和征文活动，了解人民群众的真实需求，充分发动他们参与建设美好家园的积极性。

（2）深入推进城市安全治理工作。

安全是发展之本，安全是幸福之源。城市发展面临各种灾害、安全风险，要密织保障市民生命财产安全的防护网，提高城市安全治理水平，深化大城细管、大城众管、大城智管，夯实城市可持续发展与协调发展的安全基底，不断增强城市发展韧性，提升城市功能与品质。具体建议包括：

①积极推进海绵城市建设。要优化管网系统布局，集中整治排涝通道瓶颈段，提高管网运行效能，积极推进末端优化，包括在易发生内涝的地方安装监控预警设备、新建雨水泵站等，提高部分区域雨水排放能力，保障人民生命财产安全。

②加强安全生产检查，特别是化工、建筑等高危生产行业。如开展安全生产大检查"百日攻坚"行动，加强城市危险源调查登记工作，突出抓好隐患排查整改，落实责任清单。要健全安全生产长效管理机制，助力省委"稳住、进好、调优"的经济工作思路，夺取全年胜利目标。

③加大城市生命线安全工程平台建设力度。要利用现代科技手段，按照全主体、全周期、全过程的风险管理理念，打造全方位、立体化、无盲区的风险隐患全域感知、动态监测系统，做到城市安全风险早研判、早预警、早发现、早处置，确保城市安全运行和突发事件高效应对。

④大力建设城市生态隔离带。生态隔离带能有效防护病毒、细菌、真菌等。人类与包括新冠病毒在内的各类传染病病毒长期共存已是共识。要借助山水林田湖草，因地制宜，在城市之间和城市内部各功能区之间甚至有条件的居住小区之间要着力设置生态隔离带，改善城市生态环境的同时，有效减少传染病的扩散传播。

（3）加快构建具有城市特色的现代产业体系。

现代产业体系以实体经济、科技创新、现代金融、人力资源协同发展为主要特征，能有效缓解产业同质化。要构建具有城市特色的现代产业体系，增强产业链韧性和竞争力，推动城市高质量发展。要强化城市功能区规划、产业布局等方面的管理与协调，努力构建分工、互补的产业格局，走差异化发展之路。要把产业发展重点放在推动产业转型升级上，加快产业基础高级化和产业链现代化，促进经济循环和产业链畅通。具体建议包括：

①加大精准化招商力度，狠抓"龙头"招商和补链强链招商，提高产业集聚度。要围绕重点产业集群，对接梯度转移，着力引进对城市产业发展有重大影响的龙头项目，提升产业集群发展层次和水平，加快形成特色产业集群和集聚区，推动产业合理布局、优先发展和协调发展。

②加强相关产业研究院建设，不断提升产业创新能力。江西各城市要为产业研究院建设提供充分的政策支持，力争打造其为产业发展的助推器、招才引凤的梧桐树和创新要素的资源池。要加大资源整合力度和科技成果产业化力度，加快创新创业孵化平台建设，为企业孵化提供便利。

③大力推动数字经济与实体经济、传统制造业的融合发展。江西各城市要借"双一号工程"建设契机，推动实体经济、传统制造业在生产管理、市场研判、精准营销等方面的数字化融合和数据应用，进一步释放产业数字化的潜力。要避免产业同质化竞争，积极引导企业进行跨区域产业链间重组和

并购，走区域产业协同发展之路。

④出台更多支持城市商圈发展的文件与规划，打造更多高品质夜间经济集聚区。商圈对城市经济协调发展影响重大，且与夜间经济存在较大互补性。在大力发展城市商圈的同时，要做大做强夜间经济，促进城市消费升级，倒逼城市功能与品质提升。要以民为本，坚持民生导向，不断提升管理服务水平，打造既有"烟火气"又不失有序、特色和美观的夜间经济集聚区，促进城市协调发展。

6.3　案例研究：南昌市协调发展分析与建议
——基于加速进入万亿 GDP 俱乐部视角①

为落实习近平总书记"中心城市和城市群正在成为承载发展要素的主要空间形式"指示精神，本章以区域中心城市江西省南昌市为例，从加速其进入万亿 GDP 俱乐部这一视角，进行协调发展相关案例研究。

万亿俱乐部是对中国大陆全年 GDP 达到或超过万亿元城市的统称。一般来说，当 GDP 超过万亿后，城市聚集辐射能力将显著提高，城市发展的协调性也大大增强，既能创造各种就业机会，聚集人口，同时更多的资金反哺民生领域，使整个城市进入协调发展的高级阶段。

截至 2020 年底，随着泉州、济南、合肥、福州、南通和西安同时进入万亿俱乐部，全国万亿俱乐部成员增长到了 23 个，这使得南昌市的地位处于一种尴尬的境地。一方面，南昌市 2020 年 GDP 为 5745.51 亿，年名义 GDP 增长率为 2.7%，若南昌未来均以此速度发展经济，那么将在 2041 年才能进入万亿俱乐部。另一方面，随着 2021 年万亿俱乐部新增六个成员，"环赣万亿俱乐部"出现。也就是说，江西省周围所有省份均有万亿 GDP 城市作为发展

---

① 本节主要内容已发表在江西省新型智库建设指导委员会和江西省社会科学界联合会主办的《智库成果专报》2021 年第 11 期上，标题为《南昌加快跻身万亿 GDP 城市的思考与建议》（作者：余达锦），被江西省政协副主席张勇肯定性批示并转相关部门阅研。本书作者余达锦教授还受邀参加江西省政协接续推进大南昌都市圈建设专家座谈会，并以《顶天立地，协调发展，接续推进大南昌都市圈建设》为主题进行发言，得到了与会领导专家们的肯定。

核心，唯有江西省缺位。

在大量的万亿俱乐部成员对江西省人才和资本强大的"虹吸效应"面前，其对江西发展的"辐射效应"也微不足道。长此以往，江西将成为区域发展低洼地区。要改变这种现状，江西省加速发展南昌成为万亿 GDP 城市可谓当务之急。只有这样，江西才具备了自身发展引擎与核心，才能与周边省份一道，真正实现跨越式发展。

加快南昌协调发展并跻身万亿 GDP 俱乐部，能使江西省具备自身发展核心与引擎，真正彰显南昌省会担当，推动江西省跨越式发展。本章以加速进入万亿 GDP 俱乐部为切入点，基于相关城市发展大数据，对比研究分析南昌市协调发展现状，并提出相关发展建议。

6.3.1 南昌市协调发展现状及对比分析

调查与研究发现，近五年来，南昌经济和社会发展取得了长足的进步，发展的协调性稳步上升。但与其他万亿 GDP 城市相比，还存在较大差距。南昌市协调发展现状存在如下特征：

（1）主导产业质量不高，智能制造仍处于萌芽阶段

南昌市整体产业结构较为合理。2020 年南昌市第一产业增加值为 235.28 亿元，占 GDP 总量的 4.1%，第二产业增加值为 2676.89 亿元，占比 46.6%，第三产业增加值为 2833.35，占比 49.3%。如表 6.4 所示。与 2021 新晋万亿俱乐部城市相比，非农产业产值较低，特别是第三产业差距明显。

表 6.4 南昌及新晋万亿俱乐部城市产值分布

城市	第一产业	第二产业	第三产业	2020GDP
泉州	226.6（2.2%）	5808.15（57.2%）	4123.91（40.6%）	10158.66（100%）
济南	361.66（3.6%）	3530.67（34.8%）	6248.58（61.6%）	10140.91（100%）
合肥	332.32（3.3%）	3579.51（35.6%）	6133.89（61.1%）	10045.72（100%）
南通	458.7（4.6%）	4765.85（47.5%）	4811.76（47.9%）	10036.31（100%）
西安	312.75（3.1%）	3328.27（33.2%）	6379.37（63.7%）	10020.39（100%）
南昌	235.28（4.1%）	2676.89（46.6%）	2833.35（49.3%）	5745.51（100%）

数据来源：各市经济运行报告，福州市因缺乏内部产业数据没有列上。

南昌市主导产业企业数量不足，结构不合理。南昌市具有八大主导产业，截至 2020 年 11 月 30 日，南昌汽车和新能源汽车产业共有 133 家企业

（3.5%）、电子信息产业共有 145 家企业（3.9%）、生物医药产业共有 86 家企业（2.3%）、航空装备产业（0.1%）、绿色食品产业共有 136 家企业（3.6%）、现代针纺产业共有 321 家企业（8.5%）、新型材料产业共有 386 家企业（10.3%）、机电装备制造共有 201 家企业（5.3%），共有 1212 家企业，占比 32.2%；而非主导产业建筑业企业共有 906 家，占比 24.1%，比重过大。

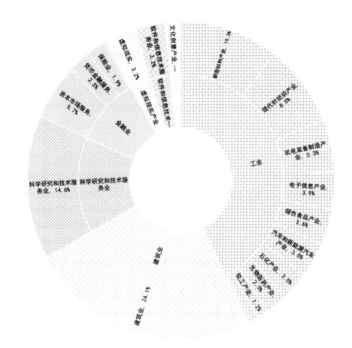

图 6.2　南昌市产业企业数量分布及占比图

南昌市主导产业质量不足，尚未真正强起来，对经济发展带动联动力较差。八大主导产业中仅新型材料达到千亿产业级别，其余产业仍处于百亿级产业群，南昌市主导产业发展任重道远。而分析新晋万亿俱乐部成员不难发现，这些城市均有较强的制造业生产能力，其共同特点在于具有当地特色的超大产业集群、专门的产业发展园，并依靠先进制造业带动当地经济发展。如泉州是我国"民营经济大市"，具有纺织服装业、鞋业、石化、机械装备等九大千亿级产业集群；济南着力打造"智造济南"，其大数据与新一代信息技术、智能制造与高端装备产业均超过三千亿大关；合肥是"最牛风投"城市，其家电、装备制造、平台显示及电子信息、汽车及零部件产业产值已突破千亿大关；南通具有扎实的传统产业基础和现代产业理念，其构造的"3+3"产业共完成产值 9095.3 亿元（2017 年数据）；西安是我国"硬科技"之都，航空产业是西安万亿走廊的发展引擎，是世界上航空产业链最完整的三个地区之一；福州是我国数字应用第一城，2021 年福州市政府工作报告指出，其数字经济规模预计将突破 4500 亿元，占地区生产总值的 45%。

南昌市智能制造仍处于萌芽阶段。尽管南昌市正不断加快智能制造产业发展的步伐，构建了六大支柱、十大产业、十一工业园区的智能制造发展模式，但与其他万亿俱乐部成员基本进入智能制造起步阶段相比，南昌市差距明显。

首先，南昌市成熟的产业集群中，没有一个与智能制造相关。截至 2020 年 6 月，全国共有 783 个较为成熟的产业集群，江西省只有 11 个，其中只有 3 个在南昌，分别是：江西鄱阳湖小龙虾产业集群、南昌高新技术产业开发区生物医药产业集群和青山湖针织服装产业集群，没有一个与智能制造相关。

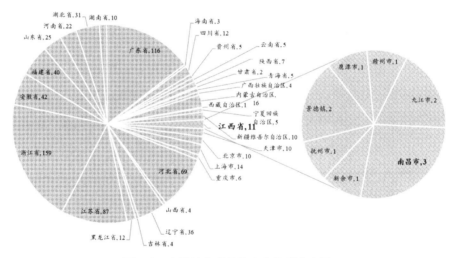

图 6.3 全国较为成熟的产业集群分布图

其次，南昌市新型产业集群中，也没有一个与智能制造相关的，国家较为重视的新型产业集群共有 174 个，较为成熟的智能制造产业集群有 7 个，其中在江西周围的有 3 个，但江西一个与智能制造相关的产业集群都没有。

表 6.5 国内较为成熟的智能制造产业集群

产业群名单	产业群性质	城市	省份
璧山新能源汽车关键零部件绿色智能制造创新型产业集群	创新型产业集群试点名单	重庆市	重庆市
广州智能制造产业集群	国家战略新型产业集群名单	广州市	广东省
大连智能制造产业集群	国家战略新型产业集群名单	大连市	辽宁省
湘潭智能制造产业集群	国家战略新型产业集群名单	湘潭市	湖南省
长沙智能制造产业集群	国家战略新型产业集群名单	长沙市	湖南省
徐州智能制造产业集群	国家战略新型产业集群名单	徐州市	江苏省
常州智能制造产业集群	国家战略新型产业集群名单	常州市	江苏省

资料来源：基于公开资料整合

（2）人才引进量小且结构不佳，育才不留才情况严重

表 6.6 数据表明，南昌市 2018 年至今共引进 6350 人，进入高校的人才占所引进人才的 67.1%，科教人才的比重更大（77.2%），实干型人才的比重更低（22.8%）。但从趋势来看，虽然不平衡的情况同样存在，但这种现象有一定程度缓解。2018 年高校类所引进的人才占所有人才的 80.9%，近几年比重逐渐下降到 53%；而医疗卫生和企业类单位所引进的人才比重不断上升，从 2018 年的 12.2% 上升到如今的 36.7%。

表 6.6 2018—2020 年南昌市人才引进情况

单位	2018 年	2019 年	2020 年第一批	2020 年第二批	南昌总计
高校类	1661（80.9%）	1482（72.9%）	1553（69%）	1654（53%）	6350（67.1%）
科研事业单位	140（6.8%）	247（12.1%）	240（10.7%）	324（10.4%）	951（10.1%）
医疗卫生	163（7.9%）	197（9.7%）	330（14.7%）	348（11.2%）	1038（11%）
企业类	88（4.3%）	108（5.3%）	128（5.7%）	795（25.5%）	1119（11.8%）
南昌总计	2052（100%）	2034（100%）	2251（100%）	3121（100%）	9458（100%）

注：数据由公开资料统计整理，或有误差。

总体来看，南昌市吸引了江西省大部分人才。从横向来看，南昌市吸引了大量的各类人才，其中理论研究型人才的集中度比实干型人才更高。理论研究人才主要包括高校类和科研事业单位人才，南昌市吸引的相关人才分别占江西省的 63.5% 和 78.7%；实干型人才主要包括医疗卫生和企业类人才，

南昌市吸引的相关人才分别占江西省的 48.3% 和 45.8%。从纵向来看，不论哪一批，南昌市吸引的人才都是最多，且基本都保持在 60% 的水平。最后，从内部趋势来看，南昌市对高校类以及科研机构类的人才仍保有较高吸引力，同时也不断提升对企业类人才的吸引力。

表 6.7　2018—2020 年南昌市人才引进相对江西省情况

单位	2018 年	2019 年	2020 年第一批	2020 年第二批	南昌市总计
高校类	65.3%	55.5%	67.3%	66.8%	63.5%
科研事业单位	87.0%	85.5%	74.8%	74.0%	78.7%
医疗卫生	52.2%	37.8%	54.5%	49.0%	48.3%
企业类	28.3%	20.2%	31.6%	66.6%	45.8%
总计	61.7%	50.7%	61.8%	64.8%	59.9%

注：数据由公开资料统计整理，或有误差。

与此同时，南昌市育才不留才情况严重。由于数据原因与江西高校主要集中在南昌市的实际，这里以江西省的数据来进行分析。

从表 6.8 数据可以看出，传统经济强省和周边省份均对我省人才具有较大吸引力。广东省既是传统经济强省，拥有广州、深圳和佛山三个万亿 GDP 城市，又靠近江西省，因此它的"人才虹吸效应"最强，其中博士、硕士、本科、专科层面的"人才虹吸指数"分别为：9.20%、11.10%、13.20%、11.97%。上海和北京虽然没有广东省那么夸张，但两地的平均"人才虹吸指数"都在 1.0% 以上。浙江省与江西省相邻，同时具有杭州和宁波两个万亿 GDP 城市，因此它的"人才虹吸效应"甚至超过了北京上海；江苏省虽然离得较远，但由于它具有四个万亿 GDP 城市，因此它的"人才虹吸效应"也不容小视；福建省同样具有一定的"人才虹吸效应"，其福州和泉州于 2020 年同期进入"万亿 GDP 俱乐部"，经济实力雄厚。

表 6.8　人才"人才虹吸指数"情况（单位:%）

省份	博士	硕士	本科	专科	总计
广东省	9.20	11.10	13.20	11.97	45.47
浙江省		4.50	5.33	9.42	19.25
上海市	1.23	4.07	4.30	3.57	13.17
北京市	1.23	2.55	2.31	0.93	7.02

省份	博士	硕士	本科	专科	总计
江苏省	0.61	1.24	1.59	2.54	5.98
福建省		0.74	0.92	2.00	3.66
湖北省			0.55	0.49	1.04
新疆维吾尔自治区	0.62				0.62
贵州省	0.61				0.61
天津市		0.30	0.18	0.11	0.59
湖南省			0.15	0.28	0.43
陕西省			0.06	0.06	0.12
香港特别行政区		0.02	0.03		0.05
海南省		0.03			0.03
河北省				0.02	0.02
澳门特别行政区		0.01			0.01
江西省	-2.45	-3.96	-16.56	-24.92	-47.89
外省（不完全）合计比例	1.22	4.20	16.71	24.96	47.09

注1：人才虹吸指数＝江西毕业生就业流向省份百分比－毕业生来源百分比。

注2：原始源本身具有一定误差，但误差不超过0.5%。

注3：由于毕业生存在入伍、出国、升学等情况，无法判断其走向，省内外百分比相加不为零。

注4：空格意味着在这层面上江西省的"人才虹吸效应"更强。

（3）经济协调发展动力不足且整合能力较弱

①南昌市经济协调发展动力不足。第一，南昌市协调发展相关资源不足，如经济资源、人才资源、政策资源等。"环赣经济怪圈"的存在说明了江西在经济发展方面的弱势，同时也表明了南昌市可用经济资源有限，发展动力不足。南昌市人才资源也很缺乏。统计数据表明，万亿GDP俱乐部的省会城市至少有一个大学进入世界一流科学建设名单，且均具有复数学科进入双一流学科建设名单，而江西仅有南昌大学入选一流学科建设高校，"双一流"建设学科也仅有南昌大学材料科学与工程学科入选。此外，南昌市相关政策资源也较为缺乏。自湖南省和安徽省建设自贸区后，江西省周边省份均建有自贸区。如表6.9所示。

表 6.9　环江西省份协调发展相关资源情况

	2020 年 GDP	万亿 GDP 城市数量	科教能力	自贸区建设时间
安徽	36,845.5	1	1：2：13	2020 年 9 月
浙江	62,462	2	1：2：20	2017 年 3 月
福建	42,326.6	2	1：1：6	2015 年 4 月
广东	107,986.9	3	2：3：18	2015 年 4 月
湖南	39,894.1	1	3：1：12	2020 年 9 月
湖北	45,429	1	2：5：29	2017 年 3 月
江西	24,667.3	0	0：1：1	无

科教能力表示：（全国一流大学建设高校数量：具有世界一流学科学校数量：双一流学科数量）

第二，南昌市房地产经济拉动潜力不足。南昌市对房地产市场依赖度较高。2019 年，南昌市商品房销售额约为 1817 亿元，GDP 约为 5596 亿元，房地产市场依赖度为 32.5%，高于任意一个新晋万亿俱乐部城市。南昌市房价相对经济发展水平较高。2019 年，南昌市平均商品房价格约为 9534 元/平方米，房价经济比约为 1.70，高于任意一个新晋万亿俱乐部城市。南昌市房价相对当地工资水平较为合理，房价上升空间较小。2019 年，南昌市城市职工月平均工资约为 8050 元，房价工资比约为 0.10，基本处于平均水平。如表 6.10 所示。

表 6.10　2019 年南昌市与新晋万亿俱乐部城市房价相对比较

城市	房地产依赖度	房价经济比	房价工资比
南昌市	32.5%（1）	1.70（1）	0.10（4）
西安市	32.1%（2）	1.22（4）	0.12（3）
福州市	24.8%（3）	1.45（2）	0.12（2）
合肥市	17.8%（4）	1.34（3）	0.13（1）
泉州市	12.8%（6）	0.83（6）	0.10（5）
南通市	12.9%（5）	0.74（7）	0.08（7）
济南市	11.7%（7）	0.94（5）	0.09（6）
新晋城市平均水平	18.7%	1.09	0.11

注：括号内为七个城市的排名

第三，南昌市核心城市开发不足。相比新晋万亿俱乐部城市，南昌市存在"人不够多，地不够广"的发展瓶颈，这使得南昌市的核心城市地位不显著，导致南昌市资源聚集能力和经济辐射能力较低，难以整合都市圈资源。表 6.11 数据表明，与新晋万亿俱乐部城市相比，南昌市土地面积为 7402.00 平方千米，低于任意一个新晋城市。南昌市常住人口仅为 560.06 万人，同样低于任意一个新晋城市。南昌市人口密度为 7.6 万人每平方千米，与平均水平相差约 0.5 万人每平方千米①，仅高于福州市和合肥市，人地矛盾并不突出。

表 6.11　2019 年江西及新晋万亿 GDP 城市面积和人口情况

城市	面积（平方公里）	常住人口（万人）	人口密度（%）
泉州市	11015.00（3）	874.00（3）	7.9（4）
福州市	11968.00（1）	780.00（5）	6.5（7）
济南市	10244.00（4）	890.87（2）	8.7（3）
合肥市	11496.00（2）	818.90（4）	7.1（6）
南通市	8001.00（6）	731.80（6）	9.1（2）
西安市	10096.81（5）	1020.35（1）	10.1（1）
南昌市	7402.00（7）	560.06（7）	7.6（5）
平均	10470.14	852.65	8.1

第四，南昌市红色旅游资源开发不足。南昌作为英雄城市，是人民军队的诞生地，也是中国共产党开展武装斗争的起点，具有深厚的红色记忆和文化沉淀。首先，江西省红色旅游资源丰富。根据《全国红色旅游景区名录》记载，2020 年全国各省市平均有 9.7 个红色旅游景点，而江西省共有 13 个旅游景点，比平均水平多 3.3 个红色景点。如表 6.12 所示。但是江西省红色旅游资源开发程度明显不足。江西省红色旅游景点大多以系列景区存在，非系列景区比重约为 23.1%，而全国非系列景区占比约为 74.0%，江西省非系列景区占比明显过高，红色景区开发力度不足。最后，江西省内红色旅游资源较为分散。江西省红色旅游资源主要分散于抚州、赣州、吉安、井冈山、九江、南昌、上饶等市，其中吉安市景点最多，但仅有 3 个景点，南昌市景点较多，但也只有 2 个景点。

---

① 注：四舍五入后有所偏差

表6.12 2020年江西省红色旅游景点数据表

省份/城市	系列景区	非系列景区	总计
江西省	10	3	13
抚州市	1	0	1
赣州市	2	0	2
吉安市	2	1	3
井冈山市	1	0	1
九江市	1	0	1
南昌市	1	1	2
上饶市	0	1	1
跨市景区	2	0	2
其他省份	68	219	287
总计	78	222	300

（4）南昌都市圈整合能力较弱

南昌都市圈的交通网络、物流成本以及仍待发展的物流体系共同限制了都市圈的资源整合能力。

第一，南昌都市圈交通网络衔接不畅。实际上，江西省区位条件较好。江西省东接闽浙，南临广东，西靠湖南，北邻鄂皖，既是长三角、珠三角和闽东南腹地，也是中三角地区乃至中部地区不可忽略的一部分，具有极高的发展潜力。但是，江西地理条件欠佳。自北顺时针方向来看，江西省被鄱阳湖、怀玉山、武夷山脉、九连山脉、大庾岭、罗霄山脉、九岭山以及幕阜山所包围，通过二度关、分水关、桐木关、铁牛关、杉关、德胜关、大岭隘以及梅关与周围相接，另外江西省约60%的地形为丘陵山地。地理条件欠佳很大程度上导致南昌都市圈交通通道网络衔接不畅。首先，南北路段缺乏快速通道，东西局部路段车流量过大导致流量紧张，西北、东南和东北方通道联通能力较弱；其次，综合交通枢纽一体衔接水平不高，现代化综合客运枢纽建设进程缓慢，重点货运枢纽缺少铁路、高等级公路的衔接；最后，交通网布局有待进一步完善，功能层级比较模糊，南昌与主要城市、组团间的城际通道功能不强，中心城区与周边城区交通联系有待强化①。

---

① 《大南昌都市圈发展规划（2019—2025年）》，赣府发〔2019〕10号。

第二，江西省物流成本过高。物流成本包括生产、流通、消费全过程的物品实体与价值变换而发生的全部成本，具体包括从生产企业的原材料采购、储存、运输、搬运装卸、包装、流通加工、信息处理、配送，最后到消费者手中的全过程发生的所有成本。

从产业结构来看。首先，2020 年江西省第二产业占比为 43.1%，在中部六省中仅低于山西省，第二产业占比较高。其次，2018 年，江西省货物平均价值（社会物流总额/货运总量）为 3460.79 元/吨，仅高于安徽和山西①，表明江西省第二产业层次较低，附加值较低。从物流费用来看。首先，2018 年江西省社会物流费用为 3627.5 亿元，占比 64.0%，在中部六省中仅低于安徽省，其物流费用较高。其次，2018 年江西省公路运输占比 90.5%，在中部六省中仅低于河南省，但公路运输成本往往高于铁路和水运，较高比重的公路运输使得江西省物流费用居高不下。如表 6.13 所示。

表 6.13　中部六省物流成本对比

省份	第二产业比重	货运平均价值	运输费用占比	公路运输占比
江西	43.1%	3460.79 元/吨	64.0%	90.5%
安徽	40.5%	1615.18 元/吨	74.7%	69.8%
河南	41.6%	5044.32 元/吨	61.9%	90.7%
湖北	39.2%	4276.51 元/吨	52.4%	79.9%
湖南	38.1%	4698.24 元/吨	48.2%	88.9%
山西	43.5%	1387.75 元/吨	61.9%	59.7%

注：除第二产业比重为 2020 年数据外，其余数据均为 2018 年数据。

第三，南昌市物流业开始蓬勃发展。江西省运输能力较为不足。在考虑海运数据的情况下，江西省的客运周转量为 993.72 亿人公里，仅高于福建省；江西省货运周转量为 4528.63 亿吨公里，仅高于湖南省。

表 6.14　2019 年江西及周边省份运力状况

省份	客运量（万人）	客运周转量（亿人公里）	货运量（万吨）	货运周转量（亿吨公里）
浙江	101893 (2)	1128.6 (5)	289011 (3)	12391.92 (2)

① 山西和安徽更多采用铁路和水运等相对低廉的运输方式。

省份	客运量（万人）	客运周转量（亿人公里）	货运量（万吨）	货运周转量（亿吨公里）
安徽	59275 (5)	1164.81 (4)	368248 (1)	10245.79 (3)
福建	45761 (7)	588.89 (7)	134419 (7)	8292.13 (4)
江西	58069 (6)	984.24 (6)	150950 (6)	3860.27 (6)
湖北	87432 (4)	1200.36 (3)	188133 (5)	6132.4 (5)
湖南	101428 (3)	1442.96 (3)	189740 (4)	2593.58 (7)
广东	142326 (1)	2125.72 (1)	358397 (2)	27373.67 (1)

注：括号内容为七省排名；海运数据没有考虑。

南昌都市圈物流业发展区位优势尤为明显。南昌都市圈处于"两横三纵"城市化战略格局的交点处，是长江中游城市群不可忽视的一部分，同时也是长江经济带的东大门，与长三角城市群、长江中游城市群遥相呼应，南连粤港澳大湾区和珠三角城市群，东南为粤闽浙沿海城市群，是我国城市化战略格局的"中部枢纽"。

南昌市物流体系进展迅速。南昌市为全面实施物流高质量发展，打造"通道+枢纽+网络"的物流运行体系，推动了29个重点项目的发展。陆路上，积极推进陆港型国家物流枢纽建设，同时申报国家骨干冷链物流基地；空路上，积极推进国际航空货运枢纽建设，构建以机场为核心的综合交通枢纽；水路上，加快南昌港口规划工作，推进南昌港亿吨大港建设，同时推进多式联运发展，加快集疏运设施建设，提高通关审查效率等相关工作。

表 6.15　南昌 29 项重点物流项目

项目类型	项目名称	实施单位
物流枢纽	打造"枢纽型"物流	南昌传云物联网技术有限公司
	南昌传化智能公路港项目	南昌传化智联公路港物流有限公司
	昌北国际物流港项目	省机场集团公司
	高新技术材料物流园建设工程	高新区管委会
	江西省赣电集团能源配送中心项目	江西赣电投资集团有限公司
	宝能江西省区域智慧供应链总部项目	宝能物流集团有限公司
	春秋航空基地公司项目	春秋航空股份有限公司

项目类型	项目名称	实施单位
集疏运	南昌东新港区姚湾作业区综合码头工程	南昌市水利投资有限公司
	南昌铁路口岸专用线项目	南昌向塘铁路口岸开发有限公司
口岸物流	南昌昌北国际机场三期扩建工程项目	省机场集团公司
快件处理	昌北机场空侧综合邮件处理中心建设项目	中国邮政集团公司江西分公司
	南昌国际快件监管中心项目	中国邮政集团公司江西分公司
网络货运	启运网大数据管理平台	江西全致供应链管理有限公司
	江西约货网络货运公共信息平台	江西约货科技有限公司
多式联运	姚湾港区与向塘物流园区铁路连接线工程	南昌向塘铁路口岸开发有限公司
智慧物流	京东亚洲一号南昌向塘物流园项目	南昌晨旭物流有限公司
	苏宁易购江西电商物流中心项目	江西苏宁辰逸商业管理有限公司
	韵达江西快递电商总部基地建设	南昌韵至达电子商务有限公司
	顺丰南昌电商产业园项目	南昌市丰泰产业园管理有限公司
	民生电商科技及融产业园	民商物联网科技有限公司
信息平台	江西省冷链物流大数据平台	江西省供销大数据有限公司
	南昌市市级物流公共信息平台	南昌万佶智慧物流平台运营公司
冷链物流	南昌肉类联合加工厂冷链物流中心建设项目	国营南昌肉类联合加工厂
	宇培冷链供应链运营中心项目	上海宇培集团有限公司
	南昌向塘标准化冷库	南昌县铁投公司
	善达冷链物流及仓储物流建设项目	南昌善达物流有限公司
物流标准化	赣兴果品标准化周转箱循环共用体系及箱链天下物流包装智能服务平台建设项目	江西省赣兴果品服务有限公司
	标准托盘租赁服务体系建设项目	江西国磊供应链集团公司
物流园区	鑫润物流园一期项目	江西新润置业有限公司

（5）企业结构合理但企业数量匮乏

从总体情况上来分析。第一，南昌市企业总量不足。截至2021年4月11

日，南昌市共有在营企业 230，507 家，在新晋万亿俱乐部城市中仅高于南通市①，约为新晋万亿俱乐部城市企业数量平均值的 32.3%；企业数量最高的是济南市，企业数量约为南昌市的 4.29 倍；除南昌市和南通市外，合肥市企业最少，企业数量约为南昌市的 2.75 倍。

第二，南昌市各层次企业数量均不足。截至 2021 年 4 月 11 日，南昌市共有支柱型企业 315 家，约为新晋万亿俱乐部城市平均值的 44.2%，企业数量高于合肥市、南通市和泉州市；共有支撑型企业 2769 家，约为新晋万亿俱乐部城市平均值的 67.2%，企业数量高于泉州市和南通市；共有支持型企业 61，516 家，约为新晋万亿俱乐部城市平均值的 47.2%，企业数量仅高于南通市；共有小微企业 165，907 家，约为新晋万亿俱乐部城市平均值的 28.6%，企业数量仅高于南通市。除支撑型企业外，其余企业数量均低于对应平均数的一半，企业数量不足的现象在小微企业层面尤为严重。但是，南昌市各层次企业结构较为合理。截至 2021 年 3 月 19 日，南昌市支柱型企业占企业总数的 0.1%，与新晋万亿俱乐部城市整体情况相似；支撑型企业占企业总数的 1.2%，比新晋万亿俱乐部城市整体情况高 1.2 个百分点；支持型企业占企业总数的 26.7%，比新晋万亿俱乐部城市整体情况高 8.5 个百分点；小微企业占企业总数的 72%，比新晋万亿俱乐部城市整体情况低 9.1 个百分点。虽然各层级企业结构较为合理，但企业结构的各个层级仍需加固。

表 6.16　新晋万亿俱乐部城市与南昌在营企业数量

企业类型	福州市	合肥市	济南市	南通市	泉州市	西安市	南昌市	俱乐部平均
支柱型企业	389（0.1%）	300（0%）	2909（0.3%）	125（0.1%）	105（0%）	449（0%）	315（0.1%）	712（0.1%）
支撑型企业	7170（1%）	3296（0.5%）	6305（0.6%）	1352（1.1%）	1914（0.2%）	4683（0.5%）	2769（1.2%）	4120（0.6%）
支持型企业	135731（19.3%）	210007（33.1%）	150604（15.2%）	23064（19.3%）	67914（7.3%）	194884（21.4%）	61516（26.7%）	130367（18.2%）

① 南通市是江苏四大万亿俱乐部城市之一，也是上海卫星城，众多市外企业在南通创造 GDP，可比性不强。

企业类型	福州市	合肥市	济南市	南通市	泉州市	西安市	南昌市	俱乐部平均
小微企业	561455（79.7%）	421101（66.3%）	829597（83.8%）	95122（79.5%）	859076（92.5%）	710617（78%）	165907（72%）	579494（81.1%）
总计	704745（100%）	634704（100%）	989415（100%）	119663（100%）	929009（100%）	910633（100%）	230507（100%）	714694（100%）

注1：数据来源是企查猫。

注2：支柱型企业是注册资本10亿元以上的企业；支撑型企业是注册资本在1亿元到10亿元的企业；支持型企业是注册资本在500万元到1亿元的企业；小微企业是注册资本在500万元以下的企业。

第三，南昌市产值结构与产业结构较为匹配。从产值结构看来，南昌市第一产业占比4.1%，第二产业占比46.6%，第三产业占比49.3%，非农产业占比较大，第三产业产值比第二产业产值高出3.3个百分点，产值结构较为合理。从产业结构来看，南昌市第一产业企业占比1.9%；第二产业占比34.9%，其中以制造业为主，占比24.0%；第三产业占比63.2%，主要集中于租赁和商务服务业以及批发零售业。结合产值结构与产业结构来看，第三产业结构比第三产值结构高出13.9个百分点，第二产业结构比第二产值结构少11.7个百分点，这意味着第三产业以中小企业为主，而第二产业以大企业为主，符合第三产业个性化服务和第二产业集约化生产的产业特征。因此，南昌市产业结构和产值结构较为匹配。

表6.17 2020年南昌市产值结构和产业结构

产业层次	产业名称	企业数量	百分比
第一产业4.1%	农、林、牧、渔业	6474	1.9%
第二产业46.6%	采矿业	343	0.1%
	电力、热力、燃气及水产和供应业	261	0.1%
	制造业	80938	24.0%
	建筑业	36265	10.7%
	总计	117807	34.9%

续表

产业层次	产业名称	企业数量	百分比
第三产业 49.3%	租赁和商务服务业	68256	20.2%
	批发和零售业	66103	19.6%
	信息传输、软件和信息技术服务业	22490	6.7%
	科学研究和技术服务业	14103	4.2%
	交通运输、仓储和邮政业	9963	3.0%
	文化、体育和娱乐业	8565	2.5%
	住宿和餐饮业	7171	2.1%
	居民服务、修理和其他服务业	5183	1.5%
	房地产业	4369	1.3%
	金融业	2681	0.8%
	水利、环境和公共设施管理业	1959	0.6%
	公共管理、社会保障和社会组织	985	0.3%
	教育	898	0.3%
	卫生和社会工作	611	0.2%
	总计	213337	63.2%

注1：数据来源是企查猫。

注2：产业层次下的数据为南昌市各产业产值占比。

从上市企业情况上来分析。第一，江西省和南昌市上市企业具有"数量少、分布散"的特点。首先，江西省上市企业数量较少。截至2021年3月，江西省上市企业共有55家，低于任意一个新晋万亿俱乐部省份。其次，南昌市上市企业数量同样较少。其中南昌市上市企业共22家，虽然比泉州市多，但泉州和福州均为福建省份的万亿GDP城市，相比之下，作为江西省发展核心城市的南昌上市企业数量较少。最后，江西省大多数上市企业主要集中于南昌市，南昌市拥有江西省40%的上市企业，考虑到江西省上市企业数量较少的基本情况，南昌市的上市企业集中度也比较低。

表 6.18 南昌及新晋万亿俱乐部城市上市企业数量

城市	数量	省份	数量	集中度
泉州	15	福建	155	9.7%
济南	34	山东	230	14.8%
合肥	59	安徽	131	45.0%
南通	32	江苏	502	6.4%
西安	41	陕西	58	70.7%
福州	47	福建	155	30.3%
南昌	22	江西	55	40.0%

第二，江西省和南昌市上市企业具有"制造弱，地位低"的特点。首先，江西省制造业企业数量较少，制造业上市企业仅有 41 家，其中 16 家位于南昌市，集中度为 39.0%，与省情相似的陕西省西安市比，制造业集中度低，制造能力较弱。其次，江西省高端产业企业数量较少，高端产业①上市企业仅有 3 家，分别位于赣州、上饶和宜春，南昌市一家没有，整体看来江西省和南昌市产业结构较为低端。

表 6.19 南昌及新晋万亿俱乐部城市制造业和高端产业企业数量

城市	制造业	高端产业	省份	制造业	高端产业	制造业集中度	高端产业集中度
泉州	12	3	福建	93	21	12.9%	14.3%
济南	16	4	山东	166	12	9.6%	33.3%
合肥	27	9	安徽	82	12	32.9%	75.0%
南通	24	1	江苏	338	48	7.1%	2.1%
西安	20	4	陕西	35	4	57.1%	100.0%
福州	22	10	福建	93	21	23.7%	47.6%
南昌	16	0	江西	41	3	39.0%	0.0%

第三，江西省和南昌市上市企业具有"实力弱、差距大"的特点。2020 年江西省上市企业共有 55 家，市值总额为 6856.12 亿元，仅赣锋锂业为千亿

---

① 高端产业：高端装备、新材料、新能源、新一代信息技术、信息传输、软件和信息技术服务业、信息技术的总称。

市值的上市企业，平均市值为 124.66 亿元，上市公司整体实力较弱；另外，在 55 家上市企业中，仅 17 家上市企业市值超过百亿，占比 30.9%，仅 13 家企业市值超过平均数，实力差距较大。2020 年南昌上市企业共有 22 家，市值总额为 2394.87 亿元，占江西市值的 34.9%，且没有一家千亿市值上市企业，平均市值仅为 108.86 亿元，低于江西省平均水平，南昌市上市公司实力较弱；另外，在 22 家上市企业中，南昌上市企业仅有 8 家百亿市值上市企业，占比 36.36%，另有 7 家企业市值超过平均数，实力差距较大。

表 6.20　江西省百亿上市公司

排名	企业名称	所在城市	市值（亿元）
1	江西赣锋锂业股份有限公司	新余市	1356.04
2	江西铜业股份有限公司	鹰潭市	690.81
3	孚能科技（赣州）股份有限公司	赣州市	489.98
4	江西正邦科技股份有限公司	南昌市	430.67
5	江西洪都航空工业股份有限公司	南昌市	407.82
6	晶科电力科技股份有限公司	上饶市	200.78
7	江铃汽车股份有限公司	南昌市	178.17
8	江西金力永磁科技股份有限公司	赣州市	151.17
9	方大特钢科技股份有限公司	南昌市	149.62
10	诚志股份有限公司	南昌市	148.61
11	新余钢铁股份有限公司	新余市	146.36
12	博雅生物制药集团股份有限公司	抚州市	145.34
13	中文天地出版传媒集团股份有限公司	上饶市	136.73
14	江西煌上煌集团食品股份有限公司	南昌市	117.43
15	江西联创光电科技股份有限公司	南昌市	112.18
16	联创电子科技股份有限公司	南昌市	108.35
17	江西万年青水泥股份有限公司	上饶市	106.05

数据来源：数说商业

（6）政府支持力高但民企参与较少

从南昌市产业转型升级项目来看，政府对主导产业的支持力度较大。从供给端来看，江西省推出"链长制"发展模式，将产业发展由零散点状向系统状转变，加快产业集聚，进而形成比较完整的产业链，带动上下游企业转型升级，同时把产业供应链、服务链、人才链、创新链、资金链串联起来；在政府的引领下，通过一些政策激励和保障措施，进而使得优秀企业在南昌加速聚集，创新平台在南昌加速落地，产业实物载体在南昌加速建造，产业品牌也在南昌加速推广。① 从需求端来看，政府也为企业产品创造需求。南昌市要求各级党政机关、事业单位带头使用新能源企业产品，要求公务车中新能源车的比例不低于50%；江西省省级党政机关倡导利用VR技术创新工作方法和提升工作效率。

政府对主导产业扶持力度较大，但忽略了民间资本和民营企业的作用。主导产业的发展大多遵循"点线面"的发展模式：以龙头企业为点，产业链为线，以消费群体为面。不可否认政府的扶持和引领已经逐步搭建好了南昌市主导产业发展框架，但是框架中的"血肉"却应该是以中小微企业为主的民营企业和广大的消费群体，而南昌主导产业的发展缺少民营企业的助力。首先，南昌市主导产业大部分龙头企业为外地引入，本地培育的本土龙头企业较少，本土龙头企业的缺乏往往意味着本土产业核心竞争力不足。其次，南昌市缺少一定数量的"瞪羚企业"，产业发展需要龙头企业实现突破，也需要"瞪羚企业"加以带动，"瞪羚企业"需要探索新技术的实际运用场景，创造对新产品的市场需求。最后，南昌市主导产业缺少"小微企业"的参与，以南昌市VR产业为例，目前南昌市属于VR产业的企业仅有122家，极度缺少小微企业开拓VR消费市场。

6.3.2 南昌市GDP发展趋势预测

南昌市2020年GDP为5745.51亿，比上一年增长2.7%。除了新冠肺炎疫情影响，自身增长乏力也是不争的事实。数据测算显示，自2017年以来，南昌市进入了高质量发展阶段，但同时经济增长陷入疲软状态，发展动力不足，2017年到2020年GDP年均名义增长率仅为4.73%。若未来南昌市以此经济增长速度，则将在2032年以10,000.74亿元的GDP进入万亿GDP俱

---

① 链长制力促南昌VR产业突围，南昌日报，2020年8月15日1版。

乐部。

2015 年到 2020 年是南昌市经济增长较好的时期，虽然疲态初现，但经济增长仍有余力，GDP 年均名义增长率为 7.51%，经济增长较为乐观。若未来南昌市能以乐观的经济增长速度持续发展，则南昌市将在 2028 年以 10260.14 亿元的 GDP 进入万亿 GDP 俱乐部。

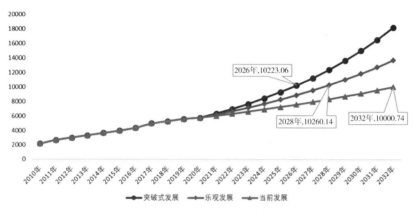

图 6.4　南昌市 GDP 发展趋势预测

2010 年到 2020 年是南昌市经济快速增长阶段，经济增长动力强劲，GDP 年均名义增长率高达 10.1%，呈突破式增长。若未来南昌市经济获得新的增长引擎，则能实现突破式增长，南昌市将会在 2026 年以 10223.06 亿元的 GDP 跻身进入万亿 GDP 俱乐部。如果再乐观一点，南昌市在十四五收官之年 2025 年进入也不是没有可能。如图 6.4 所示。南昌市要真正彰显省会担当，就应当走突破式增长之路，引领并推动我省跨越式发展。

6.3.3　南昌市协调发展政策建议

根据上述分析，本研究提出南昌市应采取"一个核心，五个基本点"的协调发展方针，即以步入"万亿俱乐部"为核心，以产业发展带动经济发展为突破点，以供给侧和需求侧扩容为发力点，以人才、资本和数字信息为支撑点，以营商环境、现代物流体系和政府工作效率为借力点，以绿色发展、房市稳定和人民幸福为落脚点，加速南昌市协调发展，争取早日迈入万亿 GDP 俱乐部。具体建设如下：

（1）突破点：产业发展带动经济发展

南昌市加快步入万亿俱乐部需要大力发展主导产业，打造产业引擎，增强产业的协调性，从而实现南昌经济发展的新突破。

第一要强化主导产业主导作用。一是要加强龙头企业的带头作用，实现新技术0到1的突破，鼓励龙头企业和科研机构进行科技创新，推动技术实现"点"的突破；二是要大力培育"瞪羚企业"，衍生相关产业链条，鼓励企业大力探索新技术应用场景，推动产业实现"线"的带动；三是要围绕龙头企业和"瞪羚企业"大力发展中小微企业，不断创造需求开拓市场，推动经济实现"面"的发展。

第二要大力发展基础产业和特色产业。一是要大力推动南昌新材料产业，强调新材料产业的基础性地位，既要推动以钢铁陶瓷产业为主的传统材料产业升级改造，鼓励传统产业进行新材料研发和产品深加工，又要结合"南昌大都市圈"新型产业发展需要和自身"相对优势"推动新材料的研究和发展，推动以"实际"为导向的新材料产业发展模式。二是要大力推动南昌VR产业发展，强调VR产业的特殊性地位，要引进外部企业和培育本土企业同步进行，不断完善VR产业链，通过完善以5G为主的信息基础设施建设，为VR应用场景奠定基础，通过独立自主开发VR支撑软件，塑造南昌VR产业特色优势，最终推动以"全产业链"为导向的VR产业发展模式。

第三要积极促进南昌产业体系智能化发展。一是要积极学习智能制造的产业模式，优先利用已有主导产业园，尤其是汽车和新能源汽车制造产业，优化制造流程，逐步探索互联化和智能化的生产方式。二是要促进行业互联化和智能化发展，通过引进传感器和机器视觉技术实现智能监控和决策，并且逐步淘汰和改造低自动化水平设备，加快推进工厂物联网、服务网、数据网、工厂间互联网的建设。三是要推动3C产业、食品饮料和化工等传统行业的自动化和信息化进程，提供"南昌智造"方案。四是要探索工业4.0行业解决方案产品的应用场景，推动智能装配系统、加工环节数字化系统的运用，设计南昌"智能制造"方案，并根据南昌地缘优势，推动智能运送系统和智能仓储物流建设，建造南昌"智慧物流"系统。五是要继续推进智能制造产业园的建设，以科技创新为引领，产业"智造"为目标，同时要优化城镇功能布局和产业布局，抓好相关载体和平台建设，重点打造一批千亿级的制造业产业集群，着力培育一批百亿级的大企业和一批高新技术企业，使其成为带动南昌经济发展的核心引擎，推动南昌智能制造产业聚集区成为南昌大都市圈乃至全国重要的科技创新基地和先进产业基地。

第四要重点发展南昌红色景区景点，打造南昌特色旅游产业。一是要完善文物管理机制，确保红色文化的完整性和系统性。要挖掘整理南昌都市圈红色文化，充实革命故事，为传承红色基因奠定基础；要统筹管理，设立红色专项文物管理部门，对革命文物及相关资料统一管理；要建立数字信息化库，保证革命文物信息的延续性和永久性；要促进"红色"和"旅游"的有机结合，增添红色旅游的内涵底色。二是要加大南昌红色旅游的宣传力度，在学习红色党史中突出南昌特色。要在旅程项目中融入党史、新中国史、改革开放史、社会主义发展史的宣传教育，普及党史知识；要鼓励党史题材文艺作品创作，结合数字媒体讲述党的历史；要充分发挥中国红色旅游推广联盟和中国红色旅游博览会的作用，向全国人民全方位的展示江西红色旅游特有的魅力。三是要坚持解放思想、开拓创新，推动南昌红色旅游创新发展。要加强旅游资源的融合发展，坚定走主题化、生活化、品牌化、融合化、合作化等道路，推动红色资源和绿色、古色等旅游资源融合发展；要推动新型旅游业态，促进红色旅游进一步贴近实际、贴近生活、贴近群众①。

第五要保证非主导产业的有序发展。一是要保证非主导产业能基本满足本地发展需要；二是要鼓励服务业为主的非主导产业围绕主导产业进行发展。三是要鼓励有条件的非主导产业进行产业升级。

（2）发力点：供给侧和需求侧扩容

南昌市加快步入万亿俱乐部需要做大做强产业经济，这要求供给端和需求端同时发力，相互协调。

从供给端来看，需要不断完善和深挖产业链条，实现全产业链产业圈，提高产业发展的聚集效应。一是要发挥企业的作用，继续做大做强相关产业链的企业，增加制造业企业的数量，尤其是高端产业大企业的数量，鼓励更多大企业在南昌落户，进一步提高企业的密集度，促进产业高端化和集聚化发展。二是要坚持"链长制"，积极推动"铸链、延链、补链、强链"，将产业创新链、资金链、人才链、供应链、服务链串联起来，统筹内外资源，实现产业精准施测，实现市场主体地位和政府产业调控作用的有机统一，促进产业系统化发展。三是要推动"产业社区"发展模式，既要推动原有传统"产业园"向"产业社区"升级改造，又要推动新兴产业"产业社区"的建立，既要强调"产业社区"基础设施建设和招商引资的重点，又要突出"社区"生活生态的基本功能，进一步模糊产业与城市边界，推动"产城融合"

---

① 朱虹：江西红色旅游应有更大作为［EB/OL］，央广网，2021-03-09。

的"产业集群"发展模式。四是要紧扣项目接续和产业耦合，不断创新招商引资方式，明确招商引资的方向、定位和重点，持续不断地增强供给侧动力。

从需求端来看，需要鼓励以民企为代表的民间力量为南昌经济发展提供个性化服务。一是要为民间企业创造生存和发展空间，对民企和民间资本进行引导性管理，杜绝民间企业参与非法经济活动，鼓励企业积极参与社会分工，满足企业生产和人民生活的个性化需求。二是要发挥民间企业"小而活"的特点，补充南昌市产业发展空缺，在供给端根据龙头企业为首的产业集群的需求提供相关服务或零部件，填补产业链之间的真空地带，实现经济"面"的发展。三是鼓励民企"做大做强"，往产业链上游发展，为产业发展开拓市场，同时探索新技术应用场景，为新技术新产品创造需求。四是要积极利用民间资本，引导民间资本从房地产、金融行业流向急需资金的实体经济行业和科技研发活动。

（3）支撑点：人才、资本、数字信息

南昌市加快步入万亿俱乐部需要大量企业开展生产活动，这需要大量生产要素的协同支撑。

首先，需要人才方面的支持。一是要建设"引育"结合的人才培养制度，坚持外地高端人才引进和本土人才培育同步发展。二是要改善人才引进结构，适当提高实干型人才比重，鼓励人才到企业发展。三是要大力培养本土人才，根据产业发展需求培育人才，保持人才培养和产业发展需求的结构性平衡。四是要为各种人才量身定制人才培育和发展平台，例如：建立高校科研联盟，集中资源建立科研平台；要建立企业家协会，集思广益搭建交流平台，从而留住引进的人才和本土的人才。五是要全方位培育各种人才，包括专业型人才和复合型人才，既要培育产业所需的科技人才，又要培育发展产业所需要的辅助人才，例如：企业管理人才、金融投资人才等。六是要挽留本地人口，既要打通户口转移通道，降低户籍转移门槛，鼓励农村居民向城市迁移，促进城市化，又要提供更多有质量的就业岗位，鼓励本地劳动力就地就业，减缓劳动力外流。

其次，需要资本方面的支持。一是要利用财政收入，在引进重要企业时予以补贴，缓解企业迁移压力。二是要在政府部门内培育"投行型"人才，寻找在产业链重要节点上具有潜力的企业，并利用"国家资本"使其成长。三是要继续招商引资，欢迎并引导国企资本和民间资本进入主导产业乃至实体经济领域。四是要鼓励企业从社会吸收资本，提升企业自主融资的能力，推动有能力的企业上市，建设一批百亿级乃至千亿级的上市企业。

最后，需要数据和信息方面的支持。一是要发展数字经济，为产业研究和产业发展提供数据支持和数据服务。二是要发展工业互联网，实现产业数字化，通过实时信息沟通，促进产业链效率提升。三是要建设"南昌大数据交易平台"，推动数据资产市场化，拓展企业数据来源，提高数据使用效率。四是要充分利用先进大数据挖掘技术，结合自身产业链短板实现精准招商。

（4）助力点：营商环境、现代物流体系、政府工作效率

南昌市加快步入万亿俱乐部需要稳定的经济环境，这需要良好的营商环境、高速的政府效率和现代化物流体系的协同助力。

首先，南昌需要打造良好的营商环境，提高企业效率，促进企业自由竞争。一是要继续完善基础设施建设，既要巩固提升老基建，维护和升级已有基础设施，包括公路维护、机场维修、电路网升级等。二是要推动新基建建设，建设以5G、云计算、数据中心为代表的信息基础设施，支持物联网产业链相关企业加强合作，加强智能交通、智能能源为代表的融合基础设施的建设，以及支撑科技研究、产品研发等具有公益属性的创新基础设施的建设。三是要推进现代网络交通体系建设，既要提高"南昌大都市圈"内部交通网络密度，又要更好地链接全国交通网络体系，扩大都市"小时圈"的辐射范围，加速资源流动和人才流动。四是要推动"政产学研"合作，做到"政府引领、企业生产、学校育才"的合作模式以及"生产一代、研发一代、探索一代"的产品升级模式。五是持续推进旧城改造，推动城市现代化建设，维护城市形象，提高城市经济活力。

其次，需要现代化的物流体系发挥其在现代产业体系和国内市场体系层面的先导性、战略性、基础性作用。一是要加强基础设施建设，增强发展后劲。对内推动物流枢纽建设，打造水运口岸、航空物流，建造升级物流产业园，铺设配送中心和综合型物流网络。对外链接周边省市铁路线公路网，开设航空专线，疏通南昌都市圈与周边地区的交通堵塞点，积极参与区域型和国家级物流网络建设。二是要调整运输结构，发展多式联运。降低公路运输比重，提高铁路、水运货运等廉价物流和航空等高附加值物流比重，构建完善的多式联运物流体系；推动公路货运转型升级，推动公路运输企业集团化标准化。三是要大力发展数字物流，推动物流智慧化和精细化。要将数字物流作为数字经济和智慧经济的有机组成部分，持续完善各类物流信息平台建设，开放物流公共信息，推动物流数据服务市场化和生产制造数字化改革生

产端工业互联网建设，完善数字化供应链。四是大力发展绿色物流，推动碳达峰、碳中和贡献的实现。要加大绿色配送和新能源车在物流行业的运用，全力推进重卡等物流车辆电动化；参照城市垃圾分类回收体系推动快递包装回收和处理体系，推进电商垃圾治理，提高包装箱循环利用率。五是大力发展冷链物流运输，推动生鲜食品和医药用品物流体系建设。要推动冷链领域基础设施投入，加强产地冷库、城市中转冷库和区域冷链物流建设，建设冷链物流数据库，进一步提高冷链物流信息化和数字化水平；引进发达地区冷链物流龙头企业，培育本土骨干冷链物流企业，完善冷链物流网建设。六是大力发展网络货运，推动物流产业向现代化发展。要构建联合管理模式，形成多方共同参与的协同治理机制，加大网络货运平台整治力度；加强行业监管，建立健全多部门联合的安全监管体系和失信惩戒体系；建设公共平台，加强行业监管，实现资源共享。

最后，各级政府需精简政务流程、优化政务服务，降低企业办事周期。一是要优化政务环境，提高政务服务网办能力，扩大网办范围，推动高频事项实现"无人干预自动审批"模式，探索建立"窗口事务官"制度，推动政务"一站式办结"服务。二是要全面提升企业生命周期管理服务，推动实现无纸化企业管理，拓展"非接触式"办税缴费活动，在有条件的地区下放高新技术企业认定审核权。三是要推进简政放权工作，搭建"多规合一"的联合审批平台，形成"一表多批"的全新审批模式，不断提高审批效率。四是要加强监管力度，优化公平公正的法治化环境，进一步构建"亲""清"新型政商关系，同时政府要信守承诺，保障不同所有制企业在各方面公平竞争。

（5）落脚点：绿色发展、房市稳定、人民幸福①

南昌市加快步入万亿俱乐部需要坚持协调发展方针，这需要落实到良好的生态环境和幸福的人民生活中。

首先，南昌市加快步入万亿俱乐部需要走环境友好型发展道路，形成绿色发展方式，提高资源利用效率，为"碳中和、碳达峰"提出南昌方案。一是要综合运用经济、法律、行政等各种手段，推动产业结构、能源结构、运输结构和农业投入结构的优化调整；二是要依靠科技的力量，发展生态环保

---

① 本节部分内容已发表，Da-Jin Yu, Jin Li. Evaluating the employment effect of China's carbon emission trading policy: Based on the perspective of spatial spillover, Journal of Cleaner Production, 2021 (292): 126052. SCI/SSCI TOP 期刊.

产业，引入外部环保产业龙头企业，搭建环保产业链，推进产业绿色转型，推动生态环保产业成为新的增长点；三是要发展循环经济，推进生态试验区建设，大力发展生态工业园，促进生态产业化、产业生态化，构建生态循环产业链，实现资源循环利用；四是要加强环保科技研究，鼓励和推动环境技术成果化，培养、充实科技和管理相结合的复合型人才，提升生态环境治理科学化水平；五是探索生态价值转化机制，建立绿色银行动态管理，搭建碳排放交易平台，完善"碳排放"相关地方性法规；六是深入推进共建、共享、共治，提倡节约适度、低碳绿色的生活方式，使生态理念更加深入人心。

其次，南昌市加快步入万亿俱乐部需要稳定房市，让人民居者有其屋。一是要坚持"房住不炒"的政策基调，实施房地产市场平稳健康发展的长效机制，限购、钳制炒作氛围，限制需求端膨胀，保持南昌都市圈的房价在限定范围内波动，促进房地产与实体经济均衡发展。二是要建立多主体供给、多渠道保障、租购并举的住房制度；加强制度创新，增加以刚需者为主体、以低收入人群为重点的"平价房""廉租房"的供应。三是要加快培育和发展租赁市场，有序扩大城市租赁住房供给，调整和完善市场租房补贴，有效盘活存量房源，完善长租房政策，逐步推进租售同权。四是扩大保障性住房供给，着力解决新市民住房问题。五是探索共有产权制度，完善住房保障方式，健全保障对象、准入门槛以及退出管理政策。六是完善住房公积金制度，建立健全缴存、使用、管理和运营机制。七是加速推进南昌县撤县改区等工作，提升城市建设速度，扩大南昌市区面积，增加土地供应，在政策允许的条件下利用房地产拉动经济发展。

最后，南昌市加快步入万亿俱乐部需要提升人民生活水平，让发展的成果由人民共享。一是要围绕民生需求布局，增加民生项目的投资，提高公共服务水平，让居民生活得更加舒心。二是要稳投资、促消费，提高城市发展潜力，推动城市更新，提高人民可支配收入水平，刺激消费，不断提升居民生活水平。三是要继续推进旧城改造项目，高标准、严要求，提高人民的获得感、幸福感。

第 7 章

江西工业协调发展分析及突破点选择——基于中部数据分析[①]

中部地区崛起的发展战略在 2004 年首次提出,此后中部各省形成了抢抓机遇、你追我赶、加速发展之势,中部地区经济发展情况得到明显改善。2020 年中部地区 GDP 达到 261,760.18 亿元,占全国经济总量的 25.8%,扭转了中部"塌陷"态势,在全国区域经济大格局中的地位逐步提高。

随着 2019 年江西省政府实施《江西省"2+6+N"产业高质量跨越式发展行动计划》(2019—2023 年左右),江西工业发展站在了新的更高的战略起点上。近几年来,江西工业产业得到快速发展,工业产业的协调性得到明显增强。2020 年在疫情的影响下,全省规模以上工业企业营业收入达到 37,909.2 亿元,增长了 7.9%,不仅处于增长状态,且增速居于全国第一;利润 2438.1 亿元,增长了 12.2%,增速在中部地区居于首位,在全国排名第九,取得了优异的成绩。2021 年上半年,江西省规模以上工业增加值同比增长 18.5%,高于全国平均水平 2.6 个百分点。

江西主要经济指标增长较快的同时,经济总量较小是不争的事实。2020 年江西 GDP 总量为 25,691.50 亿元,列全国第 15 位,在中部六省中排名第 5 位,经济质量与发达省份相比差距明显。面对区域竞争与合作,必须实现跨越式高质量发展,加快构建现代产业体系。因此,了解和掌握江西工业经济在中部地区的地位,分析其协调发展优劣,找准并选好加快协调发展的突破点,对于江西经济高质量发展具有重大意义。

[①] 本章主要内容入选 2021 江西智库峰会(江西省委省政府和中科院主办)研究成果汇编,标题为《江西工业产业在中部地区优劣势分析及加快发展的突破点选择》(作者:余达锦、陈亮、管丽、姜伟豪等),并在峰会上交流,得到广泛好评。之后成果也得到江西省科技厅、上饶市政府和赣江新区等多家单位的采纳,认为成果相关数据分析和建议对于今后工业发展规划具有较强的指导意义。本书作者余达锦教授还受邀参加 2021 江西智库峰会及国家级大院大所产业技术及高端人才进江西活动。本次峰会研究成果汇编共收录研究报告 13 篇,其中 9 篇由两院院士或知名经济学家领衔研究并在峰会报告。

7.1　江西工业协调发展现状对比分析——基于中部数据

7.1.1　江西与中部地区工业协调发展对比分析

（1）工业增加值和速度对比，发现江西工业增长速度较快

江西省规模以上工业增加值占中部比重差距逐渐缩小，对比中部其他五省，江西省现价发展速度处于中等位置。如表 7.1 所示，2017 年江西省规模以上工业增加值为 9.1%，其在中部地区规模以上工业增加值所占比例达到19%，在中部地区位于首位。2020 年规模以上工业企业增加值与 2019 年相比，增长了 4.6 个百分点，河南省增速明显减缓，增加值比上一年增长仅有0.4%。湖北省规模以上工业增加值为 -6.1%，由于新冠肺炎疫情的影响，经济损失严重，工业增加值也下降不少。江西省在 2019 年全国各省市工业增加值排行中列第 14 名。2020 年规模以上工业企业增加值是 2017 年的 0.51 倍，在中部地区排名第四。可见，江西省在工业方面仍需要不断做大做强。

表 7.1　中部六省工业增加值增长速度对比

省份	2017	2018	2019	2020
山西	7.00%	4.10%	5.30%	5.70%
湖北	7.40%	7.10%	7.80%	-6.10%
河南	8.00%	7.20%	7.80%	0.40%
安徽	9.00%	9.30%	7.30%	6.00%
湖南	7.30%	7.40%	8.30%	4.80%
江西	9.10%	8.90%	8.50%	4.60%

数据来源：《中国统计年鉴 2020 年》

此外，江西省 2017 年到 2020 年的工业投资增速分别为 15.3%、14.6%、13.1%、10.9% 和 8%，整体工业投资增速放缓，表明江西省投资内生动力较弱。但是江西省近几年规模以上工业增加值增长幅度变化较大，如表 7.2 所示，2016 年江西省在中部地区的规模以上工业增加值为 7219.11 亿元，占中部地区比重为 11.6%，2019 年规模以上工业增加值 8965.81 亿元，占中部地区比重为 12.3%，有一定上升趋势，2019 年比 2016 年的规模以上工业增加

值的现价发展速度为 1.24，中部排名第三。且 2020 年规模以上工业增加值增长率为 4.6%，居于中部地区第四位，与全国平均水平相比，高了 3.4 个百分点，增速在全国排名第三，工业增长速度较快。

表 7.2　中部六省工业增加值水平比较

省份	2016 年工业增加值	比重	2019 年工业增加值	比重	现价发展速度
合计	62，361.35	1.00	73，121.26	1.000	1.17
山西省	4148.91	0.067	6569.51	0.090	1.58
湖北省	12，536.39	0.201	16，087.33	0.220	1.28
江西省	7219.11	0.116	8965.81	0.123	1.24
安徽省	10，076.94	0.162	11，454.85	0.157	1.14
河南省	17，042.72	0.273	18，413.21	0.252	1.08
湖南省	11，337.28	0.182	11，630.55	0.159	1.03

数据来源：《中国统计年鉴 2020 年》

（2）工业企业经济效益对比，发现江西企业经济效益较好

江西省工业总量较小，但企业经营效益尚好。表 7.3 数据表明，一方面 2020 年江西的工业企业数量为 13，022 个，在中部六省中排名倒数第二，仅高于企业个数为 4798 的山西省，与工业总量排名第一的河南省差距较大。另一方面江西省工业企业的利润率为 6.5%，排在中部第三，与湖北和河南省相差不大，说明江西省工业企业的盈利能力良好，产品具有良好市场竞争力。工业的成本费用利用率是指一定时期实现的利润与成本费用之比，是反映工业生产成本及费用投入的经济指标，同时也是反映降低成本的经济效益指标。2019 年江西省工业成本费用利润率为 7.5%，低于河南省和湖北省，在中部地区处于中游水平，仅比全国平均水平 7.4% 多 0.1 个百分点。这说明江西省工业企业经营能力和投入产出比尚好，企业的经营效益改善较大。

表7.3 中部六省工业效益水平比较

省份	企业个数	主营业收入（亿元）	利润总额（亿元）	利润率（％）	成本费用利润率
江西省	13022	35009.8	2262.8	6.5%	7.5%
河南省	27129	50076.6	3547.9	7.1%	8.4%
湖北省	15521	45461.1	3049.6	6.7%	8.1%
湖南省	16562	37919.6	2227.3	5.9%	7.3%
山西省	4798	21334.7	1164.7	5.5%	6.7%
安徽省	17761	37358.9	2254.3	6.0%	7.1%

数据来源：《中国统计年鉴2020年》

（3）工业发展潜力对比，发现江西高技术产业发展动力强劲

江西省高技术产业发展动力强劲，发展势头良好，但与东部地区靠前省份相比仍存在一定差距。2019年中部地区高技术产业总产值在全国当中所占比重为15.8%，仅为东部地区的22.0%，同东部地区差距明显。如表7.4所示，江西省高技术产业企业数量为1500个，位居中部第一，占中部地区企业数量总数的21.9%。其企业个数以每年约15.0%的速度增长，从2016年的1064家增长到2019年的1500家。江西省高技术产业利润率为6.9%，位居中部第一，比全国高技术产业平均利润率6.6%多0.3个百分点。上述指标说明，江西高技术产业增长质量处于稳步提高阶段，略高于全国平均水平，在中部省份处于第一梯队。

表7.4 中部六省高技术产业比较

省份	高技术企业数（个）	营业收入（亿元）	利润总额（亿元）	利润率（％）
江西	1500	5233	362	6.9
河南	1106	6118	337	5.5
湖北	1230	4434	282	6.4
湖南	1381	4016	272	6.8
安徽	180	1274	56	4.4
山西	1466	4034	217	5.4

数据来源：《中国高技术产业统计年鉴2020年》

（4）工业结构对比，发现江西企业所有制结构较为合理

江西省三大产业占比中，第二产业比重较大，经济结构相对较为合理。如表 7.5 所示，2020 年全省第二产业增加值为 11084.8 亿元，比重是 43.1%，与河南省相比，河南第二产业增加值为 22875.33 亿元，占比为 41.6%。同时与其他中部省份相比，第二产业增加值总量较小，但所占比重较高，在中部排名第二。第一、第三产业占比分别低于中部地区均值，但是差距并不是很大。

表 7.5 中部地区各产值分布

省份	第一产业	第二产业	第三产业	2020GDP
江西	2241.6（8.7%）	11084.8（43.1%）	12365.1（48.2%）	25691.5（100%）
河南	5353.74（9.7%）	22875.33（41.6%）	26768.01（48.7%）	54997.07（100%）
湖北	4131.91（9.5%）	17023.90（39.2%）	22287.65（51.3%）	43443.46（100%）
湖南	4240.4（10.2%）	15937.7（38.1%）	21603.4（51.7%）	41781.5（100%）
安徽	3184.7（8.7%）	15671.7（42.7%）	19824.2（48.6%）	38680.6（100%）
山西	946.68（5.3%）	7675.44（43.5%）	9029.81（51.2%）	17651.93（100%）

数据来源：各省经济运行报告

近年来，江西国有企业战略性调整成效显著，外向型经济和民营经济快速发展。如表 7.6 所示，从所有制结构看，中部六省国有经济在工业中的比重仍相对较高，工业企业仍以内资企业为主，外资企业占比较低，工业经济外向度低于全国平均水平。2019 年中部六省规模以上工业企业中，国有及国有控股企业共有 4711 家，完成主营业务收入 59356.3 亿元，分别占比 5.45% 和 31.3%（全国平均 5.4% 和 27.0%），中部六省私营企业的企业数和收入的比重为 56.5% 和 48.0%（全国平均 64.5% 和 33.8%），三资企业比重为 3.6% 和 13.3%（全国平均 11.5% 和 22.0%）。

江西省工业打破了原有国有企业独立支撑工业发展的局面，工业所有制步伐加快，形成了相对较好的工业发展体制。2019 年江西省国有及国有控股企业主营收入占比为 26.3%，低于全国 0.7 个百分点，低于中部平均值 7.4 个百分点；私营企业主营业收入比重为 49.4%，高于全国 15.6 个百分点，比中部地区均值高出 1.6 个百分点，比湖南省低 20.1 个百分点，位于中部第二位；三资企业收入比重为 10.6%，企业数比重为 5.2%，高于中部地区 1.4 个百分点，高于湖北省的 4.7%，位于中部第一位。

表7.6 中部地区行业所有制占比

指标\地区	国有及国有控股企业			私营企业			外商和港澳台商企业		
	企业数比重	主营业务收入比重	总资产比重	企业数比重	主营业务收入比重	总资产比重	企业数比重	主营业务收入比重	总资产比重
中部平均	7.5	33.7	40.9	64.3	47.8	24.9	3.6	12.8	11.9
全国	5.4	27.0	38.9	64.5	33.8	23.5	11.5	22.0	19.0
江西	4.1	26.3	28.8	65.3	49.4	32.0	5.2	10.6	10.9
湖北	5.0	30.9	45.6	58.5	47.9	22.0	4.7	19.4	20.5
湖南	4.6	25.2	34.2	78.4	69.5	31.5	2.7	10.3	10.8
河南	4.0	25.8	32.6	61.4	41.7	24.3	2.1	12.9	10.9
安徽	4.3	34.5	39.1	62.9	39.9	22.2	4.0	13.9	11.7
山西	23.0	59.3	64.8	59.1	38.2	17.6	2.9	9.4	6.5

数据来源：《中国统计年鉴2020年》

从行业结构看，江西与中部地区主导产业层次较低，技术指向明显。由于近年国家支持和加快高新技术的发展，中部地区主导产业以新兴产业为主，其附加值和技术含量高，如各省份主导产业均有电子信息产业，江西、河南、湖南、湖北4个省主导产业中有汽车制造行业，江西、河南、湖北、湖南、安徽5个省份有食品产业，结构趋同性明显。

江西省工业前八大产业中，新兴产业有3个，即电子信息、装备制造和汽车制造。近几年由于政府引导和政策扶持，以项目、企业、集群、园区为着力点，推动新兴产业倍增发展、传统产业优化升级、新经济新动能产业快速壮大，促进产业发展，初步形成了一批具有竞争力的特色产业。如欧菲光科技，全省触控屏出货量占全国40%以上，欧菲光指纹模组年出货量超1.9亿颗，居全球第一，摄像头模组产量居全国第一；联创电子运动相机镜头年出货量占全球70%；孚能科技三元软包动力电池装机量连续两年位列全国软包第一；芦溪110KV及以下电瓷产品占全国同行业的75%，远销中东、南非、东南亚等40多个国家和地区；晶科能源研发的组件最高转化效率21.6%，代表当今世界组件制造最高水平，已连续四年蝉联全球销量冠军；紫宸科技负极材料行业出货量全国第二、人造石墨全球第一①。

表7.7 中部六省支柱型产业分布

省份	各省支柱型产业分布
江西	有色金属、电子信息、装备制造、石化、建材、纺织、食品、汽车
河南	装备制造、食品、新型材料、电子信息、汽车
湖北	汽车、钢铁、石化、电子信息、纺织、食品
湖南	文化产业、电子信息产业、高新技术产业、汽车产业、物流产业
安徽	汽车及工程机械、用电器行业、电子信息产品制造业、新型建材、能源及原材料
山西	煤炭、钢铁、机械、食品、有色金属、电子信息、印刷、化工、电力

资料来源：基于公开资料整合

7.1.2 江西工业协调发展的劣势分析

（1）江西供给侧结构不合理

供给主体规模较小，竞争力偏弱。2020年江西大型龙头企业偏少，全省主营业务收入过百亿元的企业仅有29家，在中部地区排名最后，过千亿的企业只有1家，2020年进入中国企业500强的仅有江铜、江铃、新余钢铁、江西建工等4家企业，如表7.8所示。此外，江西龙头企业主要分布在产业层次较低的原材料行业，能耗高、附加值低、产业链单一，在技术创新、市场突破等方面的核心引领作用有限，对中小微企业辐射带动能力偏弱。同时，江西工业企业布局相对孤立分散，生产要素跨企业流动不畅，分工协作不足，企业间同构化、同质化竞争较为严重，产业合作和产业集群化发展水平较低，致使工业品市场的区域竞争力较弱。

表7.8 中部各省百亿和千亿企业数

省份	2020年营业收入过百亿企业数量	2020年营业收入过千亿企业数量
江西	29	1
河南	42	3
湖北	45	7

---

① 江西已经成长为新兴工业大省，"十三五"工业和信息化发展成就呈现十大亮点［EB/OL］，中国日报网，2021-01-21。

续表

省份	2020 年营业收入过百亿企业数量	2020 年营业收入过千亿企业数量
湖南	39	4
安徽	37	1
山西	30	7

资料来源：基于公开资料整合

煤炭和汽车制造等产业存在产能过剩现象。数据分析发现，江西省工业生产虽然主要以中间产品为主，但是市场覆盖面还比较小，有一些产品需求也在逐渐接近或达到峰值。虽然江西省近年成立化解过剩产能工作领导小组，明确责任分工，出台配套政策，理顺工作机制，开展一系列专项行动，与各地市签订目标责任书等一系列举措，2020 年江西关闭多家煤炭产能过剩企业，但是江西工业部分行业依然存在产能过剩。2020 年江西省产能过剩行业有平板玻璃、煤炭，据调研分析其工业产能利用率在 70% 左右，同时汽车行业也存在产能过剩。江西计划 2020 年占据国内纯电动汽车市场 10% 的市场份额，销量达 10 万辆。然而，江铃新能源 2020 年的销量仅为 3842 辆。赣州也打造了一个规划总面积达 35.2 平方公里，建成后可承接年产 80 万辆以上整车产能，拉动 800 亿元投资的产业园区项目。在上饶，其经济开发区先后引进汉腾汽车二期、爱驰汽车、中汽瑞华、长安跨越、吉利新能源商用车、博能商用车等六个整车项目，力争实现 120 万辆年产能、1200 亿元的产值①。最新数据显示，2020 年受新冠肺炎疫情影响，江西省汽车产量仅 40 余万辆，与全省各地市规划的总体汽车产能之和相去甚远。除此之外水泥、有色金属冶炼等个别企业"僵而不死"，经营状况不理想，长期亏损，依赖财政补贴和银行贷款勉强维持。大量生产要素因产能过剩和库存率过高等原因而无法进入市场需求领域，资源配置效率大幅下降。

表 7.9 2020 年江西煤炭行业产能过剩企业

序号	煤炭产名称	年产煤（万吨）	城市
1	莲花县年林煤矿	4	萍乡
2	莲花县坊楼镇枧下煤矿	6	萍乡

---

① 新能源汽车陡峭增长期仍存隐忧［EB/OL］，人民资讯，2021-12-13。

续表

序号	煤炭产名称	年产煤（万吨）	城市
3	莲花县坊楼镇龙山煤矿	4	萍乡
4	莲花县长埠煤矿	4	萍乡
5	江西显亮煤业有限公司崇义县煤矿	9	赣州
6	吉水县石莲矿业有限公司	4	吉安
7	江西省分宜西茶煤矿二井	6	新余
8	新余市界水炭山口煤矿	6	新余
9	分宜县龙坡矿业有限责任公司	4	新余
10	新余市渝水区马洪乡联合煤矿	6	新余
11	乐平市锦宏煤业有限公司 （原乐平市涌山镇五一煤矿）	4	景德镇
12	乐平市同春煤矿	6	景德镇

资料来源：基于公开资料整合

江西工业企业面临生产成本上升和产品价格下跌的双重挤压。一方面，招工难、稳工难、原材料成本上升、用地紧张等问题凸显。如表7.10所示，2020年规模以上每百元主营业务收入中的成本江西为86.4元，为中部地区省份最高，比中部平均水平高1.9元；但2020年江西省人均工资分别达到4880元，同比中部平均工资低404元。另一方面，新常态下工业品市场价格持续低迷，与2019年相比，2020年工业生产者出厂价格（PPI）和工业生产者购进价格（IPI）都下降了，分别是1.7%，3.0%。

表7.10 中部各省成本及人均工资表

省份	2020年规模以上每百元主营业务收入中的成本	排名	2020年人均工资	排名
中部平均	84.5		5284	
江西	86.4	1	4880	4
河南	85.4	2	4738	5
湖北	84.4	4	5334	3
湖南	83.9	5	5729	2
安徽	85.1	3	6293	1
山西	82.0	6	4730	6

资料来源：基于公开资料整合

（2）江西省企业规模相对较小

目前江西工业发展水平仍然存在不足，其规模在中部地区相对不高。表7.11 数据表明，2019 年，江西省大中型工业企业共有 1366 个，在中部六省仅高于山西省，与排名最高的河南省相差 1795 个，占规模以上企业个数的 17.3%，高于中部省份平均仅 1.5 个百分点。数据显示，2018 年江西省大中型企业个数为 1775 个，比 2019 年的工业企业数多 409 个，同时江西省规模以上企业主营业收入在中部地区占比为 11.77%，排名较为靠后，但轻工业与重工业的企业个数比为 0.8，比例接近，说明重型化结构有了很大的改善。2019 年，江西省的人均 GDP 在中部地区中仅高于山西省，与排名最高的湖北省差距较大，相差了 24223 元。此外，数据测算表明，江西省第二产业在经济发展中占有绝对的重要性，对 GDP 增长贡献率达到了 52.1%，可以看出工业产业在江西经济发展中的重要性。

表 7.11　中部地区工业企业规模水平

省份	2019 年大中型工业企业个数	人均 GDP	规模以上工业企业个数	企业数占比
河南省	3161	56388	19548	16.2%
湖南省	1821	57540	13844	13.2%
湖北省	1807	77387	16106	11.2%
安徽省	1401	58496	16277	8.6%
江西省	1366	53164	7908	17.3%
山西省	1193	45724	4240	28.1%

资料来源：基于公开资料整合

（3）江西省产业集群度不高

江西省产业集群度低，集群水平有待提高。表 7.12 中数据显示，从产业园区来看，分析 2020 年第四季度数据可以发现，江西省十大产业园中，上千亿的产业园只有 6 家，排名第一的是南昌国家高新技术产业开发区，营业收入为 3066.1 亿元，第二名和第三分别为南昌经济技术开发区、九江经济技术开发区，营业收入分别为 1383.3 亿元和 1248.2 亿元，而邻近省湖南省 2020 年拥有千亿级产业园 14 家，远高于江西省。

表7.12 2020年江西省十大产业园分布

产业园区名单	营业收入（亿元）	利润总额（亿元）	产业群性质	城市
南昌国家高新技术产业开发区	3066.1	195.5	国家级经济技术开发区	南昌
南昌经济技术开发区	1383.3	140.8	国家级经济技术开发区	南昌
九江经济技术开发区	1248.2	60.39	国家级经济技术开发区	九江
南昌小蓝经济技术开发区	1220.8	94.6	国家级经济技术开发区	南昌
井冈山经济技术开发区	1107.8	72.2	国家级经济技术开发区	吉安
上饶经济技术开发区	1041.4	46.9	国家级经济技术开发区	上饶
袁河经济开发区	914.4	38.8	省级经济技术开发区	新余
江西贵溪经济开发区	836.3	20.9	省级经济技术开发区	鹰潭
赣州经济技术开发区	743.1	35.5	国家级经济技术开发区	赣州
瑞金经济技术开发区	717.8	60.8	国家级经济技术开发区	吉安

资料来源：江西工业大数据应用平台

从产业集群来看，2020年第二季度江西省排名前十产业集群中，南康家具产业以839.3亿元营业收入排名第一，营业收入300亿元以上的只有4个，其他的大多在250亿元之下，如表8.13所示。从产业集群总体数量上看，2020年江西省、河南省、湖北省千亿级产业集群分别为13、19和15个。

具有行业影响力的龙头企业数量明显不足。2020年工业企业注册资料在500万元至1亿元的企业，湖北省拥有9850个，河南省拥有13012个，江西拥有5052个，中部排名倒数第一。同时以江西电子信息为例，江西省电子信息企业规模普遍较小，2020年第二季度南昌高新区光电及通信产业集群以营业额329.8亿元排第四，虽然已初步形成了13个特色电子信息产业集聚区，其中，有三个产业集聚区未列入京九（江西）电子信息产业带，但集聚水平仍较低。2020年，江西省主营业务收入过百亿元的电子信息制造企业仅有欧菲生物识别、欧菲光电技术、智慧海派、合力泰科技4家。[316]赣州市作为《京九（江西）电子信息产业带发展规划》试点城市，目前还没有主营业务收入超30亿元的企业。

表 7.13　2020 年第二季度江西省十大产业集群分布

产业集群名单	营业额（亿元）	利税（亿元）	从业人员数	投资企业数
南康家具产业集群	839.3	20.79	407000	6038
新余钢铁及钢材加工产业集群	423.4	29.9	29800	151
樟树医药产业集群	375	32.6	29038	193
南昌高新区光电及通信产业集群	329.8	13.8	54000	120
贵溪铜及铜加工产业集群	251.7	16.4	5804	67
南昌小蓝经开区汽车及零部件产业集群	243.0	16.0	21105	133
鹰潭高新区铜合金材料产业集群	238.5	10.8	7030	62
丰城再生金属产业集群	210.1	21.4	8700	180
萍乡经开区新材料产业集群	208	49.9	18969	78
上饶经开区光伏产业集群	203	15.6	10932	200

资料来源：江西工业大数据应用平台

　　江西省工业企业具有"分布散"的特点。考虑到省会城市是一个省经济发展的核心地区，产业密集具有代表性，这里选取各省会城市工业企业数来分析。2020 年，南昌市工业企业占比江西省为 11.4%，其他三个省会城市长沙、合肥、武汉工业企业集中度分别为 18%、11.5%和 18.7%。

　　（4）江西省各层次工业企业基数较小

　　从中部地区的各个省份来看，江西省在所有工业企业数量方面不具优势，首先，江西省工业企业数量较少。2020 年江西省规模以上工业企业个数为 12，727 个，湖南、安徽和湖北分别为 16561 个、17761 个和 15520 个，从数量上看出江西省工业企业数量少。其次，南昌市工业企业数量同样较少。南昌市工业企业共 1451 个，长沙、合肥和武汉分别为 2984 个、2045 个和 2903 个，作为江西省发展核心城市的南昌市工业企业数量较少。如表 7.14 所示，在各个省份中仅仅高于山西省，截至 2021 年 5 月 22 日，江西省小微企业共有 68570 家，在中部地区仅仅高于山西省，距离第一的湖北省相差 45762 家，从中可以看出，差距还是较为明显的，注册资本 500 万元以下的工业企业基数较小，而工业作为经济的主导力量，其企业数量少，从侧面也反映其工业发展的潜力还不够强。江西省支撑型企业排名居于末尾，企业数量最少，而相对于其他省份而言，支撑型企业和支柱型企业数量排名较为靠前，仅次于安徽省。众所周知，小微企业和支持型企业占各个省份企业数量的比例是最多的，但是江西省并没有占到优势，其企业数量不足突出，在小微企业中尤为明显，其潜在发展优势需要加强。

纵向看来，江西省的工业企业基数小，上升空间不明朗。但是，江西省南昌市产值结构与产业结构较为匹配。从产值结构来看，南昌市三大产业占比分别为 4.1%、46.6%、49.3%，从中可知，非农产业占比较大，第三产业产值比第二产业产值高出 3.3 个百分点，产值结构较为合理。从产业结构来看，南昌市第一产业企业占比 1.9%；第二产业占比 34.9%，其中以制造业为主，占比 24.0%；第三产业占比 63.2%，主要集中于商务服务业以及批发零售业等。结合产值结构与产业结构来看，第三产业结构比第三产值结构高出 13.9 个百分点，第二产业结构比第二产值结构少 11.7 个百分点，这意味着第三产业以中小企业为主，而第二产业以大企业为主，符合第三产业个性化服务和第二产业集约化生产的产业特征。

表 7.14　中部各省上市工业企业数情况

省份	小微企业	排名	支持型企业	排名	支撑型企业	排名	支柱型企业	排名	总数
江西	68570	5	5052	6	1159	2	168	2	74949
安徽	77973	3	13209	1	1230	1	418	1	92830
河南	106616	2	13012	2	1026	4	82	5	120736
湖北	114332	1	9850	3	1087	3	153	3	125422
山西	46479	6	7820	4	566	6	74	6	54939
湖南	70646	4	7243	5	670	5	89	4	78648

注 1：数据来源于企查猫。

注 2：支柱型企业是注册资本 10 亿元以上的企业；支撑型企业是注册资本在 1 亿元到 10 亿元的企业；支持型企业是注册资本在 500 万元到 1 亿元的企业；小微企业是注册资本在 500 万元以下的企业。

（5）江西省工业产业人才不足

人才是产业发展的基石。自 2015 年《江西省高层次人才引进实施办法》（赣才办字〔2015〕16 号）颁布以来，每年江西省都会面向国内外引进优秀高层次专业技术人才。到 2020 年，江西省共引才 19824 人，引进人才总数较大。其中，2016 年全省共征集高层次专业技术人才岗位 1343 个；2017 年江西省引进优秀高层次专业技术人才 2395 人①；2018 年引进高层次专业技术岗位 3277 个；2019 年引进高层次专业技术人才 4357 人；2020 年引入第一批优秀高层次人才 3638 人，第二批 4814 人②。

分析发现，江西省引进人才主要以理论型人才为主，实干型人才较少，引才结构不合理。2018 年至 2021 年 3 月共引进 16086 人，进入高校的人才占所引进人才的 62.1%，绝大部分为科教人才（70.1%）；而实干型人才较为集中的工业类和企业类单位所占的比重较低（10.8%）。但从趋势来看，虽然这种不平衡现象仍然存在，但正逐渐得到缓解。2018 年高校类所引进人才占所有人才的 83.6%，近几年比重逐步下降到六成左右；而工业企业类单位所引进人才的比重不断上升，从 2018 年的 10.7% 上升到 2020 年的 22.6%，如表 7.15 所示。

表 7.15 2018—2020 年江西省人才引进情况

类别	2018 年	2019 年	2020 年第一批	2020 年第二批	江西总计
高校类	2505（83.6%）	2720（71.9%）	2309（75.4%）	2459（59.6%）	9993（71.5%）
科研事业单位	172（5.7%）	318（8.4%）	320（10.0%）	472（11.4%）	1282（9.1%）
工业企业类	323（10.7%）	747（19.7%）	432（14.6%）	1192（29.0%）	2694（19.4%）
总计	3000（100%）	3780（100%）	3061（100%）	4123（100%）	13969（100%）

注：2019 年总计数据与官方报告人数存在误差。

育才不留才情况严重。2019 年，江西省博士毕业生 176 人，其中就业 163 人，就业率为 92.6%；硕士毕业生 9934 人，其中就业 9253 人，就业率为 93.1%；本科毕业生 123445 人，其中就业 104150 人，就业率为 84.4%；专科毕业生 179777 人，其中就业 147046 人，就业人数占总人数比重为 81.8%。总的来看，毕业生学历越高，其就业情况越好。

首先，江西省对各级毕业生的吸引力不足，且毕业生学历越低情况越严重。从"人才虹吸指数"③ 来看，来自江西省的博士生比留在江西省的博士生少 2.45 个百分点；来自江西省的硕士生比留在江西省的硕士生少 3.96 个

① 江西 2395 个岗位面向国内外揽才，部分岗位年薪过百万［EB/OL］，中国质量新闻网，2017-06-08。

② 4814 个岗位！江西省 2020 年引进优秀高层次专业技术人才（第二批）公告发布［EB/OL］，宁国人事人才闻网，2022-06-27。

③ 人才虹吸指数是本书研究建立的指标，用于衡量江西省的"人才吸引力"。

百分点；来自江西省的本科生比留在江西省的本科生少 16.56 个百分点；来自江西省的专科生比留在江西省的专科生少 24.92 个百分点。由此可见，江西省"育才不留才"的情况较为严重。

其次，传统经济强省对江西省人才仍具有较大吸引力。如表 7.16 所示。广东省具有最强的"人才虹吸效应"，其中博士、硕士、本科、专科层面的"人才虹吸指数"分别为：9.20%、11.10%、13.20%、11.97%，较高的"人才虹吸指数"意味着广东省对江西省人才具有极强的吸引力。虽然没有广东省那么夸张，但上海和北京对江西省各级人才同样具有较强吸引力，两地的平均"人才虹吸指数"都在 1.0% 以上，且各层次"人才虹吸指数"都为正数。

表 7.16 人才"人才虹吸指数"情况（单位：%）

省份	博士	硕士	本科	专科	总计
江西省	-2.45	-3.96	-16.56	-24.92	-45.44
湖北省	-1.22	-1.83	0.55	0.49	-2.01
湖南省	-1.23	-0.65	0.15	0.28	-1.45
河南省	-1.23	-5.28	-1.68	-0.42	-8.61
山西省	-1.84	-2.05	-1.15	-0.59	-5.63
安徽省	0	-3.6	-1.42	-0.65	-5.67
中部省份总计	-5.52	-17.37	-20.11	-25.81	-68.81
浙江省	0	4.5	5.33	9.42	19.25
江苏省	0.61	1.24	1.59	2.54	5.98
福建省	0	0.74	0.92	2.00	3.66
周边省份总计	0.61	6.48	7.84	13.96	28.89
北京市	1.23	2.55	2.31	0.93	7.02
上海市	1.23	4.07	4.3	3.57	13.17
广东省	9.2	11.1	13.2	11.97	45.47
发达省份总计	11.66	17.72	19.81	16.47	65.66
总共合计比例	4.3	6.83	7.54	4.62	23.29

注1：人才虹吸指数=江西毕业生就业流向省份百分比—毕业生来源百分比。

注2：原始源本身具有一定误差，但误差不超过 0.5%。

注3：由于毕业生存在入伍、出国、升学等情况，无法判断其走向，省内外百分比相加不为零。

最后，江西省人才流向中部地区较少。江西省博士和硕士流向中部地区指数为负数，如湖北和湖南博士人才虹吸指数分别为-1.22和-1.23，中部地区博士人才虹吸指数总计为-5.22，硕士总计为-17.37，说明江西省在中部地区人才引进具有一定影响力。同时周边省份对江西省人才具有一定吸引力。除了北京、上海和广东省外，周围省份如浙江省、江苏省、福建省对江西省的人才都具有一定的吸引力，其中浙江省对江西人才吸引最强，硕士人才虹吸指数达到4.5，本科达到5.33，专科为9.42，这是因为浙江经济较为发达，又与江西省接壤；江苏省指数比浙江省低，总计为5.98，这是因为江苏省没有与江西接壤，但是它的"人才虹吸效应"也不容小视；福建省同样具有一定的"人才虹吸效应"，江西省本科生和专科生流向福建较多。从总体来看江西省人才流失和育才不留才情况较为严重。

（6）工业科技创新投入强度不够和智能制造水平低

江西科技经费投入规模较小，科技创新能力不强。一般而言，工业科技创新能力主要由4个指标来体现，分别是工业企业有效发明专利数、技术合同项数、国家重点实验室个数和R&D经费投入。2020年江西省技术合同项数共4086个，占到全国的0.74%，在中部六省中仅略多于山西，居第五位；湖北则多达39,749个，近十倍于江西。江西技术合同成交金额为233.4亿元，居中部末位，只有湖南的31.7%。江西省有效发明专利数16,989件，居中部第5位，只有河南的17.3%；湖南和湖北省的有效发明专利数分别为7.35万件和5.63万件。中部地区国家重点实验室占全国的12.9%，与东部地区差距较大；其中山西和江西均有5个国家重点实验室，位于中部末尾；湖北排名第一，拥有33个，其次是湖南19个。江西工业企业R&D经费投入384.3亿元，占全国的1.74%，居中部第五位，R&D经费占主营业务收入的比重为1.1%。国际上一般认为，研发费用占企业主营业务收入总额1%的企业，将难以生存；占2%的企业，可以维持生存；占5%的企业才能有竞争力；江西工业企业的科技创新能力不容乐观，科技经费的投入规模和科技研发水平都需要大力加强。[317]

江西省智能制造发展体系才初步形成，正从萌芽阶段向起步阶段迈进。当前，中国制造业大而不强，创新能力较弱，在一些重要基础技术和关键零部件层面依赖国际市场较多，转型升级迫在眉睫。数据分析发现，我国智能制造整体还处于起步阶段，工业信息化仍待普及，数字化、互联化和智能化正待逐步完善。

　　江西在 2016 年启动了智能制造"万千百十"工程。随着工程的持续推进，共创建了 12 个省级智能制造基地，在 2019 年年底基本形成了智能制造发展体系，取得了阶段性的成效。[①] 尽管江西省的智能制造产业规模不断壮大，但也仅处于全国平均水平，与智能制造相关的成熟产业集群更是缺乏。

7.2　江西工业产业在中部地区竞争力分析

7.2.1　工业竞争力评价指标体系建立与实证分析

（1）指标选择

　　选取中部六省工业产业作为研究对象，建立其工业竞争力评价指标体系，如表 7.17 所示，数据主要来源于《中国统计年鉴 2020》，用计量方法对中部地区工业竞争力进行综合分析与评价。工业竞争力指标体系包括工业企业规模、企业效益、企业的创新能力等三个二级指标和工业总产值、全部从业人员年平均数等 11 个三级指标。指标的选取基于相关文献并结合德尔菲方法得出。

表 7.17　中部地区工业竞争力评价指标体系

一级	二级	三级指标
中部地区工业竞争力	工业企业规模	工业总产值（X1）
		全部从业人员年平均数（X2）
		主营业务收入（X3）
	工业企业效益	利润总额（X4）
		成本费用利润率（X5）
		资产负债率（X6）
		企业单位数（X7）
		所有者权益（X8）
	工业企业的创新能力	R&D 人员数（X9）
		R&D 项目经费支出（万元）（X10）
		有 R&D 活动的企业数（X11）

[①]　江西智能制造发展体系基本形成［EB/OL］，央广网江西频道，2019-09-19.

（2）研究方法

研究选取中部地区相关的工业指标数据，利用SPSS21.0统计软件对数据进行主成分分析，其主要原理是利用降维思想，将众多指标重新组合成新的综合指标来代替原来的所有指标，新的综合指标更具有代表性，更好地解释原有的指标。本节通过这种方法，对中部地区各省份工业竞争力进行综合评价，研究中部地区六个省份在工业竞争力上各自的特点，最后采用聚类分析，对六个省份进行分类，将相似的省份归为一类，并对江西省工业竞争力进行分析。

（3）研究内容

如表7.18所示，可知前2个成分的特征值大于1，而且其累计贡献率达到了92.232%（>85%），因此提取前两个为主成分。

表 7.18　相关特征值和方差贡献率

成分	初始特征值			提取平方和载入			旋转平方和载入		
	合计	方差的%	累积%	合计	方差的%	累积%	合计	方差的%	累积%
1	8.578	77.979	77.979	8.578	77.979	77.979	5.990	54.451	54.451
2	1.568	14.253	92.232	1.568	14.253	92.232	4.156	37.781	92.232
3	.414	3.761	95.993						
4	.361	3.285	99.278						
5	.079	.722	100.000						
6	1.005E−013	1.046E−013	100.000						
7	1.001E−013	1.014E−013	100.000						
8	1.001E−013	1.011E−013	100.000						
9	−1.002E−013	−1.022E−013	100.000						
10	−1.004E−013	−1.039E−013	100.000						
11	−1.011E−013	−1.100E−013	100.000						

再用方差最大化正交旋转法得到旋转后的主成分，如表7.19所示，分别对两大类主成分所具有的特征进行命名：第一类为显在竞争力成分，反应各省工业竞争力的目前状态表现。根据主成分1得分，此类成分主要包括：全部从业人员年平均数（X_2）、成本费用利润率（X_5）、利润总额（X_4）、主营业务收入（X_3）、工业总产值（X_1）、单位企业数（X_7）、所有者权益（X_8）

等。第二类为潜在竞争力成分，反应各省工业市场份额持续扩张的潜力。根据主成分 2 得分：资产负债率（X_6）、有 R&D 活动的企业数（X_11）、R&D 项目经费支出万元（X_10）、R&D 人员数（X_9）。

表 7.19　旋转成分矩阵

指标	成分	
	1	2
所有者权益 X_8	.953	.209
全部从业人员年平均数 X_2	.940	.207
工业增加产值 X_1	.932	.327
利润总额 X_4	.898	.418
成本费用利润率 X_5	.871	.311
主营业务收入 X_3	.840	.540
有 R&D 活动的企业数 X_11	.123	.963
资产负债率 X_6	-.265	-.903
R&D 项目经费支出万元 X_10	.391	.775
企业单位数 X_7	.597	.753
R&D 人员数 X_9	.679	.699

从旋转后的主成分得分系数矩阵（表 7.20）可得出工业竞争力主成分的得分函数模型。设 F_1、F_2 分别代表第一主成分与第二主成分，F 为综合得分，则模型可表示如下：

$$F_1 = 0.206X_1 + 0.124X_2 + 0.172X_3 + 0.239X_4 + 0.191X_5 + 0.145X_6 \quad (7.1)$$
$$+ 0.242X_7 - 0.074X_8 - 0.204X_9 - 0.005X_{10} - 0.034X_{11}$$

$$F_1 = 0.089X_1 + 0.029X_2 + 0.04X_3 + 0.144X_4 + 0.081X_5 + 0.336X_6 \quad (7.2)$$
$$+ 0.147X_7 - 0.247X_8 + 0.398X_9 - 0.185X_{10} - 0.14X_{11}$$

$$F = \frac{0.54451 * F_1 + 0.37781 * F_2}{92.232} \quad (7.3)$$

表 7.20 各主成分得分系数矩阵

指标	成分	
	1	2
工业增加产值 X_1	.206	-.089
主营业务收入 X_2	.124	.029
利润总额 X_3	.172	-.040
全部从业人员年平均数 X_4	.239	-.144
成本费用 X_5	.191	-.081
资产负债率 X_6	.145	-.336
所有者权益 X_7	.242	-.147
R&D 项目经费支出万元 X_8	-.074	.247
有 R&D 活动的企业数 X_9	-.204	.398
企业单位数 X_10	-.005	.185
R&D 人员数 X_11	.034	.140

最后根据公式计算出各省的综合得分及排名，如表 7.21 所示。

表 7.21 中部各省各主成分得分、综合得分及排名

省份	F_1	排名	省份	F_2	排名	省份	F	综合排名
河南	1.75515	1	湖南	0.91974	1	河南	0.8	1
湖北	0.6377	2	安徽	0.70223	2	湖北	0.48	2
安徽	-0.40459	3	湖北	0.35627	3	安徽	0.05	3
湖南	-0.57899	4	江西	0.25136	4	湖南	0.03	4
江西	-0.60249	5	河南	-0.41293	5	江西	-0.23	5
山西	-0.80677	6	山西	-1.81668	6	山西	-1.13	6

利用 SPSS21.0 软件对各省工业指标进行分层聚类分析，可以得出聚类树状图 7.1。

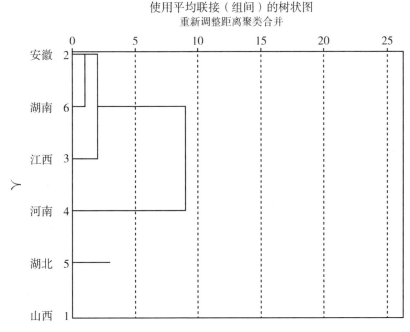

使用平均联接（组间）的树状图

重新调整距离聚类合并

图 7.1　中部六省聚类分析树状图

7.2.2　工业竞争力结论分析研究

（1）中部地区工业竞争力整体分析

从主成分分析与聚类分析的结果，可以将中部地区各个省份按照工业竞争力分为三个类别：

第一类为工业实力雄厚，发展潜力大的省份：河南、湖北。显在竞争力主成分（F_1）和潜在竞争力主成分（F_2）排名中，河南省分别为第 1 名和第 5 名，综合排名第 1。湖北在显在竞争力主成分（F_1）和潜在竞争力主成分（F_2）排名中，分别为第 2 名和第 3 名，综合排名第 2。分析原因，首先河南具有现代特征的电器、机械、电子等新兴产业迅速崛起，工业化进程不断加快，该省工业门类覆盖了国民经济行业的大类，形成了装备制造、食品、新型材料、电子信息、汽车及重点支柱型产业。其次河南省企业规模数量大，2019 年统计数据表明，河南省企业个数为 27，129 个，居中部第一，该省规模以上工业增加值增长达到 7.8%；主营业务收入达到 50，076.6 亿元，在中部各省中工业竞争力综合排名为第一。湖北省近年在工业科技创新上投入较大，截至 2019 年湖北全国重点实验室共有 33 个，实验经费投入 957.9 亿元，产业集群为 56.9%，属于中部第一。

第二类为工业实力较强，有湖南、安徽。显在竞争力主成分（F_1）和潜在竞争力主成分（F_2）排名中湖南分别为第 4 名和第 1 名，安徽分别为第 3 和第 2，综合起来，两省排名为第 4 和第 3。表明湖南省和安徽省份工业实力较强，湖南全国重点实验室共有 19 个，实验经费投入 787.2 亿元，居中部第二；安徽省全国重点实验室共有 12 个，实验经费投入 754 亿元，居中部第四。同时湖南和安徽在新型工业化方面，大力推进信息化与工业化融合，提升高新技术产业，发展汽车制造、电子信息、生物、新材料等产业，促进工业由大变强。三是产业集群效果显著，湖南、安徽产业集群度分别为 47.5% 和 45.0%，排名中部第二和第三。[318]

第三类为工业实力较弱，有江西省、山西省。显在竞争力主成分（F_1）和潜在竞争力主成分（F_2）排名中，江西省分别为第 5 名和第 4 名，山西省两个排名都位居末尾，它们在中部地区综合排名分别为第 5 名和第 6 名。原因一是江西省和山西省工业企业规模较小。2019 年，江西省大中型工业企业共有 1366 个，与排名第一的河南省相差 1795 个，在中部六省中排倒数第二，山西省大中型工业企业共有 1193 个，中部排名倒数第一。二是具有行业影响力的龙头企业数量明显不足。2020 年江西省千亿级工业产业集群只有 13 个，河南千亿级工业产业集群为 19 个。

（2）江西工业竞争力分析

江西省工业竞争力在中部地区偏弱。江西在显在竞争力主成分（F_1）和潜在竞争力主成分（F_2）排名中分别为第 5 名和第 4 名，综合排名位于中部第 5 名。分析原因主要表现在：一是供给主体规模较小，供给主体竞争力偏弱。江西省大中型工业企业共有 1366 个，在中部六省中排倒数第二，2020 年江西大型龙头企业偏少，全省主营业务收入过百亿元的企业仅为 29 家，比湖南少 10 家，在中部地区排名第六位，过千亿的企业只有 1 家，2020 年进入中国企业 500 强的仅有江铜、江铃、新余钢铁、江西建工 4 家企业。二是产业集群效果待提高，和中部地区其他省份仍有差距。从产业园区规模来看，江西上千亿的产业园区只有 6 家，排名第一的是南昌国家高新技术产业开发区，营业收入为 3066.1 亿元，而邻近省湖南省 2020 年拥有千亿级产业园为 14 家，远高于江西省。三是科技创新投入力度需进一步加大。2020 年国家重点实验室仅有 5 家远低于拥有 33 家的湖北，实验投入经费为 384.3 亿元，中部排名第五，低于 754 亿元的安徽。

但是江西省工业发展潜力大。2016 年到 2019 年江西省的工业增加值不断增速，2019 年江西省工业增加值增速在中部六省居于第一，达到 8.5%，高于全国平均水平 3.4%。江西近年工业形成了有色金属、电子信息、装备制造、石化、建材、纺织、食品、汽车等具有竞争力的八大支柱产业，且有了较好的基础。2020 年，江西省战略性新兴产业、高新技术产业、装备制造业增加值占规模以上工业比重分别为 22.1%、38.2%、28.5%，较 2015 年分别提高 9.1、12.5、5.7 个百分点。① 化解过剩产能取得重大成果，2016 年退出粗钢产能 433 万吨、生铁产能 50 万吨，提前四年完成"十三五"钢铁行业去产能目标，江西省工业发展态势较好，发展潜力巨大。②

7.3　江西工业协调发展面临的机遇分析

随着中部崛起各项政策支持，中部各省抓紧实施自己的崛起战略，试图抓住新的发展机遇，抢占先机。当前江西工业协调发展拥有难得机遇，主要表现在：

（1）江西工业产业日益融入长三角和珠三角区域经济圈，具有一定区位优势

江西地处中部，承东启西，贯通南北，既处于长江经济带和京九经济带的中心腹地，又是唯一同时毗邻长江三角洲、珠江三角洲以及闽南经济区的省份，地理位置较为优越，具有一定的区位优势；随着江西省开放型经济的发展，"泛珠江区域合作框架协议"的实施，尤其是随着沿海地区产业结构的优化升级与资源、能源的限制，沿海地区产业向中西部转移的速度与进程将进一步加快，江西经济将日益融入长三角和珠三角区域经济圈。

（2）国内外对稀土资源需求增大以及工业产业成本低

当今有色金属已经成为科学技术、国家经济等发展的重要物质基础的组成部分，对国家各方面而言是关键性战略资源。中国目前对有色金属的需求较高，需求比例在 40%～50% 之间，同时对于部分有色金属稀土和钨等，需求

---

① 江西已经成长为新兴工业大省，"十三五"工业和信息化发展成就呈现十大亮点［EB/OL］，中国日报网，2021-01-21。

② 江西"十三五"成就凸显已成长为新兴工业大省［EB/OL］，中国工业新闻网，2021-01-21。

占比达到80%以上，但作为制造大国的中国，原材料在被加工为成品之后，大部分用于出口，依据现实进行研究估算，扣除出口后，中国的有色金属需求占比不到30%，因此，海外才是有色金属终端需求更重要的力量①。2019年中国有色金属表观消费量约6320万吨，到2025年将达到8000万吨。江西省稀土资源丰富。铜、钨、稀土、钽铌、金、银、铀等七种矿产被誉为江西矿产的"七朵金花"。赣州已成为全国钨和稀土冶炼产品的集散地和主产区。与此同时，对比沿海地区，江西具有工业经济成本梯度差的优势。从整体上看，江西省工业经济成本与沿海发达城市相比较低，水、土地成本相对较低的同时，劳动力成本、能源成本也较低。

（3）江西省新基建与数字经济为江西工业协调发展提供动力源

近年来，江西省新基建与数字经济发展较快，初步形成为一批主导产业。2020年4月江西省政府办公厅出台新基建文件《行动计划》，提出了加快建设现代化的基础设施体系，推动基础工业设施高质量发展，从而为江西工业经济未来协调发展构筑更加坚实的基础。数据表明，2020年，江西省有VR企业近400家，VR及相关产业营收达到298亿元，增长148%②。工信部统计数据可知，2020年本省电子信息制造业营业收入达到5253.5亿元，同比增长17.4%，利润总额达到263亿元，同比增长21.2%。产业规模在全国排名靠前，排名第8，同时在中部地区仍然保持第1位。产业结构不断优化升级，新旧动能转化加速开展，为江西工业协调发展和高质量跨越式发展汇聚更加澎湃的工业力量。

（4）产业转移带动江西工业转型升级

2020年4月6日，国务院正式批复同意《设立江西内陆开放型经济试验区》，这是全国第3个、中部首个国家级内陆开放型经济试验区，也是江西省第二个覆盖全省范围的具有里程碑意义的重大国家战略，此次试验区的设立对江西来说无疑是一个巨大的机会，具有深远的历史意义和重大的现实意义③。江西省建设内陆开放型经济试验区，有利于引导沿海地区产业向中部地区转移。江西招商引资主要来源地是粤港澳大湾区，其中香港常年是江西利

---

① 2020有色金属行业发展现状及前景分析［EB/OL］，中研网，2020-06-12。

② 全省VR及相关产业营收达到298亿元，增长148%［EB/OL］，中国电子报，2021-07-15。

③ 南昌都市圈重点打造成为对接长江经济带的先行区［EB/OL］，中国经济网，2020-05-06。

用外资第一位，广东省是江西承接产业转移的主要来源地，常年居江西利用省外项目资金第一位①。江西省在此契机下，应努力承接沿海产业集群式转移，从而吸引更多先进技术、人才等生产要素在江西聚集，实现高质量跨越式发展。

（5）生态经济为江西工业协调发展夯实基础

江西省自然禀赋优越，生态环境优良，生态环境优势得到巩固提升，环保基础设施不断完善。截至2020年底，全省生态环境状况指数（EI）为优，列全国第四位，森林覆盖率稳定在63.1%，在全国排名第二，国家级"绿水青山就是金山银山"实践创新基地累计达到5个，列全国第二位，"国家生态文明建设示范市县"累计达到16个，全国排名第五位，率先实现国家森林城市、国家园林城市区市全覆盖②。同时中办、国办正式印发《国家生态文明试验区（江西）实施方案》，将江西省生态文明建设纳入中央部署，因此构建绿色、循环、低碳发展的工业生态产业体系成为工业经济发展的必由之路，并且生态经济能为江西工业协调发展夯实基础。

7.4 加快江西工业协调发展的对策建议

当前江西工业产业面临着诸多机遇与挑战，在中部地区的整体竞争力有待提升。工业强省战略仍然是今后乃至相当长一段时期内江西省经济发展的主战略。为加快江西工业协调发展，工业经济再上新台阶，结合上述研究分析，本研究从工业供给侧改革、产业集群建设、特色产业园建设、工业绿色发展、人才培育与科技投入、数字经济发展和企业营商环境优化七个发展的突破点给出加快江西工业协调发展的对策建议。

（1）深化工业供给侧改革，进一步筑牢江西工业协调发展基础

首先要将处置过剩产能与做强新增产量并重，推动工业结构升级，建设多样性、差异化的江西工业生态体系。一是改造提升存量产能，创新钢铁、有色、建材、服装纺织、家用轻工、食品饮料等传统产业业务模式，延伸产

---

① 2021年江西省对接粤港澳大湾区经贸合作活动12月15日至17日在广州、深圳举办 [EB/OL]，中国日报网，2021-12-10。

② 江西：2020年设区城市PM2.5下降比率和优良天数继续名列中部省份第一 [EB/OL]，中国经济网，2021-01-25。

业链条，掌握产品核心技术，升级生产工艺流程，提高能效环保水平，实施质量品牌提升战略，鼓励企业质量技术攻关、自主品牌培育，推动具有自主知识产权的工业产品质量全面达到国内和行业标准。二是处置"僵尸企业"，去过剩产能，根据区域资源禀赋和环境容量，强化行业规范和准入管理，更多运用市场机制、经济手段化解水泥、平板玻璃、汽车等过剩产能，建立淘汰落后产能企业名单公告制度，妥善解决破产企业职工安置问题，重点采取资产重组、产权转让、关闭破产等方式予以"出清"①。三是做大做强新兴产业增量产能，实施战略性新兴产业倍增计划，优化工业投资结构，实施重大产业项目，促进先进生产要素流向电子信息和新型广电、生物医药、节能环保等江西重点布局的战略性新兴产业，支持企业新技术、新产品研发，加快大数据、云计算、物联网技术的引进、创新和集成应用力度，促进应用模式、商业模式和服务业态创新，催生一批产业新业态、新增长点。

其次增强创新驱动力与市场主体活力，提高企业有效产品供给。第一是依靠创新驱动增强企业发展动力，以骨干企业为主体，引进国内外优势科技资源，培育组建科技协同创新体和产业创新联盟，强化航空制造、LED、稀土新材料等细分领域的科技创新。强化企业管理创新，促进企业要素供应链、产品生产链、市场销售链等全过程流程再优化，使要素配置更高效、生产成本更经济、经营管理更规范。第二是通过内联外引激发各类市场主体活力，支持大型骨干企业开展跨行业、跨地区、跨所有制兼并重组，鼓励非公企业参与国有企业改革，推动国有资本和民营资本相互融合，发展混合所有制经济，把握"一带一路"建设和长江经济带以及江西内陆开放型经济试验区等发展机遇，引进世界和国内 500 强企业、行业龙头企业的重大项目，引导传统优势产业开展省际和国际产能合作，推动具有比较优势的光电、中药、铜加工、航空制造、VR 产业等领域企业率先"走出去"。[319]

最后加大体制机制改革和企业降成本力度，优化工业协调发展环境。第一是加大简政放权力度，加快推进政府权力清单、责任清单、市场准入负面清单和江西政府服务网"三单一网"工作，减少行政审批环节，提高审批效率，清理规范中介服务，加强市场行为监管，严惩不正当竞争行为，促进市场和政府"两只手"协同发力、精准发力。创新工业园区体制机制，赋予工

---

① 煤矿第二波下岗潮来临？先来算算出清"僵尸企业"影响多大［EB/OL］，煤矿安全网，2016-01-01。

业园区更加灵活的社会经济管理权限和相对独立的财政管理权限。二是深化体制机制改革，推动国有工业企业完善现代企业制度，鼓励国有煤炭、钢铁企业通过引进非国有资本进行改制重组。完善支持传统产业改造、新兴产业发展的税收优惠政策，尽快将"准税收"性质的收费、基金调入一般公共预算。增加对高端制造业和新兴产业的投资总量，加大对制造业技术改造，更新设备等投资的支持力度。[320]三是通过税收政策，降低企业成本负担。可以通过对于一定规模以下的小微企业采取低缴费率或低缴纳基数的社保缴费政策，来降低社保缴费给企业带来的压力，促进小微企业的不断发展；同时提高对技术密集型产业、战略新兴产业等的税收优惠幅度，扩大优惠的行业和品种范围；适当提高对过剩产能和"三高一低"产业的税赋，力促相关传统企业转型升级。

（2）提升产业集群效果，增强江西工业协调发展竞争力

江西省目前工业产业集群度不高，与中部地区对比，2020年江西省千亿产业集群只有13个，与湖北、河南仍然有很大差距。拿江西省优势产业电子信息产业来说，仍存在产业集聚水平相对不高、企业规模小的情况，同时也缺乏一定数量的龙头企业。要增强江西工业协调发展竞争力，可从以下几方面入手：

首先，培养具有优势的龙头企业。一是要加强强势企业的培育，增强产业集群的带动能力，聚焦发展实力、核心竞争力强劲的大中型企业，对于一些有潜力、具有创新的小型企业，应重点扶持，给予它们充足的发展空间以及物质支撑。二是对于龙头企业的资金问题，政府需积极采取应对措施，鼓励各企业创新发展，调动企业的积极性，增强企业本身的核心竞争力。

其次，积极承接境内外产业集群转移。2020年江西省共有100个重点工业产业集群。对于江西省重点工业企业，加大工业产业与其他省份的连接也是工业可持续发展必不可少的一环。要积极承接境内外的产业集群转移，探索与粤港澳大湾区、长三角地区和海西经济区的合作新模式，支持共建赣粤、赣浙、赣湘、赣闽等产业合作区①。一是推动开发区与沿海结对共建，打造一批"飞地园区"，深化江西省重点产业链与全国乃至全球产业链、供应链、价值链融合，实施重点环节垂直整合战略，加速形成以航空整机与关键零部件、

---

① 江西：有序放开发用电计划、推进增量配电业务改革试点、科学合理核定配电价格［EB/OL］，北极星售电网，2020-10-16。

汽车整车及零部件、机电设备整装、VR 集成、新一代信息设备、中医药等终端产品产业集群①。二是抢抓国内外产业链龙头企业战略布局调整和沿海产业集群转移契机，在此基础之上，要营造良好产业转移的制度环境，这样更有利于加快产业聚集。

最后，优化产业集群结构，积极推动高新技术产业发展。产业集群有利于加快区域的经济发展。要优化产业集群结构，加大对新兴产业的支持力度。对新兴产业如获得国家（省或市）级示范企业、新认定的创新联盟和产业化基地等要给予资金奖励，激发企业创新创业活力。同时要全面实施知识产权战略，对新获得授权的发明专利、实用新型专利等给予奖金奖励，对知识产权示范企业给予资金奖励，鼓励相关企业创新开发，进一步优化产业集群的产业结构，使政策落到实处，积极推动高新技术产业发展。

（3）强化特色产业园建设，进一步挖掘江西工业协调发展潜力

效仿并深化"链长制"，实施特色产业园"园长制"计划，请省领导挂帅担任园长，持续推进相关建设，重点强化三大特色产业园建设。具体如下：

一是数字经济特色产业园建设。首先要加大龙头企业引领作用，着力打造以"5G+VR"特色的数字经济产业园，同时加强 5G 智能终端和 VR 产业应用融合发展。其次要努力构建区域性大数据产业集聚区，以数据为基础，加快推进上饶、抚州等地区大数据产业园和示范基地建设。最后要打造数字经济创新平台，在"5G+VR"模式强有力的带领下，积极建设电子信息、人工智能等新兴领域创新平台，加强人工智能、区块链等领域基础理论研究与关键技术的攻关，推进核心基地+产业主体区+特色功能区的布局。

二是航空特色产业园建设。首先要坚持打造航空+产业链的发展路径，让通航产业带动航空物流、金融等各方面的服务产业发展，促进城市各方面发展优化。其次要加强融合发展，应该以垂直结合的方式，把研发、材料与零部件制造、物流、仓储、结算、销售等高端环节与整机组装制造集于一地，增强产业竞争能力。最后要建设数字航空特色产业园，加大地方与厂所院校的对接力度，围绕航空工业互联网与航空工业云生态的建设、运营、管理与服务，整合各方优势资源，形成江西航空产业发展特色。②

---

① 2020 年江西省 100 个重点工业产业集群信息汇总一览［EB/OL］，中商情报网，2020-11-17。
② 2019 院士专家共话江西航空产业高质量发展专题研讨会召开［EB/OL］，搜狐网，2019-09-07。

三是中药特色产业园建设。首先要继续加快中国（南昌）中医药科创城建设，构建以南昌为核心，宜春、抚州、赣州等中医药产业集聚区协同发展的"一核三区"产业格局，不断增强中药产业辐射功能。[1] 其次要大力发展江西地道药材和中医药产业集群，构建"中医药+"的融合发展格局。最后要构建"强保障、强链条、强平台、强协作"的全省中医药发展"四强"机制，进一步壮大培优中医药产业。

此外，要积极打造相关特色产业园区。要加强开发区与特色小镇的统筹谋划，坚持产业、文化、旅游"三位一体"，支持有条件的开发区采取"区中园"等形式，打造一批产业特色鲜明、体制机制灵活、生态环境优美的特色小镇。用其独具特色的形式吸引各方投资，突出其产业特色，坚持集聚发展的原则，特色产业能够实现产业的聚集和经济的发展，可以通过内外部资源的整合，促进工业园区内部资源的流动和循环利用，从而进一步提升和壮大产业园区的内部规模，将园区特色发挥到极致，从而具有优化产业园区结构布局的作用。在打造特色产业园区的基础上，可以积极推行"开发区+主题产业园区"的建设运营模式，加快转型升级、聚焦改革创新新模式，提质增效步伐，按照"育龙头、补链条、建平台、保要素、强集群"的思路，聚焦市场主体，实施"七大行动"，补齐短板弱项，以改革释放活力，以创新实现倍增，加快数字产业园建设。[2]

（4）践行工业绿色发展理念，进一步落实江西工业协调发展战略

实现碳达峰、碳中和是一场广泛而深刻的经济社会系统性变革。"双碳"目标的实现，必须坚持低碳发展、绿色发展，走资源节约型、环境友好型的新型工业化发展之路，不断推进生态文明建设步伐。江西工业生态距离及生态实现度均有所改善，但整体工业尚未完全摆脱高消耗、高污染的发展模式，部分行业能耗、水耗及污染情况严重，甚至影响到经济社会的发展。因此要从微观层面积极培育企业的生态能力，健全生态发展机制体制，最终达到工业协调发展的目标。

首先，完善生态工业结构。第一是要加快传统产业绿色改造。要结合江西工业产业实际情况，重点对产能过剩产业进行转型升级改造，并针对高能

① 寻求突破之路——江西中医药产业发展综述 ［EB/OL］，健康界，2018-10-08。
② 《赣州市促进开发区创新发展三年倍增行动计划实施方案（2020—2022 年）》解读 ［EB/OL］，赣州市人民政府网，2020-05-25。

耗、高耗水行业加大工业节能监察力度。第二是要积极培育引进与江西工业良性互动的现代生产服务业，特别是能助推工业转型升级的具有较高科技含量的产业，诸如 VR、工业设计、文化创意、信息服务等生产性主流服务产业，丰富和完善工业产业价值链的高端环节。[321]

其次要提升工业行业生态效率。第一是要提升能源效率，从优化能源结构、开发再生能源、改进供能方式、加强能源管理、完善服务平台等方面着手，逐步实现能源利用由粗放型向集约高效型转变，配置由局域平衡向全局优化型转变。积极推动能源清洁，高效利用的行动计划，充分发挥各行业能效之星的引领作用，加大能源转化深度，综合提升各区域、各行业能源高效绿色利用水平。第二是要提高节水效率，更为严格地执行工业定额用水国家标准，着力完善工业节水服务支撑体系，大力推广合同节水等。第三是要加大污染防治，深入实施污染防治计划，按行业分类推进排污许可证制度，落实企业的排污治污主体责任。继续推进重点行业专项整治、污水集中处理管网建设等工作。通过加大企业排放改造，提升排放治理水平，严格控制二氧化碳、二氧化硫、挥发有机物、烟粉尘等大气污染物的排放。

再次要培育企业生态能力。一方面要牢固生态理念，理念是行动的先导，应通过加大教育培训、提升宣传水平、加强法治管理等方式，牢固树立企业家的生态发展观念，培养员工生态工匠精神，将生态理念彻底融入企业文化，助力社会经济环境协调发展。另一方面要推动绿色生产，努力探索并实施互联网+清洁生产服务平台、集聚区及工业园区快速整体审核等新载体和新模式，进一步完善各类型工业企业绿色生产审核标准。推行企业绿色生产计划、工业清洁生产专项行动等措施，进一步引导、规范和监督工业企业深入贯彻落实绿色生产，促进企业、行业、产业三方形成循环链接的耦合体系。

最后要健全绿色发展体制。健全发展机制体制是推动江西工业生态化发展的重要引擎，为此，一是应进一步提升各级工业和信息化、发展改革、财政、环境保护等主管部门的生态意识，进一步加强组织领导责任，建立符合本区域发展特点的工业生态化调整规划。坚持政策引导及市场推动原则，采取加大优惠政策（如财政税收、绿色信贷、绿色采购等），完善工业生态发展标准。二是进一步完善各级政府工业生态目标责任考核体系，力争形成以政府为引导、以企业为主体、以行业协会及产业联盟为纽带的多方协作体系，切实推动江西工业生态发展各项工作的落实。

（5）加大人才培育与科技投入，进一步提升江西工业协调发展动力工业协调发展离不开人才队伍的建设。随着工业互联网的到来，立足于产业需求，也急需创新型以及应用型人才来壮大技术人才的储备。而对于江西省人才外流的现象，江西省政府应当积极采取有效措施留住人才。与此同时，科技领域的创新发展也在引领着工业行业的加速发展，科技是使制造业走向智能化的关键因素。

首先要加大政府对人才的引进和培育的支持力度。一是要鼓励企业采取多样化措施，例如对企业经营管理者进行严格的培训，使企业管理者能力得到进一步提升，以及对于企业所引进的人才及质量，给予资金奖励。二是要支持科研平台建设，对于新认定的国家、省级工程技术中心、企业技术中心、重点实验室等给予奖金扶持。从而有利于促进本省的工业经济发展并提供坚实的人才基数，同时有利于工业产业集群的发展。三是要解决高技术人才住房难的问题，提倡高层次人才住房优租，对于高层次人才可以优先租用人才公寓。四是要挽留本地人口，既要打通户口转移通道，降低户籍转移门槛，鼓励农村居民向城市迁移，促进城市化，又要提供更多有质量的就业岗位，鼓励本地劳动力就地就业，减缓劳动力外流现象。

其次要加大高校育才力度。一是要大力培养本土人才，根据产业发展需求培育人才，保持人才培养和产业发展需求的结构性平衡。二是要为各种人才量身定制人才培育和发展平台，例如：高校要建立高校联盟，集中资源合作建设科研平台；要建立企业家协会，集思广益搭建交流平台，从而留住引进的人才和本土的人才。三是要加强高校科研活动领域多样性建设，健全教育支撑体系，激发大众创业、万众创新的活力。

最后要加强智能制造技术创新。一是要明确创新在工业协调发展中的核心位置，积极部署以企业为主体的产、学、研一体化机制，致力于打通国外技术引进，消化吸收再创新与国内技术购买，技术改造到科技成果产出的全流程，注重科技投入到科技产出，最终到质效提升的转化效果，消除中国在核心技术、关键产品、重大技术装备方面的瓶颈，以科技创新作为根本动力推动中国制造向中国创造转变。二是要加快劳动密集型产业发展升级，提升整体研发设计水平，增加劳动密集型产业的技术含量。三是要加大科研投入力度，促进智能制造的基础性支持，形成 R&D 投入的稳定科学增长机制，确保 R&D 投入增长率的水平。四是完善江西省智能制造支持政策的不足，特别是要加快出台江西省智能制造发展规划，吸引智能制造中下游企业落户江西、布局江西，完善智能制造业产业链。五是鼓励本土优势制造企业，特别是航空、医药等，加快智能制造布局，加快相关产业转型，提高在智能制造的核心竞争力。[322] 六是要大力推动江西 VR 产业发展。要强调 VR 产业的特殊性地位，引进外部企业和培育本土企业同步进行，不断完善 VR 产业链；要通过完善以 5G 为主的信息基础设施建设，为 VR 应用场景奠定基础；要通过独立自主开发 VR 支撑软件，塑造江西 VR 产业特色优势。要切实将 VR 产业落实到"2+6+N"产业高质量跨越式发展行动的计划当中，推动以"全产业链"为导向的 VR 产业发展模式。

（6）大力发展数字经济，进一步拓展江西工业协调发展路径①*

第一要加强相关立法，为江西数字经济大发展提供法治保障。一要加快出台《江西数据条例》，培育江西大数据交易市场，全面提升数据要素价值。要明确政府统筹利用市场主体大数据的权限及范围，实现对全省数据资源采集、传输、存储、利用、开放的规范管理。二要针对数字经济中税收和税源背离的问题，借鉴国际国内经验，寻找税收制度设计的理论依据，进一步理顺税制设计思路，出台并完善税收配套政策与相关立法，为区域经济公平发展和共同富裕服务。三要出台相关激励或促进数字经济发展的立法或条例，将科技成果尽快地转化为现实生产力，鼓励尽快实施已取得发明专利权等的知识产权，充分发挥其在推动经济和社会发展方面的重要作用。四要加强数字经济规则机制衔接、设施共建共享和产业协同发展；创新法律服务模式，建设公共法律服务、诉讼综合服务、仲裁服务等数字化平台，营造良好的法治环境。五要加大对数字经济领域市场主体滥用市场支配地位、从事不正当竞争活动等行为的查处力度；构建应急管理全链条数字化体系，打通社会应急资源数据，提升社会应急协同能力；加强网络安全的监管与保护，依法打击利用信息网络实施的犯罪活动。

第二要健全多层次的资本市场，为江西数字经济大发展提供金融保障。一要着力细化数字经济相关金融政策，优化创新金融服务，加强对核心技术攻关、基础研究的中长期金融支持，保证数字经济的高质量发展。二要加快金融机构数字化转型，提升数字化服务，同时加快完善数据治理规则以及数

---

① *本节主要内容已发表在江西省新型智库建设指导委员会和江西省社会科学界联合会主办的《智库成果专报》2021 年第 35 期上，标题为《江西数字经济发展的供给侧要素分析与促进建议》（作者：邓辉、孔峻峰、余达锦），被江西省人大常委会副主任马志武肯定性批示并转相关部门阅研。江西省萍乡市市长刘烁也肯定性批示并要求市直相关部门阅研。

字金融治理水平，应对数字经济下的金融风险挑战。三要积极开展知识产权和数据资产等无形资产的抵押贷款，支持金融机构开展以知识产权为抵押物的信贷业务，为数字经济企业发展助力。四要持续推进贷款市场报价利率改革，设立数字转型专项贷款、数字产业发展基金等，支持数字经济与实体经济融合发展，降低融资成本，引导更多金融资源支持数字技术创新和数字经济发展。五要加快数字经济龙头企业上市工作，发挥多层次资本市场作用，完善促进科技创新的直接融资体系，拓展市场主体融资渠道，满足江西省创新型数字经济企业的发展需求。

第三要创新企业的产、学、研平台，为江西数字经济大发展提供技术保障。一要建立数字经济企业协同信息系统平台，实现产业集群中的企业各方都能在统一的协同平台上进行实时的交互，使企业整个供应链上的资源得到最大的开发、使用和增值。二要大力发展工业互联网并推动工业云平台建设，着力打造领先的云服务产业体系和云产业中心，支持规模以上企业特别是龙头骨干企业进行数字化改造，降低中小微企业数字化转型成本，推动"企业上云"。三要构建技术创新研发平台，围绕行业领域发展需求，以数字化共性关键技术为重点，构建数字经济发展的技术研发平台，组建以企业为主体，产、学、研用紧密合作的数字经济产业创新联盟。四要充分发挥数字经济龙头企业示范引领功能，加强专、精、特、新的数字经济企业合作，积极吸收国内外先进的研究成果和经验，开展技术引进、消化、吸收、再创新的应用研究。

第四要创新政策的协调性，为江西数字经济大发展提供政策保障。一要加快推进新型数字基础设施建设政策，促进区域协同发展政策的深入实施。要形成以大南昌都市圈为引领，相关区域协同发展的数字经济发展新格局。二要加大数据知识产权保护的政策支持，创新知识产权保护工作机制。要完善数据共享规则政策，划清数据共享权责边界对于数据权属问题，应当坚持投入与回报成正比的原则进行数据确权，同时加大对侵权行为的惩治力度。三要推动数字经济与实体经济深度融合政策。制定相关融合发展规划，建立数字经济与实体经济融合的指标体系，准确分析评估数字经济价值贡献。加快构建数字经济生态圈，鼓励数字技术和各行业深度融合。四要创新数字经济市场监管政策，主张"数据权力"，避免"数据竞争"，严防"数字灾难"，按照包容审慎的原则支持数字经济创新，密切联合惩戒，打造各种业态公平竞争的市场环境。五要健全数字经济人才工作体系，创新高等院校、中等职业学校数字经济人才培养工作机制，加快推进面向数字经济的新工科建设，加大数字化教育资源共建共享力度，促进学科间的交叉融合，建立健全多层次、多类型的数字人才培养体系。

（7）优化企业营商环境，进一步激发江西工业协调发展活力①*

水美则鱼肥，土沃则稻香。对于企业而言，营商环境就是生产力。它不但是一个地区的核心竞争力的体现，也是工业企业良好发展的大环境，更是市场经济蓬勃发展的必要条件。近年来江西省高度重视营商环境的建设，部署推出了一系列创新型强、影响力大的、行之有效的改革政策，2020年11月25日出台了《江西省优化营商环境条例》，把营商环境放在突出位置，并以立法的方式优化营商环境，为各类市场主体投资兴业提供制度保障②。但调研发现，江西在政务服务便利化、公共要素服务、创新政策等方面有较好表现，获得企业较高程度的认可。但与发达地区相比江西省营商环境在发展理念、硬件配套、服务意识、管理细节、开放程度等方面仍存在差距，一些制约营商环境发展的问题仍然存在，如企业融资难、科技创新资源少、对人才吸引力不足等。2022年2月，江西省委、省政府提出要深入推进发展和改革双"一号工程"③，其中包括大力实施营商环境优化升级"一号改革工程"，为新征程上推动江西营商环境高质量发展指明了方向，也为进一步激发江西工业协调发展活力提供了遵循。④ 因此，江西要"软硬"兼施，在打造更高质量的营商软环境和硬环境上持续发力，以营商环境软实力培育经济发展强动力，充分激发市场主体活力，为江西实现高质量跨越式协调发展提供坚实的基础。

一要营造更加良好的法治软环境。深入实施《江西省优化营商环境条例》，出台相关实施配套细则或行动方案，把优化营商环境放在突出位置，为各类市场主体投资兴业提供制度保障。在打造法治化营商环境上持续发力，依法规范行政行为，坚持公平公正的司法，为市场主体营造稳定、公平、透

---

① *本节主要内容已在2022年2月11日江西日报评与论版头条刊发（余达锦：《在打造更高质量营商环境上持续发力》），并被学习强国江西学习平台、网易、新浪、中国江西网、等转载推送。截止到2022年8月30日，学习强国江西学习平台阅读量37715，点赞数1818。

② 廖文. 立法优化营商环境，助力江西经济高质量发展——《江西省优化营商环境条例》亮点解读［J］. 时代主人，2021，（02）：44-45。

③ 江西一季度外贸进出口实现良好开局［EB/OL］，人民资讯，2022-04-21。

④ 重磅! 江西双"一号工程"推进大会背后的故事［EB/OL］，中国江西网，2022-02-07。

明，可预期的法治化营商环境，推动政府成为市场规则的"遵守者"，市场秩序的"维护者"和市场主体的"守护者"，让各类市场主体放心投资、安心经营、专心创业、全心创新。加强监管力度，优化公平公正的法治化营商环境，进一步构建"亲""清"新型政商关系。同时，政府要信守承诺，保障不同所有制企业公平参与市场竞争。要对标国际国内先进地区的经验做法，积极推进规则制度国际化、外商投资自由化、对外贸易便利化，努力实现江西营商环境的融合再造，让开放优势更加彰显。①

二要营造更加公平的市场软环境。平等对待各类市场主体，包括市场准入，平等获取要素招标投标和政府采购等环节。保障各类市场主体依法平等使用资金、技术、人力资源、土地及其他自然资源等各类生产要素和公共服务资源，依法平等适用国家和江西省各类支持发展的政策。建立完善政府产权纠纷治理机制，妥善处理历史遗留问题，加强协调督办，维护市场主体合法权益。加快江西内陆开放型经济试验区建设，深度对接国家区域重大战略，用好国家推动长江经济带发展的财税支持措施，促进更多领域的高水平开放与合作。

三要营造更加便捷的政务软环境。深化"放管服"改革，走好简政放权之路，争取做好全国政务服务。继续优化政务环境，打破数据壁垒，提高政务服务网办能力，扩大网办范围，对于高频率的事务，增加"无人干预自动审批"模式，探索建立"窗口事务官"制度，推动政务"一站式办结"服务。全面提升企业全生命周期管理服务，拓展"非接触式"办税缴费活动，在有条件的地区下放高新技术企业认定审核权。提高投资项目和申请类政府服务的审批速度，全面推进企业登记全程电子化。加快建设"信用江西"，完善全省个人公共信息数据库，推进政务失信专项治理，发展第三方信用服务，实行联合守信激励和失信惩戒制度。

四要建设更加有效的招商软环境。明晰江西经济发展状况，进行精准招商，积极引进对江西经济发展意义重大的补短板型、强基础型企业；充分发挥近年来成功引进的相关企业的示范带头作用，吸引更多企业来赣投资兴业。鼓励企业入驻江西返税园区，在推动园区发展的同时，更好地减轻企业负担。加强专业招商队伍建设，着力培养懂法、通商、明理、务实、高效的招商队

---

① 易炼红在赣江新区调研时强调，推动全省营商环境像芝麻开花节节高越来越好，把江西建设成为全国政务服务满意度一等省份［EB/OL］，搜狐网，2021-06-21。

伍。加强招商制度建设，打造规范有序、强劲有力的精准招商力量。聚焦企业所需所盼，优化服务，精准施策，为解决企业用工、用地、融资、贷款、项目申报等问题提供助力。

五要打造更高品质的城市基础设施硬环境。继续完善城市和园区基础设施建设，巩固提升老基建，包括公路维护、机场维修、电路网升级、园林绿化等，着力优化园区发展环境；推动完善新基建，建设以 VR、5G 为代表的信息基础设施，以智能化交通、能源为代表的融合基础设施。推进现代网络交通体系建设，既要提高"大南昌都市圈"等内部交通网络密度，也要链接好全国交通网络体系，扩大各城市"1小时圈"的辐射范围，加速资源流动和人才流动。持续推进旧城改造，推动城市现代化建设，维护城市形象，提升城市品质，提高城市经济活力。

六要创造更加良好的技术创新硬环境。加大对创业孵化器和众创空间的扶持力度，优化金融投资环境，降低企业融资难度和外资准入门槛。同时，要大力引进高端创业人才。加大对工程实验室、工程研究中心等各类创新机构建设的支持力度，鼓励企业参与国家科技计划项目，通过利益激励机制、知识产权分享机制、技术转移机制的建立，促进产、学、研结合长效机制的完善；通过发展和规范技术产权交易市场，促进创新主体间的技术流动。扶持中小企业参与创新活动的积极性，加快科技中介服务机构建设，为中小企业技术创新提供市场化服务。加快现代企业制度建设，一方面，把技术要素参与分配作为产业产权制度改革的重要内容，另一方面，把技术创新能力作为企业考核的重要指标，不断增强企业技术创新的内在动力。

第 8 章

总结与研究展望

8.1 总　结

协调发展是我国曾经、当前乃至今后相当长的时期内的区域重大发展战略之一。当前，随着京津冀协同发展、长江经济带发展、粤港澳大湾区建设、长三角区域一体化发展、黄河流域生态保护和高质量发展等一系列区域协调发展重大战略的深入实施与推进，我国统筹区域发展取得了明显成效，已经进入新发展阶段，推动区域协调发展既是解决发展不平衡问题的内在要求，也是构建新发展格局的重要途径。[323]

在区域高质量发展的要求下，如何解决我国协调发展进程中暴露出来的问题，确保协调发展的高质量，这就需要加强顶层设计，进行管理创新，不断实践总结，走出一条适合区域自身的协调发展之路。欠发达地区的协调发展及其质量的提升还有很长的路要走。

在理论研究方面，本书进行了欠发达地区协调发展内涵、机制创新研究等；在实证研究方面，以中部地区（大区域层面）、浙中城市群（中等区域层面）、江西城市（省域城市层面）、南昌市（区域中心城市层面）和江西工业（具体产业层面）等的协调发展为例，结合相关模型和大数据进行分析，并提出相关协调发展建议。

本书研究表明，协调发展是欠发达地区高质量发展的创新选择。协调是高质量发展的内生特点，已经成为衡量高质量发展的重要尺度。受资源禀赋、产业结构、发展基础等制约因素影响，欠发达地区经济基础较为薄弱，生态系统脆弱，一旦破坏，生态治理成本更大、代价更高。因此，欠发达地区高质量发展不能与发达地区走一样的路径，要以资源、产业、技术和治理的协调发展来助推区域经济发展弯道超车，发挥出后发优势。高质量发展是一个复杂的系统工程，创新是内在驱动力。协调发展就是创新的发展方式，是欠发达地区高质量发展的创新选择。

本书研究发现，要以区域协调发展夯实欠发达地区高质量发展根基。数据研究分析证实，在区域经济—社会—人口—环境—资源五系统中，经济、社会和资源系统是阻碍区域协调发展的主要系统。区域高质量发展的关键在于资源、产业、技术和治理各要素交流的畅通无阻，其本质就是经济、社会和资源系统运行协调顺畅。可见，欠发达地区高质量发展与区域协调发展目标是一致的。要加强区域城市之间、产业之间的协调发展，加大技术创新，健全管理制度，完善产业空间布局，打破市场割裂和壁垒，畅通生产、分配、流通、消费各个环节，不断夯实欠发达地区高质量发展根基。[324,325]

总之，欠发达地区协调发展应基于资源、产业、技术和治理动力上，强化以治理为中心的体系建设与能力提升，并以此为抓手，建设产业高新低碳化、能源结构现代化、消费绿色生态化、城市治理服务化和乡村民生福祉化"五化一体"的区域协调发展策略，走绿色、低碳、可持续发展之路。

8.2 研究展望

随着高质量发展进程中的不断深入，协调发展已成为当前研究的热点问题。由于欠发达地区协调发展涉及面广，加上研究条件的不足和时间所限，以及新冠肺炎疫情对实地调研的影响，本书研究尚未能涉及协调发展领域的更多方面。今后将在以下几个方面做进一步的研究：

一是欠发达地区城镇化协调发展评价指标和测度模型的丰富与完善。本书研究过程中由于少数个别指标数据难以获得或统计困难，不得不放弃这些指标，如公共安全（事故死亡率、案件侦破率等）、民主政治参与度等指标，造成构建的指标体系仍然不够全面，期望后续研究的进一步深入。此外，本书研究数据的有限性也可能使部分研究结果具有一定的局限性。在今后的研究中可以增加研究对象的时间跨度。

二是对欠发达地区协调发展的更多典型案例或产业协调发展研究。剖析典型案例，一方面可以发现区域协调发展中存在的具体问题，可对症提出解决方案，为具体区域或具体产业协调发展服务；另一方面可以为其他区域发展提供经验指导，扬长避短，更好地促进欠发达地区协调发展。由于种种限制，本研究主要集中于较大区域、城市（省域层面及区域中心城市）和工业产业（省域层面）进行协调发展相关研究，未能对欠发达地区协调发展的典型案例特别是县域协调发展进行剖析，也未能对其他与区域协调发展有重大影响的产业进行研究，如服务业、物流业等，这些都有待今后研究。

三是双碳背景下的欠发达地区协调发展研究。低碳建设是符合生态文明、绿色文明发展的，也适合欠发达地区协调发展的实际。我国提出了2030年"碳达峰"和2060年"碳中和"的目标，优化能源供给结构，从"以煤为主"转到"以可再生能源为主"是必经之路，也对协调发展提出了更高要求。碳交易政策对区域能源结构变化影响，双碳目标对区域协调发展的影响机制，协调发展下的低碳城镇建设，低碳产业发展和低碳管理等方面均是有待深入研究与分析的领域。

四是欠发达地区城市功能与品质再提升研究。社会主要矛盾的变化表明，人民对于居住的人文环境和自然环境提出了更高要求。越来越多的数据表明，更加深入地提升城市空间品位和内涵，创新并完善城市功能，增强城市治理效能，不断增强人民的获得感和幸福感，对区域协调发展意义重大。这也是今后的重点研究方向。

总之，区域协调发展研究是一项复杂的系统工程，随着高质量发展的纵深推进及大数据时代的需求，欠发达地区协调发展的相关问题还有待于进一步的研究。

参考文献

［1］WILLIAMSON J G. Regional inequality and the process of national development: A description of the patterns ［J］. Economic Development and Cultural Change, 1965, 13 (4): 1-84.

［2］GOULET D. The cruel choice: A new concept in the theory of development ［J］. Annals of Tourism Research, 1979, 6 (2): 212.

［3］FARE R, GROSSKOPF S, NORRIS M, et al. Productivity growth, technical progress, and efficiency change in industrialized countries ［J］. The American Economic Review, 1994 (1): 66-83.

［4］BITHAS K, NIJKAMP P. Environmental-economic modeling with semantic insufficiency and factual uncertainty ［J］. Journal of Environmental Systems, 1996, 25 (2): 167-184.

［5］NAKATA T. Energy-economic models and the environment ［J］. Progress in Energy and Combustion Science, 2004, 30 (4): 417-475.

［6］FURMAN J L, HAYES R. Catching up or standing still: National innovative productivity among 'follower' countries, 1978 - 1999 ［J］. Research Policy, 2004, 33 (9): 1329-1354.

［7］MARTIN R. Rebalancing the spatial economy: The challenge for regional theory ［J］. Territory, Politics, Governance, 2015, 3 (3): 235-272.

［8］ZHU Y M, LI S S. Research on coordinated development between animal husbandry and ecological environment protection in Australia ［J］. International Conference on Computer and Computing Technologies in Agriculture (CCTA), 2015 (3): 285-289.

［9］BYOUNG H Y, KIM K S. Development of a gridded climate data tool for the coordinated regional climate downscaling experiment data ［J］. Computers and

Electronics in Agriculture, 2017, (133): 128–140.

[10] MILLER S M, UPADHYAY M P. Total factor productivity and the convergence hypothesis [J]. Journal of Macroeconomics, 200224 (2): 267–286.

[11] YANG Q, DING Y. Research on the MSP evolution patterns of two-oriented society coordinated development in regions of China [J]. Procedia Environmental Sciences, 2012 (12): 777–784.

[12] LI Y, WANG J, LIU Y, et al. Problem regions and regional problems of socioeconomic development in China: A perspective from the coordinated development of industrialization, informatization, urbanization and agricultural modernization [J]. Journal of Geographical Sciences, 2014, 24 (6): 1115–1130.

[13] SUN Q, ZHANG X, ZHANG H, et al. Coordinated development of a coupled social economy and resource environment system: A case study in Henan Province, China [J]. Environment, Development and Sustainability, 2018, 20 (3): 1385–1404.

[14] XU Y, LI A. Regional economic development coordination management system based on fuzzy hierarchical statistical model [J]. Neural Computing and Applications, 2019, 31 (12): 8305–8315.

[15] WANG X, DONG Z, XU W, et al. Study on spatial and temporal distribution characteristics of coordinated development degree among regional water resources, social economy, and ecological environment systems [J]. International Journal of Environmental Research and Public Health, 2019, 16 (21): 4213.

[16] CHEN J, FEI Y, WAN Z, et al. Allometric relationship and development potential comparison of ports in a regional cluster: A case study of ports in the Pearl River Delta in China [J]. Transport Policy, 2020, (85): 80–90.

[17] SHAO X, ZHONG Y, LI Y, et al. Does environmental and renewable energy R&D help to achieve carbon neutrality target? A case of the US economy [J]. Journal of Environmental Management, 2021, (296): 113–229.

[18] GOTTMAN J. Megalopolis: The urbanized northeastern seaboard of the United States [M]. New York: Twentieth Century Fund, 1961.

[19] BELA B. Towards a theory of economic integration [J]. Kyklos, 1961, 14 (1): 1–17.

[20] COHEN ROBERT B. The new international division of labor

multinational corporations and urban hierarchy [J]. Urbanization and Urban Planning in Capitalist Society, 1981: 287-315.

[21] FRIEDMANN JOHN, GOETZ W. Word city formation: An agenda for research and action [J]. International Journal of Urban and Regional Research, 1982 (3): 309-344.

[22] MEYER D. Hong Kong as a global metropolis [M]. Cambridge: Cambridge University Press, 2000.

[23] GUSTAVO G. Global economy, metropolitan dynamics and urban policies in Mexico [J]. Cities, 1999, 16 (3): 149-170.

[24] EDWARD L. Gl. Learning in Cities [J]. Journal of Urban Economics, 1999 (46): 254-277.

[25] JORG S, ALEXANDER S, ANDRE F, STEFANIE B. Towards the multimodal transport of people and freight: Interconnective networks in the Rhein-Ruhr metropolis [J]. Journal of Transport Geography, 2003 (11): 193-203.

[26] GU C. Urbanization: Processes and driving forces [J]. Science China Earth Sciences, 2019, 62 (9): 1351-1360.

[27] KIVEDAL B K. Testing for rational bubbles in the US housing market [J]. Journal of Macroeconomic, 2013, 38 (4): 369-381.

[28] DONALD D S. Agricultural territory entrepreneurship and regional integration in the CEMAC zone [J]. Social Sciences, 2021, 10 (6): 333-347.

[29] 杨吾扬, 梁进社. 地域分工与区位优势 [J]. 地理学报, 1987 (03): 201-210.

[30] 陈田. 省域城镇空间结构优化组织的理论与方法 [J]. 城市问题, 1992 (02): 7-15.

[31] 顾朝林. 论黄河三角洲城镇体系布局基础 [J]. 经济地理, 1992 (02): 82-86.

[32] 周一星. 城镇郊区化和逆城镇化 [J]. 城市, 1995 (04): 7-10.

[33] 张建明, 许学强. 城乡边缘带研究的回顾与展望 [J]. 人文地理, 1997 (03): 9-12, 37.

[34] 姚士谋. 城市化道路如何走——关于中国城市化问题的基本认识 [J]. 宁波经济, 1999 (01): 19-21.

[35] 汤茂林. 区域发展理论与江苏省域差异研究 [J]. 江苏社会科学,

1999（02）：180-185.

[36] 陆大道. 中国区域发展的新因素与新格局 [J]. 地理研究，2003（03）：261-271.

[37] 牛文元. 组团式城市群是获取"发展红利"的最有效途径 [J]. 领导决策信息，2004（16）：13.

[38] 连玉明. 十字路口的选择：大城市战略 [J]. 人民论坛，2005（06）：31-33.

[39] 叶耀先. 中国城镇化态势分析和可持续城镇化政策建议 [J]. 中国人口·资源与环境，2006（03）：5-11.

[40] 刘承良，熊剑平，张红. 武汉都市圈城镇体系空间分形与组织 [J]. 城市发展研究，2007（01）：44-51.

[41] 王丽，王青. 浅谈石家庄的城中村改造 [J]. 建筑经济，2007（01）：76-78.

[42] 王红霞. 多中心化空间演变进程中的城镇体系建设——以上海为例的研究 [J]. 上海经济研究，2009（01）：13-22.

[43] 欧向军. 江苏省城市化发展格局与过程研究 [J]. 城市规划，2009（02）：43-49.

[44] 仇保兴. 复杂科学与城市规划变革 [J]. 城市规划，2009，33（04）：11-26.

[45] 简新华. 中国工业化和城镇化的特殊性分析 [J]. 经济纵横，2011（07）：56-59+30.

[46] 马宗国，朱孔来. 济南发展城市综合体的对策研究 [J]. 济南大学学报（社会科学版），2011，21（01）：85-88.

[47] 徐大伟，段姗姗，刘春燕. "三化"同步发展的内在机制与互动关系研究——基于协同学和机制设计理论 [J]. 农业经济问题，2012，33（02）：8-13，110.

[48] 李强. 城市化过程中的"半融入"与"不融入" [J]. 信访与社会矛盾问题研究，2012（02）：38-61.

[49] 魏后凯. 有差异的城市化战略：城市转型 [J]. 新产经，2013（01）：31-32.

[50] 常亚轻，黄健元，龚志冬. 长江经济带包容性城镇化发展区域差异研究 [J]. 南通大学学报（社会科学版），2020，36（05）：32-40.

[51] 张韦萍,石培基,赵武生,冯涛,付春雨.西北区域城镇化与资源环境承载力协调发展的时空特征——以兰西城市群为例 [J]. 生态学杂志,2020,39(07):2337-2347.

[52] 韩鹏云.县域城镇化的区域差异与发展之道 [J]. 中州学刊,2021(07):74-80.

[53] 郑耀群,崔笑容.城镇化高质量发展的测度与区域差距——基于新发展理念视角 [J]. 华东经济管理,2021,35(06):79-87.

[54] 梁晨,曾坚,丁锶湲.区域生态文明建设与城市化耦合协调发展研究——以福建省为例 [J]. 西部人居环境学刊,2022,37(03):112-118.

[55] 隋映辉.协调发展论 [M]. 青岛:青岛海洋大学出版社,1990.

[56] 杨士弘.城市生态环境学 [M]. 北京:科学出版社,1996.

[57] 张可云,易毅,张文彬.生态文明取向的区域经济协调发展新内涵 [J]. 广东行政学院学报,2012,24(02):77-81.

[58] 张超,钟昌标,蒋天颖,李兴远.我国区域协调发展时空分异及其影响因素 [J]. 经济地理,2020,40(09):15-26.

[59] 王晓鸿,王崇光.我国东西部区域经济发展差距与对策研究——基于要素禀赋和政策视角 [J]. 经济问题探索,2008(05):34-38.

[60] 徐现祥,舒元.协调发展:一个新的分析框架 [J]. 管理世界,2005(02):27-35.

[61] 范和生,朱翔,黄永明.中部地区的崛起与协调发展 [J]. 区域经济评论,2019(05):82-88.

[62] 张红梅.我国区域经济协调发展的制度分析 [J]. 宏观经济管理,2010(09):40-42.

[63] 陈红霞,李国平.京津冀区域经济协调发展的时空差异分析 [J]. 城市发展研究,2010,17(05):7-11.

[64] 冯长春,曾赞荣,崔娜娜.2000年以来中国区域经济差异的时空演变 [J]. 地理研究,2015,34(02):234-246.

[65] 汤学兵,陈秀山.我国八大区域的经济收敛性及其影响因素分析 [J]. 中国人民大学学报,2007(01):106-113.

[66] 陈培阳,朱喜钢.中国区域经济趋同:基于县级尺度的空间马尔可夫链分析 [J]. 地理科学,2013,33(11):1302-1308.

[67] 王洪桥,袁家冬,孟祥君.东北三省旅游经济差异的时空特征分析

［J］. 地理科学，2014，34（02）：163-169.

［68］王琴梅. 区域协调发展内涵新解［J］. 甘肃社会科学，2007（06）：46-50.

［69］徐康宁. 区域协调发展的新内涵与新思路［J］. 江海学刊，2014（2）：72-77.

［70］钟文，钟昌标，郑明贵，陈林雄. 兼顾公平与效率的交通基础设施与区域协调发展研究——基于新经济地理学视角［J］. 地域研究与开发，2019，38（06）：1-5，28.

［71］陈秀山，杨艳. 我国区域发展战略的演变与区域协调发展的目标选择［J］. 教学与研究，2008（05）：5-12.

［72］张杏梅. 加强主体功能区建设促进区域协调发展［J］. 经济问题探索，2008（04）：17-21.

［73］杨伟民. 区域协调发展的关键：主体功能区规划［J］. 财经界，2008（05）：69-70.

［74］薄文广，安虎森，李杰. 主体功能区建设与区域协调发展：促进抑或冒进［J］. 中国人口·资源与环境，2011，21（10）：121-128.

［75］安虎森，何文. 区域差距内生机制与区域协调发展总体思路［J］. 探索与争鸣，2012（07）：47-50.

［76］徐江虹. 民族地区经济社会协调发展路径研究［J］. 广西民族研究，2019（03）：145-150.

［77］何国民，沈克印. 我国省级区域体育公共服务与经济协调发展评价研究［J］. 武汉体育学院学报，2019，53（10）：56-62，74.

［78］万媛媛，苏海洋，刘娟. 生态文明建设和经济高质量发展的区域协调评价［J］. 统计与决策，2020，36（22）：66-70.

［79］邱爽，林敏. 钢铁产业—生态环境—区域经济耦合协调发展研究——以攀枝花市为例［J］. 生态经济，2021，37（02）：54-60，67.

［80］刘淑菊. 对我国区域经济协调发展政策的几点认识［J］. 甘肃社会科学，1997（06）：71-72.

［81］查培轩. 建立新机制，推动东西部经济合作和区域协调发展［J］. 理论导刊，1999（02）：15-16.

［82］钟禾. 正视存在差距促进区域经济协调发展［J］. 经济研究参考，2004（58）：2-15.

[83] 王园林．解决我国区域经济协调发展的主要对策 [J]．经济研究参考，2005 (47)：33.

[84] 李长健，韦冬兰，朱闵，李伟．区域协调发展与资源、环境可持续发展动力机制探究 [J]．河南司法警官职业学院学报，2010, 8 (04)：77-80.

[85] 覃成林，姜文仙．区域协调发展：内涵、动因与机制体系 [J]．开发研究，2011 (01)：14-18.

[86] 史自力．区域创新能力与经济增长质量关系的实证研究 [J]．重庆大学学报 (社会科学版)，2013, 19 (06)：1-8.

[87] 李雨停，张友祥．我国农村人口迁移的区域协调发展机制研究 [J]．资源开发与市场，2014, 30 (11)：1342-1345, 1357.

[88] 田艳平，冯垒垒．区域合作、利益共享：区域协调发展的基础 [J]．学习与实践，2015 (01)：36-43.

[89] 高丽娜，蒋伏心，马澜．规模效应、创新外部性与区域经济增长差异——基于中国新世纪以来的数据分析 [J]．西部论坛，2016, 26 (03)：54-61.

[90] 张屹巍，易云洲，周开禹，刘勇，李恩青，邓伟平．金融支持广东区域经济协调发展：绩效评估与对策 [J]．南方金融，2016 (06)：89-97.

[91] 张虎，韩爱华．金融集聚、创新空间效应与区域协调机制研究——基于省级面板数据的空间计量分析 [J]．中南财经政法大学学报，2017 (01)：10-17.

[92] 李子联，崔莹心，谈镇．新型城镇化与区域协调发展：机理、问题与路径 [J]．中共中央党校学报，2018, 22 (01)：122-128.

[93] 张贡生．我国区域协调发展战略的演进逻辑 [J]．经济问题，2018 (03)：7-13.

[94] 毛艳华，荣健欣．粤港澳大湾区的战略定位与协同发展 [J]．华南师范大学学报 (社会科学版)，2018 (04)：104-109, 191.

[95] 陈丰龙，王美昌，徐康宁．中国区域经济协调发展的演变特征：空间收敛的视角 [J]．财贸经济，2018, 39 (07)：128-143.

[96] 黎峰．国内专业化分工是否促进了区域协调发展？[J]．数量经济技术经济研究，2018, 35 (12)：81-99.

[97] 李爱民．"十一五"以来我国区域规划的发展与评价 [J]．中国软

科学，2019（04）：98-108.

[98] 姚宝珍．博弈视角下区域协调发展的制度困境及其创新路径——以制度互补理论为基础 [J] ．城市发展研究，2019，26（06）：1-7.

[99] 王骏飞，姜颖，付明．京津冀区域协同创新机制构建 [J] ．商业经济研究，2020（01）：131-134.

[100] 钟文，钟昌标，郑明贵．资本匹配、创新力培育与区域协调发展：理论机制与经验证据 [J] ．科技进步与对策，2020，37（18）：36-43.

[101] 鲍宜周．农业资源环境与区域经济协调发展机制研究 [J] ．农业经济，2021（01）：33-34.

[102] 钟文，郑明贵．数字经济对区域协调发展的影响效应及作用机制 [J] ．深圳大学学报（人文社会科学版），2021，38（04）：79-87.

[103] 于文豪．区域协调发展合作机制的内部规则 [J] ．法学杂志，2022，43（03）：57-70.

[104] 鄢小兵，徐艳兰．欠发达地区城市群区域协调发展研究——以武汉城市圈为例 [J] ．科技创业月刊，2015，28（06）：3-6.

[105] 高云虹，李敬轩．区域协调发展的作用机制和传导路径——基于产业转移的视角 [J] ．兰州财经大学学报，2016，32（04）：12-18.

[106] 杨喜．欠发达地区城市化发展的动力机制研究——以安徽省安庆市为例 [J] ．城市学刊，2016，37（02）：18-22.

[107] 张鹏飞．欠发达地区自我发展能力认知分析 [J] ．经贸实践，2016（2）：294-295.

[108] 孙东琪，陆大道，朱鹤．中国东部地带欠发达地区经济发展的时空演化及机制研究 [J] ．经济经纬，2016，33（01）：1-7.

[109] 张仁枫．欠发达地区跨越式发展路径创新的系统性分析 [J] ．系统科学学报，2013，21（04）：65-68.

[110] 谭志雄．西部欠发达地区推进绿色发展的路径与政策建议 [J] ．经济纵横，2017（05）：99-104.

[111] 陈访贤．中国欠发达地区"五化同步"发展研究 [D] ．长春：吉林大学，2018.

[112] 董晓宇．欠发达地区高质量发展路径探析——以河北省邢台市为例 [J] ．中国发展观察，2019（17）：48-53.

[113] 陈增帅．破解西部欠发达地区发展不平衡不充分难题的路径选择

[J]. 新东方, 2019 (02): 40-45.

[114] 叶嘉国. 广东欠发达地区 "滞后型发展" 的主因和对策探究 [J]. 广东经济, 2020 (11): 14-25.

[115] 熊玲, 龚勤林. 统筹城乡发展带动欠发达地区经济发展效应评估 [J]. 经济问题, 2022 (03): 116-121.

[116] 陆大道. 论区域的最佳结构与最佳发展——提出 "点-轴系统" 和 "T" 型结构以来的回顾与再分析 [J]. 地理学报, 2001 (02): 127-135.

[117] 陈栋生. 区域协调发展的理论与实践 [J]. 理论参考, 2005, (11): 5.

[118] 蔡孝箴. 城市经济学 [M]. 天津: 南开大学出版社, 1998.

[119] 金相郁. 中国区域经济不平衡与协调发展 [M]. 上海人民出版社, 2007.

[120] 秦尊文. 武汉城市圈各城市间经济联系测度及其核心圈建设 [J]. 系统工程, 2005, 23 (12): 91-94.

[121] 郁鸿胜. 论长江三角洲地区发展的新态势 [J]. 学习与实践, 2009 (06): 25-30.

[122] 金毓. 绿色生产与绿色消费的耦合协调发展研究——以长三角区域为例 [J]. 商业经济研究, 2021 (02): 42-45.

[123] 朱有志, 童中贤. 长株潭城市群中心城市作用分析——基于大长沙都市区整合的视角 [J]. 湘潭大学学报: 哲学社会科学版, 2008, 32 (05): 21-25, 44.

[124] 陈迅, 李广周. 基于 DEA 的西部经济可持续发展力实证研究 [J]. 科技管理研究, 2009, 29 (05): 199-201, 198.

[125] 余达锦, 胡振鹏. 鄱阳湖生态经济区生态产业发展研究 [J]. 长江流域资源与环境, 2010, 19 (03): 231-236.

[126] 周斌. 区域一体化视角下成渝城市群协调发展研究 [D]. 杭州: 浙江大学, 2010.

[127] 张宇. 成渝经济区协调发展机制研究 [D]. 成都: 西南财经大学, 2011.

[128] 易淼. 新时代推动成渝地区双城经济圈建设探析: 历史回顾与现实研判 [J]. 西部论坛, 2021, 31 (03): 72-81.

[129] 张婧. 黄河三角洲高效生态经济区环境与经济协调发展现状及变化研究 [D]. 济南：山东师范大学，2011.

[130] 刘薇. 海峡两岸经济区区域经济协调发展研究 [D]. 福州：福建师范大学，2011.

[131] 樊杰，梁博，郭锐. 新时代完善区域协调发展格局的战略重点 [J]. 经济地理，2018（01）：1-10.

[132] 孙久文，张可云，安虎森，贺灿飞，潘文卿. "建立更加有效的区域协调发展新机制"笔谈 [J]. 中国工业经济，2017（11）：26-61.

[133] 高国力. 新时代背景下我国实施区域协调发展战略的重大问题研究 [J]. 国家行政学院学报，2018（03）：109-115，156.

[134] 郑长德. 新时代民族地区区域协调发展研究 [J]. 西南民族大学学报（人文社会科学版），2018，39（04）：92-100.

[135] 李芸，战炤磊. 新时代区域高质量协调发展的新格局与新路径——以江苏为例 [J]. 南京社会科学，2018（12）：50-57.

[136] 侯杰，张梅青. 城市群功能分工对区域协调发展的影响研究——以京津冀城市群为例 [J]. 经济学家，2020（06）：77-86.

[137] 周艳，钟昌标. 大湾区"三群"联动协调发展的动力机制与促进政策 [J]. 经济体制改革，2020（02）：46-52.

[138] 王飕雨. 共同富裕愿景下南北方区域协调发展的战略要点与政策转向 [J]. 新疆社会科学 2022，（11）：30-40.

[139] 郑飞，汤兵勇. 区域经济差异变动趋势的预测与控制 [J]. 控制与决策，1998（06）：58-61.

[140] 徐承红. 基于区域经济竞争力的区域差异与区域协调发展研究 [J]. 生态经济，2008（01）：46-51，157.

[141] 丁新. 京津冀经济发展的空间格局、空间效应与政策效应研究 [J]. 西部论坛，2017，27（02）：49-57.

[142] 孙涧桥. 区域经济差异性发展与商贸流通共生路径创新研究 [J]. 商业经济研究，2018（11）：147-149.

[143] 闫涛，张晓平，陈浩，李润奎. 2001—2016 年中国地级以上城市经济的区域差异演变 [J]. 经济地理，2019，39（12）：11-20.

[144] 高志刚，克崴. 中国省际区域经济差距演进及协调发展 [J]. 区域经济评论，2020（02）：24-36.

［145］张守忠，李玉英．区域经济协调发展综合评价问题探讨［J］．商业时代，2009（29）：114-115.

［146］薛翠翠，赵鑫美，闫婷婷．山东半岛城市群区域经济协调发展评价［J］．山东农业工程学院学报，2009，25（04）：70-72.

［147］张华．区域高速公路网优化布局与调整策略研究［D］．武汉：华中科技大学，2009.

［148］孙建萍．区域经济协调发展的测度研究［J］．北方经济，2011（14）：48-49.

［149］聂春霞，刘晏良，何伦志．区域城市化与环境、社会协调发展评价——以新疆为例［J］．中南财经政法大学学报，2011（04）：73-77.

［150］蔡晓珊，安康．我国区域经济协调互动发展评价体系研究［J］．经济问题探索，2012（10）：43-49.

［151］方世明，郑斌．区域城市化与经济协调发展测度研究——以咸宁市为例［J］．中国地质大学学报（社会科学版），2010，10（05）：112-118.

［152］刘钊，李琳．基于 Malmquist 指数的产业联动促进区域经济协调发展效率评价研究——以环渤海为例［J］．河北大学学报（哲学社会科学版），2011，36（03）：79-84.

［153］孙立成，梅强，周德群．区域 3E 系统协调发展水平 PLS-SEM 测度模型及应用研究［J］．运筹与管理，2012，21（03）：119-128.

［154］张燕，魏后凯．中国区域协调发展的 U 型转变及稳定性分析［J］．江海学刊，2012（02）：78-85+238.

［155］滕堂伟，胡森林，侯路瑶．长江经济带产业转移态势与承接的空间格局［J］．经济地理，2016（05）：92-99.

［156］田爱国．"一带一路"建设下产业转移与西部区域协调发展研究［J］．改革与战略，2016（07）：119-124.

［157］王丹丹．基于模糊聚类分析的我国区域经济发展差距研究［J］．商业时代，2017（04）：212-214.

［158］李红锦，张宁，李胜会．区域协调发展：基于产业专业化视角的实证［J］．中央财经大学学报，2018（06）：106-118.

［159］胡志强，苗长虹．中国省域五大系统的协调发展评价［J］．统计与决策，2019（01）：96-100

［160］姚鹏，叶振宇．中国区域协调发展指数构建及优化路径分析

[J]. 财经问题研究, 2019 (09): 80-87.

[161] 杨永芳, 王秦. 我国生态环境保护与区域经济高质量发展协调性评价 [J]. 工业技术经济, 2020, 39 (11): 69-74.

[162] 唐承辉, 马学广. 山东半岛城市群协调发展评价与合作策略研究 [J]. 地理与地理信息科学, 2020, 36 (06): 119-126, 133.

[163] 李建新, 梁曼, 钟业喜. 长江经济带经济与环境协调发展的时空格局及问题区域识别 [J]. 长江流域资源与环境, 2020, 29 (12): 2584-2596.

[164] 孙才志, 孟程程. 中国区域水资源系统韧性与效率的发展协调关系评价 [J]. 地理科学, 2020, 40 (12): 2094-2104.

[165] 邹一南, 韩保江. 中国经济协调发展评价指数研究 [J]. 行政管理改革, 2021 (10): 65-74.

[166] 钟文, 严芝清, 钟昌标, 郑明贵. 兼顾公平与效率的区域协调发展能力评价 [J]. 统计与决策, 2021, 37 (10): 175-179.

[167] 张秀莉, 陈梅英, 谢耀如, 段盼云, 郑菲菲, 雷国铨. 茶产业与区域经济协调发展评价及障碍因子诊断 [J]. 林业经济问题, 2022, 42 (02): 160-168.

[168] 张建威. 贵州省区域经济协调发展研究 [D]. 贵阳: 贵州财经大学, 2019.

[169] 胡海洋, 姚晨, 胡淑婷. 新时代区域协调发展战略的效果评价研究——基于中部崛起战略下的实证研究 [J]. 工业技术经济, 2019, 38 (04): 154-160.

[170] 周瀚醇. 安徽省"四化"协调发展评价研究 [J]. 山东理工大学学报 (社会科学版), 2018, 34 (03): 21-26.

[171] 田光辉, 赵宏波, 苗长虹. 基于五大发展理念视角的河南省区域发展状态评价 [J]. 经济经纬, 2018, 35 (01): 22-28.

[172] 范振锐. 中部六省区域经济协调发展评价研究 [D]. 郑州: 郑州大学, 2017.

[173] 邓文博. 欠发达地区发展政策促进经济增长效应评估——基于粤东西北地区的 DID 实证研究 [J]. 江苏理工学院学报, 2020, 26 (05): 53-58.

[174] 林珠琳, 徐祥明, 郑胜男. 欠发达地区新型城镇化与产业结构耦

合研究——以江西省为例 [J]. 赣南师范大学学, 2021, 42 (06): 92-96.

[175] 吴红雨. 从斯密-杨格定理谈区域一体化和区域协调发展 [J].
重庆工商大学学报 (社会科学版), 2009, 26 (02): 33-37.

[176] 李丽. 基于可达性的江苏省产业集聚和空间结构调整研究 [D].
南京: 南京师范大学, 2011.

[177] 许德明. 自由贸易理论的发展历程及对中国对外贸易的影响分析
[J]. 经济与社会发展研究, 2020 (34): 87.

[178] 张友丰. 专业化分工视角下报酬递增理论的演变与发展研究
[J]. 商场现代化, 2014 (17): 118.

[179] 陈飞. 区域经济增长理论从分化到整合的空间经济学分析 [J].
现代财经-天津财经大学学报, 2009, 29 (03): 66-71.

[180] 李红锦. 区域经济增长理论述评 [J]. 生产力研究, 2007 (07):
138-139.

[181] 孙久文. 以区域合作促进区域发展新格局形成 [J]. 开放导报,
2021 (04): 7-14.

[182] 资金星. 长株潭城市群两型社会综合配套改革试验区法治保障的
必要性 [J]. 湖南工业职业技术学院学报, 2009, 9 (04): 59-62.

[183] 袁惊柱. 区域协调发展的研究现状及国外经验启示 [J]. 区域经
济评论, 2018 (02): 132-138.

[184] 丁宇航. 区域协调发展立法的国际经验及其启示 [J]. 学术交
流, 2009 (12): 73-75.

[185] 杭海, 张敏新, 王超群. 美、日、德三国区域协调发展的经验分
析 [J]. 世界经济与政治论坛, 2011 (01): 147-157.

[186] 陈飞. 区域发展的国际经验及其借鉴意义 [J]. 合作经济与科
技, 2015 (07): 26-27.

[187] 吴忠权. 国外落后地区开发的经验对我国西部大开发的启示
[J]. 改革与战略, 2010, 26 (06): 196-200.

[188] 陈瑞莲. 欧盟国家区域协调发展的经验与启示 [J]. 政治学研
究, 2006 (03): 118-128.

[189] 杭海, 张敏新, 王超群. 美、日、德三国区域协调发展的经验分
析 [J]. 世界经济与政治论坛, 2011 (01): 147-157.

[190] 依保中, 任莉. 论日本的区域经济政策及其特色 [J]. 现代日本

经济，2003（05）：18-23.

[191] 杨帅．国外区域协调发展立法的比较研究及对我国的启示 [J]．黑龙江省政法管理干部学院学报，2014（02）：12-15.

[192] 刘耀彬，郑维伟．新时代区域协调发展新格局的战略选择 [J]．华东经济管理，2022，36（02）：1-11.

[193] 陈伟雄，杨婷．中国区域经济发展 70 年演进的历程及其走向 [J]．区域经济评论，2019（05）：28-38.

[194] 陈秀山，杨艳．区域协调发展：回顾与展望 [J]．西南民族大学学报（人文社科版），2010，31（1）：70-74.

[195] 武英涛，刘艳苹．习近平新时代区域经济协调发展思想研究 [J]．上海经济研究，2019（06）：29-37.

[196] 中央党校采访实录编辑室．习近平在正定 [M]．北京：中共中央党校出版社，2019.

[197] 何文辉．习近平"半城郊型"经济思想研究 [D]．漳州：闽南师范大学，2018.

[198] 林善炜．规划先行绘蓝图——习近平同志在福建工作期间探索区域现代化建设的思想与实践 [J]．福州党校学报，2016（05）：10-15.

[199] 林夏竹．乡村振兴：习近平同志在闽工作期间的重要探索与实践 [J]．龙岩学院学报，2019，37（6）：12-20.

[200] 魏澄荣．使八闽大地更加山清水秀——习近平生态文明建设思想试析 [J]．福建论坛（人文社会科学版），2015（02）：9-12.

[201] 徐明华，杨鹏．习近平新时代中国特色社会主义思想在浙江的萌发与实践——区域协调发展篇 [N]．浙江日报，2018-07-20.

[202] 郭占恒．"两山"思想引领中国迈向生态文明新时代 [J]．中共浙江省委党校学报，2017（03）：3-8.

[203] 余达锦．欠发达地区城镇化发展质量测度研究 [J]．当代财经，2015（12）：3-13.

[204] 龙晔生．南岭走廊民族区域平等发展概念提出及路径选择 [J]．民族论坛，2016（06）：4-7.

[205] 杨宜勇，李璐．新时代中国共产党如何从"管得住"到"治得好" [J]．人民论坛，2021（12）：20-23.

[206] 习近平．推动形成优势互补高质量发展的区域经济布局 [J]．求

是，2019，24：4-9.

[207] 韦欣．区域协调发展的理论创新与实践探索［N］．经济日报，2022-01-12.

[208] 陈梓睿．协调发展：实现共同富裕的必由之路［N］．光明日报，2021-11-22.

[209] 任栋栋．习近平"两山论"的科学内涵、重要意义与实现路径［J］．决策与信息，2021（08）：26-32.

[210] 何静．乡村振兴战略与农村区域经济协调发展［J］．人民论坛，2019（11）：27-28.

[211] 牛海涛．深化改革建立健全城乡要素自由流动的体制机制［J］．科学与财富，2019（32）：19-20

[212] 董雪兵，李霁霞，池若楠．习近平关于新时代区域协调发展的重要论述研究［J］．浙江大学学报（人文社会科学版），2019，49（06）：16-28.

[213] 杨伟民．对我国欠发达地区的界定及其特征分析［J］．经济改革与发展，1997（04）：52-56.

[214] 冯艳芬，曹学宝，夏丽华，王芳．广东省欠发达地区的界定及其特征分析［J］．广州大学学报（自然科学版），2004（01）：46-50，92.

[215] 王雷，王光栋，叶仁荪．对我国地区发达程度的进一步划分［J］．统计与决策，2006（02）：51-53.

[216] 林勇，张宗益，杨先斌．欠发达地区类型界定及其指标体系应用分析［J］．重庆大学学报（自然科学版），2007（12）：119-124.

[217] 赵爱云．山东省欠发达地区发展研究［D］．济南：山东师范大学，2009.

[218] 张鹏飞，李锦宏．欠发达地区的认知重构：一个分析框架［J］．现代经济信息，2016（07）：466-469.

[219] 李飔，李旭瀚．我国欠发达地区现代化指标体系研究——以广东省为例［J］．广东社会科学，2018（04）：52-57.

[220] 杨燕，赵歆岚，向志虹．欠发达地区及其评价指标体系：基于新发展阶段的界定与重构［J］．四川行政学院学报，2021（04）：44-58.

[221] 马忠玉，高树枝．欠发达地区区域协调发展研究：2014年宁夏社会学会学术年会论文集［C］．宁夏社会科学界联合会、宁夏社会学会：北方

民族大学社会学与民族学研究所，2015：8-28.

［222］张志敏．加速资源要素流动，推动区域协调发展［N］．中国自然资源报，2021-11-12.

［223］张启文，姜云峰，姜泉．欠发达地区的金融瓶颈［J］．中国金融，2015（24）：102.

［224］田冬梅．欠发达地区人才市场建设［J］．纳税，2017（35）：187.

［225］李爱，赵嘉晋．产业结构优化与西部欠发达地区经济增长——基于宁夏与其他省份比较研究［J］．山东工商学院学报，2020，34（06）：75-84.

［226］马菁．产业转移与欠发达地区经济发展模式研究［J］．中国商论，2016（31）：145-146.

［227］李彦峰，赵秀凤，李丽荣．欠发达地区中小企业技术创新问题研究［J］．经济研究导刊，2014（30）：15-16.

［228］张楠．技术转移与区域间的协调发展［J］．城市，2013（12）：24-27.

［229］何自力．不断健全和完善我国经济治理体系［N］．经济日报，2019-12-17.

［230］孙久文，李恒森．我国区域经济演进轨迹及其总体趋势［J］．改革，2017（07）：18-29.

［231］惠宁，刘鑫鑫．新中国70年产业结构演进、政策调整及其经验启示［J］．西北大学学报（哲学社会科学版），2019，49（06）：5-20.

［232］原慧慧．陕甘宁革命老区创新发展模式探讨［J］．安徽农业科学，2010，38（06）：3189-3192，3195.

［233］范和生，朱翔，黄永明．中部地区的崛起与协调发展［J］．区域经济评论，2019（05）：82-88.

［234］徐晓雪，秦新英．技术转移与区域经济协调发展研究［J］．现代商业，2019（32）：35-36.

［235］何坤．系统论视角下的区域协调发展测评［D］．泉州：华侨大学，2011.

［236］祁芬中．协同论［J］．社联通讯1988，（06）：65-68.

［237］李文水．对加快形成以国内大循环为主体，国内国际双循环相互

促进的新发展格局的认识［J］．经济技术协作信息，2021（03）：26-27.

［238］洪开荣，浣晓旭，孙倩．中部地区资源-环境-经济-社会协调发展的定量评价与比较分析［J］．经济地理，2013，33（12）：16-23.

［239］杨萍，刘子平，吴振方．产业能力、政府治理能力与区域协调发展［J］．经济体制改革，2020（04）：107-114.

［240］汪增洋，张士杰．中国城市群建设与区域协调发展——"中国城市群发展高端论坛（第2期）"综述［J］．重庆大学学报（社会科学版），2018，24（5）：29-33.

［241］Howard E. Garden cities of tomorrow［J］. Organization and Environment, 2007, 16（01）：98-107.

［242］Doxiadis C A. Man´s movement and his settlements［J］? International Journal of Environmental Studies, 1970, 1（01）：19-30.

［243］姚士谋，陈爽，陈振光．关于城市群基本概念的新认识［J］．现代城市研究，1998（06）：15-17.

［244］周一星．中国的城市体系和区域倾斜战略探讨［M］．哈尔滨：黑龙江人民出版社，1991.

［245］肖枫，张俊江．城市群体经济运行模式——兼论建立"共同市场"问题［J］．城市问题，1990（04）：10-14.

［246］Gottmann J. Since megalopolis：The urban writings of Jean Gottmann［M］. Baltimore and London：Johns Hopkins University Press, 1990.

［247］Wackernagel M, Mcintosh J, Rees W, et al. How big is our ecological footprint［J］. Earth Island Journal, 1996（02）：18-18.

［248］Kunzmann K R, Wegener M. The pattern of urbanization in Western Europe［J］. Ekistics, 1991, 50（2）：156-178.

［249］Pyrgiotis Y N. Urban networking in Europe［J］. Ekistics, 1991, 50（2）：350-351.

［250］覃成林，周姣．城市群协调发展：内涵，概念模型与实现路径［J］．城市发展研究，2010（12）：7-12.

［251］方创琳．城市群空间范围识别标准的研究进展与基本判断［J］．城市规划学刊，2009（04）：1-6.

［252］魏后凯，高春亮．新时期区域协调发展的内涵和机制［J］．福建论坛（人文社会科学版），2011（10）：147-152.

［253］王道龙，羊文超．促进经济，社会与人口，资源，环境协调发展
［J］．中国农业资源与区划，2000，21（01）：36-39．

［254］廖重斌．环境与经济协调发展的定量评判及其分类体系——以珠
江三角洲城市群为例［J］．热带地理，1999，19（02）：171-177．

［255］车冰清，朱传耿，孟召宜，杜艳，沈正平．江苏经济社会协调发
展过程、格局及机制［J］．地理研究，2012，31（05）：909-921．

［256］Spiekermann K，Wegener M. Modelling urban sustainability［J］．
International Journal of Urban Sciences，2003，7（01）：47-64．

［257］孙晓，刘旭升，李锋等．中国不同规模城市可持续发展综合评价
［J］．生态学报，2016，36（17）：5590-5600．

［258］Li W，Yi P. Assessment of city sustainability-coupling coordinated de-
velopment among economy，society and environment［J］．Journal of Cleaner Pro-
duction，2020，256：120453．

［259］Chen L，Mao Y. Evaluation on the sustainable development of
Chengdu's urban form［J］．Applied Mechanics and Materials，2014，3013
（522-524）：1665-1669．

［260］Liu G C. Assessment of urban sustainable development using fuzzy com-
prehensive evaluation［J］．Ecological Economy，2006，2（04）：373-384．

［261］Cai C，Shang J. Comprehensive evaluation on urban sustainable devel-
opment of Harbin city in northeast China［J］．Chinese Geographical Science，
2009，19（02）：144-150．

［262］Lu C，Yang J，Li H，et al. Research on the spatial-temporal
synthetic measurement of the coordinated development of Population-Economy-Soci-
ety-Resource-Environment（PESRE）systems in China based on Geographic Infor-
mation Systems（GIS）［J］．Sustainability，2019，11（10）：2877．

［263］Ji J，Wang S，Zhou Y，et al. Spatiotemporal change and coordinated
development analysis of "Population-Society-Economy-Resource-Ecology-Environ-
ment" in the Jing-Jin-Ji urban agglomeration from 2000 to 2015［J］．Sustain-
ability，2021，13（07）：4075．

［264］田军，张朋柱，王刊良等．基于德尔菲法的专家意见集成模型研
究［J］．系统工程理论与实践，2004（01）：57-62，69．

［265］Saaty T L. The analytic hierarchy process：planning，priority setting， resource allocation ［M］. New York：Mcgraw-Hill（Tx），1980.

［266］覃成林，张华，毛超. 区域经济协调发展：概念辨析、判断标准与评价方法 ［J］. 经济体制改革，2011（04）：34-38.

［267］Xu L. Quantitative evaluation method for coordinated development of ecological economy in mountainous areas based on grey clustering analysis ［J］. Arabian Journal of Geosciences，2021，14（07）：1-10.

［268］范峻恺，徐建刚. 基于神经网络综合建模的区域城市群发展脆弱性评价——以滇中城市群为例 ［J］. 自然资源学报，2021，35（12）：2875-2887.

［269］Tan F，Lu Z. Study on the interaction and relation of society，economy and environment based on PCA – VAR model：As a case study of the Bohai Rim region，China ［J］. Ecological Indicators，2015，48（48）：31-40.

［270］周艳超，薛坤，葛海燕等. 基于主成分与聚类分析的樱桃番茄品质综合评价 ［J］. 浙江农业学报，2021，33（12）：2320-2329.

［271］Charnes A，Cooper W W，Rhodes E. Evaluating program and managerial efficiency：an application of data envelopment analysis to program follow through ［J］. Management Science，1981，27（06）：668-697.

［272］Ye F，Li Y N. Group multi – attribute decision model to partner selection in the formation of virtual enterprise under incomplete information ［J］. Expert Systems with Applications，2009，36（05）：9350-9357.

［273］徐林明，孙秋碧，林鸿熙等. 基于 ELECTRE 法的区域协同创新能力动态评价研究 ［J］. 数学的实践与认识，2018，48（19）：1-7.

［274］郭亚军，张晓红. 基于数据包络分析（DEA）的河北省农业生产效率综合评价 ［J］. 农业现代化研究，2011，32（06）：735-739.

［275］Torfi F，Farahani R Z，Rezapour S. Fuzzy AHP to determine the relative weights of evaluation criteria and Fuzzy TOPSIS to rank the alternatives ［J］. Applied Soft Computing，2010，10（02）：520-528.

［276］沈阳武，祖文静，梁利清等. 基于组合赋权法的风电场无功电压控制能力综合评估 ［J］. 电力系统保护与控制，2020，48（14）：18-24.

［277］夏丽霞，顾则娟，林征等. 基于集成综合评价的智能护理决策支持系统的设计研究 ［J］. 护理研究，2021，35（06）：961-968.

［278］刘飞，龚婷. 基于熵权 Topsis 模型的湖北省高质量发展综合评价

［J］．统计与决策，2021，37（11）：85-88．

　　［279］吴昕．浙中城市群空间结构研究［D］．杭州：浙江工业大学，2009．

　　［280］李王鸣，江佳遥，楼铱．联系分析视角下的浙中城市群结构特征研究［J］．经济地理，2009，29（10）：1644-1649．

　　［281］周明仙．浙中城市群产业结构调整研究［D］．金华：浙江师范大学，2008．

　　［282］张兆昕，陈雄．"浙中城市群"产业结构变迁对经济增长的贡献［J］．安庆师范学院学报（社会科学版），2014，33（1）：59-62．

　　［283］刘晓峰．"浙中城市群"经济整合研究［D］．金华：浙江师范大学，2008．

　　［284］王慧君，马仁锋，邱枫等．浙中城市群发育程度评估［J］．华中师范大学学报（自然科学版），2016，50（06）：904-912．

　　［285］石小伟，冯广京，YI Yang，邹逸江，葛浩然，苏培添．浙中城市群土地利用格局时空演变特征与生态风险评价［J］．农业机械学报，2020，51（05）：242-251．

　　［286］姚士谋．中国的城市群［M］．合肥：中国科学技术大学出版社，1992．

　　［287］Perroux F. Note sur la notion de pole decroissance［J］．Economic Appliquee，1955，7（03）：307-320．

　　［288］Boudeville J R，Montefiore C G. Problems of regional economic planning［M］．Edinburgh：Edinburgh UP，1966．

　　［289］Friedmann J. A general theory of polarized development［M］．In：Hansen N M，Ed.，Growth Centers in Regional Economic Development，The Free Press，New York，1972．

　　［290］Myrdal G. Economic theory and under-developed regions［M］．London：Duckworth，1957．

　　［291］赫尔曼·哈肯．协同学：大自然构成的奥秘［M］．上海：上海译文出版社，2005．

　　［292］丹尼斯·米都斯，梅多斯，李宝恒．增长的极限：罗马俱乐部关于人类困境的报告［M］．长春：吉林人民出版社，1997．

　　［293］吴殿廷，何龙娟，任春艳．从可持续发展到协调发展——区域发

展观念的新解读［J］．北京师范大学学报（社会科学版），2006（04）：142-145.

［294］熊升银．成渝地区双城经济圈高质量发展内涵与评价指标体系研究［J］．攀枝花学院学报（综合版），2021，38（04）：67-72.

［295］王文举，姚益家．北京经济高质量发展指标体系及测度研究［J］．经济与管理研究，2021，42（06）：15-25.

［296］凌连新，阳国亮．粤港澳大湾区经济高质量发展的评价与靶向路径研究［J］．统计与信息论坛，2021，36（06）：120-128.

［297］李芳林，李明地．长三角城市群高质量发展综合评价研究［J］．西部经济管理论坛，2021，32（04）：36-48.

［298］谭赛．湘潭开放型经济高质量发展：测度评价与推进路径［J］．怀化学院学报，2021，40（03）：73-78.

［299］杜栋，谭丹，汪瑞雪等．长三角26个城市民生高质量发展测评报告［J］．科学发展，2021，（05）：79-86.

［300］钟锦玲，周兴，李文辉．中国省域高质量发展水平评价及时空差异［J］．科技和产业，2021，21（5）：51-58.

［301］周隽，王志强，沈月琴等．浙江山区县域经济社会协调发展评价［J］．浙江农林大学学报，2014，31（06）：965-973.

［302］化祥雨，金祥荣，吕海萍等．高质量发展耦合协调时空格局演化及影响因素——以浙江省县域为例［J］．地理科学，2021，41（02）：223-231.

［303］刘国斌，朱妍妍．哈长城市群高质量发展研究［J］．税务与经济，2021（03）：104-112.

［304］陈抗，战炤磊．实体经济与人力资源高质量协同发展：机理，绩效与路径［J］．经济纵横，2021（01）：79-89.

［305］杨雪婷，许小君，陈希勇等．基于县域尺度四川省五大经济区高质量发展水平空间格局与分异［J］．西南大学学报（自然科学版），2021，43（08）：105-115.

［306］郑耀群，崔笑容．城镇化高质量发展的测度与区域差距——基于新发展理念视角［J］．华东经济管理，2021，35（06）：79-87.

［307］化祥雨，吕海萍，沈晓栋等．浙江省县域创新、绿色、开放、共享动态耦合协调时空格局演化［J］．经营与管理，2019（03）：97-104.

［308］段秀芳，徐传昂．中国数字经济与经济高质量发展耦合协调机理研究［J］．商业经济，2021（06）：3-8.

［309］唐李伟，梁凤翔．环境高质量发展水平评价与时空演进研究［J］．金融经济，2021（06）：23-33.

［310］Yager R R. On ordered weighted averaging aggregation operators in multicriteria decision-making［J］. IEEE Transactions on Systems, Man, and Cybernetics, 1988, 18（01）：183-190.

［311］Yager R R, Filev D P. Induced ordered weighted averaging operators ［J］. IEEE Transactions on Systems, Man, and Cybernetics, Part B（Cybernetics）, 1999, 29（02）：141-150.

［312］徐泽水，达庆利．一种组合加权几何平均算子及其应用［J］．东南大学学报（自然科学版），2002，32（03）：506-509.

［313］郭亚军，姚远，易平涛．一种动态综合评价方法及应用［J］．系统工程理论与实践，2007，27（10）：154-158.

［314］Holtz-Eakin D, Newey W, Rosen H S. Estimating vector autoregressions with panel data［J］. Econometrica：Journal of the Econometric Society, 1988, 56（06）：1371-1395.

［315］Sims C A. Macroeconomics and reality［J］. Econometrica：Journal of the Econometric Society, 1980, 48（01）：1-48.

［316］胡学英，蔡干杰．江西电子信息产业链供应链优化升级研究［J］．工信财经科技，2021（01）：109-121.

［317］毛炜翔．标准化支撑江西生态文明建设的思考与政策措施［J］．质量探索，2017，14（01）：5-10.

［318］陈永林．中部六省工业竞争力分析与评价［J］．科技经济市场，2010（09）：59-61.

［319］周国兰，周吉．进一步深化江西工业供给侧结构性改革的思考与建议［J］．价格月刊，2018（04）：1-5.

［320］邓强，匡丹，喻贵华．加快培育壮大数字经济 推动江西省经济高质量发展［J］．中共南昌市委党校学报，2020，18（03）：54-57.

［321］杨传明．中国工业生态水平动态变化及行业分类研究［J］．企业经济，2018，37（10）：11-18.

［322］曹高明，饶晶．加快江西制造业向智能制造转型升级研究［J］．

老区建设，2019（06）：29-36.

[323] 彭飞. 书写新时代区域协调发展新篇章 [N]. 人民日报，2021-10-20.

[324] 蔡之兵. 以区域协调发展夯实新发展格局根基 [N]. 辽宁日报，2021-08-17.

[325] 史育龙. 以区域协调发展夯实新发展格局根基 [N]. 社会科学报，2021-09-30.